INTRODUÇÃO A O CAPITAL DE KARL MARX

INTRODUÇÃO A *O CAPITAL* DE KARL MARX

Michael Heinrich

TRADUÇÃO
CÉSAR MORTARI BARREIRA

REVISÃO DA TRADUÇÃO
GUILHERME LEITE GONÇALVES

© Boitempo, 2024
© Schmetterling Verlag, Stuttgart
Traduzido do original em alemão *Kritik der politischen Ökonomie: Eine Einführung in «Das Kapital» von Karl Marx* (15 ed., Stuttgart, Schmetterling, 2021).

Direção-geral Ivana Jinkings
Edição Pedro Davoglio
Coordenação de produção Livia Campos
Assistência editorial Marcela Sayuri
Tradução César Mortari Barreira
Revisão da tradução Guilherme Leite Gonçalves
Preparação Mariana Echalar
Revisão Gabriela Rocha
Capa Maikon Nery
Diagramação Antonio Kehl

Equipe de apoio Artur Renzo, Ana Slade, Davi Oliveira, Elaine Ramos, Frank de Oliveira, Frederico Indiani, Higor Alves, Isabella Meucci, Isabella Teixeira, Ivam Oliveira, Kim Doria, Letícia Akutsu, Luciana Capelli, Marina Valeriano, Marissol Robles, Mateus Rodrigues, Maurício Barbosa, Raí Alves, Renata Carnajal, Thais Rimkus, Tulio Candiotto

CIP-BRASIL. CATALOGAÇÃO NA PUBLICAÇÃO
SINDICATO NACIONAL DOS EDITORES DE LIVROS, RJ

H383i
Heinrich, Michael
    Introdução a O capital de Karl Marx / Michael Heinrich ; tradução César Mortari Barreira ; revisão da tradução Guilherme Leite Gonçalves. - 1. ed. - São Paulo : Boitempo, 2024.
    240 p. ; 23 cm.

    Tradução de: Kritik der politischen ökonomie: eine einführung in «das kapital» von Karl Marx
    ISBN 978-65-5717-363-3

    1. Economia. 2. Capital (Economia). 3. Economia marxista. I. Barreira, César Mortari. II. Gonçalves, Guilherme Leite. III. Título.

24-91362
CDD: 335.412
CDU: 330.85

Gabriela Faray Ferreira Lopes - Bibliotecária - CRB-7/6643

É vedada a reprodução de qualquer parte deste livro sem a expressa autorização da editora.

1ª edição: maio de 2024

BOITEMPO
Jinkings Editores Associados Ltda.
Rua Pereira Leite, 373
05442-000 São Paulo SP
Tel.: (11) 3875-7250 / 3875-7285
editor@boitempoeditorial.com.br
boitempoeditorial.com.br | blogdaboitempo.com.br
facebook.com/boitempo | twitter.com/editoraboitempo
youtube.com/tvboitempo | instagram.com/boitempo

Sumário

Apresentação 9
    I. 9
    II. 10
    III. 13
    IV. 15

Prefácio à edição brasileira 17

Prefácio à primeira edição alemã 19

1. Capitalismo e "marxismo" 25
    1.1. O que é capitalismo? 25
    1.2. A formação do movimento dos trabalhadores 29
    1.3. Marx e o marxismo 31

2. O objeto da crítica da economia política 41
    2.1. Teoria e história 41
    2.2. Teoria e crítica 44
    2.3. Dialética: o supertrunfo marxista? 48

3. Valor, trabalho e dinheiro 51
    3.1. Valor de uso, valor de troca e valor 51
    3.2. Comprovação da teoria do valor-trabalho? Ação individual
    e estrutura social 56
    3.3. Trabalho abstrato: abstração real e relação de validação 59
    3.4. "Objetividade espectral": teoria produtivista ou circulacionista
    do valor? 64
    3.5. Forma de valor e dinheiro (determinações econômicas formais) 67
    3.6. Dinheiro e processo de troca (ações dos proprietários de
    mercadorias) 73
    3.7. Funções do dinheiro, mercadoria-dinheiro e o sistema monetário
    moderno 75
    3.8. O segredo do fetichismo da mercadoria e do dinheiro 81

4. Capital, mais-valor e exploração 91
    4.1. Economia de mercado e capital: a "transição do dinheiro
    ao capital" 91
    4.2. A "qualidade oculta" do valor: D-M-D' 95
    4.3. Relações de classe: o trabalhador "duplamente livre" 99
    4.4. O valor da mercadoria força de trabalho, mais-valor
    e exploração 102
    4.5. Valor do trabalho: uma "expressão imaginária" 106

5. O processo de produção capitalista 109
    5.1. Capital constante e variável, taxa de mais-valor e jornada
    de trabalho 109
    5.2. Mais-valor absoluto e relativo, leis coercitivas da concorrência 114
    5.3. Os métodos para a produção do mais-valor relativo: cooperação,
    divisão do trabalho, maquinaria 118
    5.4. O potencial destrutivo do desenvolvimento capitalista das
    forças produtivas 123
    5.5. Subsunção formal e real, fordismo, trabalho produtivo
    e improdutivo 127
    5.6. Acumulação, exército industrial de reserva, pauperização 132

6. A circulação do capital 139
    6.1. O ciclo do capital: custos de circulação, capital industrial
    e capital comercial 139
    6.2. A rotação do capital: capital fixo e circulante 143
    6.3. A reprodução do capital social total 144

7. Lucro, lucro médio e a "lei da queda tendencial da taxa de lucro" 149
    7.1. Preço de custo, lucro e taxa de lucro – categorias e mistificações
    cotidianas 149
    7.2. Lucro médio e preço de produção 152
    7.3. A "lei da queda tendencial da taxa de lucro" – uma crítica 156

8. Juros, crédito e "capital fictício" 163
    8.1. Capital portador de juros, juros e lucro empresarial –
    a consumação do fetichismo do capital 163
    8.2. Dinheiro creditício, bancos e "capital fictício" 167
    8.3. O sistema de crédito como instância de controle da
    economia capitalista 173

9. Crise 177
    9.1. Ciclo e crise 177
    9.2. Há uma teoria do colapso em Marx? 183

10. O fetichismo das relações burguesas 187
    10.1. A "fórmula trinitária" 187
    10.2. Excurso sobre o antissemitismo 193
    10.3. Classes, luta de classes e determinismo histórico 199

11. Estado e capital 207
    11.1. O Estado: um instrumento da classe dominante? 208
    11.2. Determinações formais do Estado burguês: Estado de
    direito, Estado social, democracia 211
    11.3. Mercado mundial e imperialismo 222

12. Comunismo: uma sociedade para além da mercadoria, do dinheiro
    e do Estado 229

Referências bibliográficas 235
    Obras de Marx e Engels 235
    Obras de outros autores 236

Apresentação

I

Em uma passagem de *O leque de Lady Windermere** (1893), Oscar Wilde se refere a um tipo de sujeito que "sabe o preço de tudo, mas o valor de nada". Amplamente citada, essa frase foi elevada à condição de diagnóstico do tempo presente por Mark Carney, ex-diretor do Banco da Inglaterra e um dos *players* financeiros mais renomados das últimas décadas. Na prestigiosa *Reith Lectures* da BBC, no fim de 2020, Carney escolheu um tema pouco usual para a plateia: diante dos crescentes impactos da pandemia de covid-19, ele defendeu a retomada do debate sobre as teorias do valor como algo fundamental[1]. O motivo? No século XXI, o aforismo de Wilde teria dominado todas as esferas da reprodução social, com custos incalculáveis para a sociedade, as futuras gerações e o nosso planeta. Quanto mais se intensificam os sintomas dessa múltipla acumulação de crises, maior a necessidade de enfrentar uma de suas causas principais: o predomínio das teorias neoclássicas do valor.

Carney não estava sozinho. Dois anos antes, Mariana Mazzucato publicara *O valor de tudo***, cujo conteúdo também é caracterizado por uma crítica às abordagens *mainstream* da economia. Não por acaso, ambos demandam a retomada dos "clássicos": reviver o debate sobre valor e trabalho constituiria a estratégia preponderante para fazer frente à hegemonia dos acionistas. Somente assim seria possível retomar um ideal há tempos desbotado, em que um capitalismo dinâmico – especialmente em virtude dos avanços tecnológicos –, além de inclusivo, respeitaria os valores da humanidade. Qualquer semelhança dessas expectativas com o período

---

* Em Oscar Wilde, *Obra completa* (Rio de Janeiro, Nova Aguilar, 2007). (N. E.)
[1] Mark Carney, *How We Get What We Value: From Moral to Market Sentiments*, áudio, disponível on-line.
** Mariana Mazzucato, *O valor de tudo: produção e apropriação na economia global* (trad. Camilo Adorno e Odorico Leal, São Paulo, Portfolio-Penguin, 2020). (N. E.)

imediatamente posterior à crise dos *subprime*, em 2008, não é mera coincidência. Naquele momento, até mesmo o tradicional *The Guardian*[2] declarava a atualidade de Marx, ainda que, logo depois, já se ouvissem os ecos de um conhecido porto seguro – "Keynes está de volta!" – estampados na *Time*[3] e no *Wall Street Journal*[4].

O ponto de sustentação dessas abordagens – e de tantas outras, inclusive aquelas do campo progressista – posiciona o valor como critério de verdade na edificação da ordem social. Ele aparece como princípio de racionalização para uma sociedade irracional e, assim, capaz de distribuir melhor os recursos e a riqueza nos domínios político, econômico, cultural e psicológico. Essa crítica tradicional implica sucessivas diferenciações: a sociedade é compreendida como algo exterior aos sujeitos, e por isso mesmo ajustável aos desígnios destes, ao passo que o valor é apreendido quantitativamente, uma grandeza objetiva passível de ser deslocada de um lugar para o outro.

Ainda que tautológico, esse raciocínio é sedutor. A posição da subjetividade como elemento fundante do campo social – é importante reconhecer – possui uma camada de sentido verdadeira. Na socialização moderna, a clivagem entre indivíduo e sociedade é real. Ao regular o modo como as pessoas se relacionam com as "coisas", o esquematismo capitalista faz da ordem social uma arena dos portadores de mercadorias – capitalistas produtivos, rentistas, trabalhadores etc. –, cujos conflitos, mediados pelas mais variadas instituições públicas e privadas, valem-se justamente do valor enquanto critério de justiça. Parece, então, que a assim chamada "teoria do valor-trabalho", especialmente relembrada em tempos de crise, encerra o horizonte de contribuição dos clássicos do pensamento econômico, inclusive Marx.

II

Originalmente publicado em 2004, o livro *Introdução a* O capital *de Karl Marx*, de Michael Heinrich, é um contundente questionamento dos argumentos anteriores. E não apenas pelo fato de Marx nunca associar suas reflexões a uma "teoria do valor-trabalho". Mas também, e sobretudo, porque a atualidade

---

[2] Kate Connolly, "Booklovers turn to Karl Marx as financial crisis bites in Germany", *The Guardian*, 15 out. 2008; disponível on-line.
[3] Justin Fox, "The Comeback Keynes", *Time*, 23 out. 2008; disponível on-line.
[4] Sudeep Reddy, "The New Old Big Thing in Economics: J. M. Keynes", *The Wall Street Journal*, 8 jan. 2009; disponível on-line.

marxiana, para Heinrich, não está no uso – e abuso – de alguma citação do autor de *O capital**. A potencialidade da crítica da economia política reside, precisamente, na revolução científica operada por Marx. No entanto, isso não significa compreender seu arcabouço conceitual como um "sistema" fechado, uma "doutrina" finalizada. Pelo contrário, a obra de Marx constitui um programa de pesquisa (categorialmente) inacabado, aberto.

A compreensão desse giro na história da recepção marxista exige alguns esclarecimentos. Os leitores da presente introdução à obra de Marx devem ter em mente que seus capítulos têm como base o livro *Die Wissenschaft vom Wert: Die Marxsche Kritik der politischen Ökonomie zwischen wissenschaftlicher Revolution und klassischer Tradition* [A ciência do valor: a crítica da economia política de Marx entre revolução científica e tradição clássica]** (1999), ainda inédito em português. E aqui é fundamental atentar para ao menos dois elementos que informam a argumentação de Heinrich: a "nova leitura de Marx" e a publicação da *Marx-Engels-Gesamtausgabe* (MEGA²).

Rigorosamente falando, não há apenas uma nova leitura de Marx. A partir da década de 1960, houve uma série de manifestações nesse sentido, como as leituras "estruturalistas" na França e aquelas "operaístas" na Itália. Mas as inovações decorrentes desse período não constituem algo como uma "escola" com características comuns, tampouco permitem identificar um movimento teórico unitário. Ainda assim, é possível perceber uma espécie de identidade quanto ao ponto de partida, notadamente na recusa do "marxismo enquanto visão de mundo", também chamado de "o marxismo", expressão utilizada para caracterizar a recepção dominante – restritiva e ideologizada – de Marx. Consequentemente, essas leituras[5] rejeitam pressupostos há tempos sedimentados na história do marxismo, tais como: a concepção mecanicista e fatalista do materialismo histórico, que teria

---

* Karl Marx, *O capital* (trad. Rubens Enderle, São Paulo, Boitempo, 2013-2017), 3 v. (N. E.)
** Michael Heinrich, *Die Wissenschaft vom Wert: Die Marxsche Kritik der politischen Ökonomie zwischen wissenschaftlicher Revolution und klassicher Tradition* (Munique, Westfälisches Dampfboot, 1999). (N. E.)
[5] Outros marxismos já haviam se posicionado criticamente em relação ao "marxismo oficial". Pense-se, por exemplo, no "marxismo ocidental" – em que são agregados autores tão divergentes como Karl Korsch, György Lukács, Antonio Gramsci, Max Horkheimer e Theodor W. Adorno – e nos trabalhos pioneiros que se dedicaram à discussão das categorias iniciais de *O capital*, tais como valor, forma-valor e trabalho abstrato. Nesse sentido, vale destacar, dentre outras, as reflexões de Isaac Rubin e Evguiéni Pachukanis, já na década de 1920, e o ainda pouco conhecido debate japonês entre Kozo Uno e Samezō Kuruma, na década de 1940.

no proletariado o sujeito detentor de uma missão providencial; a interpretação historicista do método marxiano, advinda de Engels; e a crítica apenas conteudística do Estado, tendo como eixo de análise a vontade da classe capitalista e o uso instrumental que esta faz do aparelho estatal.

Na Alemanha Ocidental, Hans-Georg Backhaus e Helmut Reichelt, alunos de Adorno, desenvolveram temas de estudo que constituem a espinha dorsal da "nova leitura de Marx" (*neue Marx-Lektüre*), com especial destaque para a exposição lógica e histórica do modo de produção capitalista e as variações da análise da forma-valor encontradas nos textos marxianos[6], além da importância dos manuscritos econômicos anteriores como chave de acesso para a compreensão da crítica da economia política. Nesse contexto, passa a ser central a investigação das determinações formais das relações sociais, o fetichismo da mercadoria – e do dinheiro e do capital – e as chamadas "formas objetivas do pensamento", sedimentando o caminho para a compreensão da teoria do valor enquanto teoria social.

É importante notar, no entanto, que os elementos gerais que compõem esse cenário estavam associados a uma orientação específica por parte de seus precursores. Especialmente nos primeiros trabalhos de Backhaus e Reichelt – mas também em Helmut Brentel[7] –, é clara a tentativa de "reconstruir" a crítica da economia política, no preciso sentido de tanto afastar interpretações equivocadas da teoria marxiana quanto reverter seu processo de popularização[8]. Para

---

[6] Existem ao menos sete exposições da forma-valor, todas diferentes: (i) a primeira, embrionária, tal como aparece em *Para a crítica da economia política* (1859); (ii) a segunda, na primeira edição do Livro I de *O capital* (1867); (iii) a terceira, na versão popularizada, incluída como anexo à primeira edição do Livro I; (iv) a quarta, igualmente divergente das anteriores, na segunda edição do Livro I de *O capital* (1872); (v) uma quinta exposição, na tradução francesa do Livro I (1873-1875), revisada e corrigida pelo próprio Marx; (vi) a sexta, encontrada na terceira (1883) e quarta (1890) edições alemãs, que inclui alterações da edição francesa, realizadas por Engels; e (vii) a sétima, derivada da tradução para o inglês (1887) do Livro I, corrigida por Engels.

[7] A principal obra de Backhaus – *Dialektik der Wertform* [Dialética da forma-valor] (1997) –, que reúne os principais escritos do autor desde a década de 1960, ainda não tem tradução para o português. O primeiro trabalho de fôlego de Reichelt – *Sobre a estrutura lógica do conceito de capital em Karl Marx* (1970) – foi traduzido para o nosso idioma em 2013 pela editora da Unicamp. Mas o autor retoma uma série de argumentos nos artigos compilados em *Neue Marx-Lektüre: Zur Kritik sozialwissenschaftlicher Logik* [Nova leitura de Marx: para a crítica da lógica sociológica] (2008), inédito em português. O mesmo acontece com o livro de Brentel – *Soziale Form und ökonomisches Objekt* [Forma social e objeto econômico] (1989) –, um dos autores mais sofisticados da "nova leitura de Marx".

[8] A primeira edição de *O capital*, além dos *Grundrisse* e do "Urtext", constituem as principais referências marxianas mobilizadas nesse sentido.

esse fim, a filologia especializada constituiria uma via privilegiada de acesso ao presumido sentido original da palavra marxiana. Como se vê, os riscos embrionários de um marxismo rococó já se faziam presentes nesse fetichismo arquivístico. Mas não só. O apelo à reconstrução categorial também pressupunha a existência de um discurso marxiano unitário e correto e, como corolário, a compreensão de *O capital* enquanto "obra final", isto é, como se os manuscritos que compõem o projeto da crítica da economia política seguissem uma linha qualitativa ascendente, culminando na melhor e definitiva versão – uma expectativa reiteradamente defraudada pela MEGA².

O desenvolvimento das publicações da MEGA², a partir de 1975, alimentou as idas e vindas da "nova leitura de Marx". Isso ocorreu não em virtude de qualquer orientação de conteúdo, mas em razão do tratamento dos textos. Ao contrário da *Marx-Engels-Werke*, amplamente difundida, a publicação da obra completa de Marx pela MEGA² constitui uma edição crítica. Isso significa que os manuscritos foram apresentados sem nenhuma intervenção editorial, com todas as exclusões e marcas deixadas durante o processo de escrita. Junto com a publicação dos cadernos, fichamentos e cartas, a descoberta de novos campos de pesquisa que estavam sendo desenvolvidos por Marx impactou a imagem usual com a qual sua obra era associada: no lugar da atemporalidade advinda da presumida completude de textos como *O capital*, emergia um *work in progress* fragmentário, oscilante, que revelava a presença de ambivalências no próprio texto marxiano.

III

A relação de Heinrich com a "nova leitura de Marx" possui continuidades e rupturas. De um lado, aprofundam-se os parâmetros e as referências que embasam a "teoria monetária do valor", já advogada por Backhaus. De outro, a recusa de qualquer reconstrução da crítica da economia política tem como efeito a ampliação do horizonte da pesquisa marxista. O que isso significa?

No que se refere à "teoria monetária do valor", é importante associá-la a uma percepção crescente desde a segunda metade do século XX: as consideráveis disputas entre marxistas – sobretudo quando debatem a teoria do valor – têm sua origem no próprio Marx, cujo arcabouço teórico abriga dois discursos contraditórios. Aqui se contrapõem "teoria monetária do valor" e "teoria substancialista do valor". Nesta, o valor é compreendido como uma propriedade interna das mercadorias, advinda do trabalho "gasto", existente antes e independentemente da troca. Naquela, o valor constitui uma propriedade relacional que, no entanto, aparece como uma propriedade objetiva.

A tese das ambivalências de Marx, apresentada em toda a sua profundidade em *Die Wissenschaft vom Wert*, é especialmente importante para aqueles interessados em ler *O capital*. Que Marx aceitava a teoria ricardiana do valor em momentos anteriores – como em *Miséria da filosofia* (1847)* – não é novidade alguma. Por isso mesmo, o mérito de Heinrich está em demonstrar a presença de um "Marx contra Marx" no interior da crítica da economia política. Isso está relacionado ao esforço marxiano para revolucionar a ciência, conforme palavras do próprio Marx em carta a Kugelmann em dezembro de 1862. Nesse sentido, o que estava em pauta não era a formulação de uma teoria alternativa sobre o capitalismo, mas a inauguração de um campo teórico radicalmente distinto. Seguindo os passos da argumentação de Heinrich, essa é a razão pela qual esse novo campo científico é caracterizado pela presença simultânea de um novo discurso (a crítica da economia política) e de um aprimoramento do discurso clássico (a economia política crítica).

Consequentemente, as ambivalências não são atribuídas a um erro, nem mesmo a uma falta de precisão conceitual, passível de ser corrigida por uma "correta" interpretação dos textos de Marx. O argumento aqui é mais profundo: ao analisar as distintas exposições da forma-valor e valendo-se, de modo inédito, do texto "Ergänzungen und Veränderungen zur 1. Auflage des *Kapitals*" [Complementos e alterações à primeira edição de *O capital*][9], Heinrich demonstra que as categorias – como, por exemplo, "valor" e "trabalho abstrato" – permanecem ambivalentes já em sua constituição. Daí o amálgama do novo ao velho: em alguns momentos da trajetória marxiana, seus conteúdos permanecem presos aos fundamentos – a-historicismo, antropologismo, individualismo e empirismo – da teoria clássica.

Para além dessas questões, expostas sobretudo no terceiro capítulo da presente introdução à obra de Marx, Heinrich oferece outra contribuição fundamental, dessa vez associada ao destaque dado ao nível de abstração que caracteriza *O capital* como um todo: a "média ideal". Originalmente apresentada em uma passagem do Livro III, essa delimitação embasa o argumento de que a crítica marxiana está longe de constituir qualquer coisa relacionada a um "ponto

---

* Karl Marx, *Miséria da filosofia* (trad. José Paulo Netto, São Paulo, Boitempo, 2017). (N. E.)
[9] Redigido entre dezembro de 1871 e janeiro de 1872, mas publicado pela primeira vez apenas em 1987, na MEGA², esse texto constitui uma das principais fontes da argumentação de Heinrich, notadamente em virtude da autocrítica feita por Marx às suas formulações na primeira edição de *O capital*.

de vista" específico. E tampouco pode ser compreendida como a apresentação do desenvolvimento histórico do capitalismo, ou como a análise de uma fase específica desse modo de produção, seja ela o capitalismo concorrencial, monopolista ou financeirizado.

A crítica da economia política opera no âmbito macro – aquele no qual se responde à pergunta: como é possível a ordem social? –, ainda que o próprio Marx, em alguns momentos, não respeite os limites da apresentação categorial. Heinrich oferece, aqui, muito mais do que exemplos nos quais o argumento marxiano patina entre distintos níveis de abstração. Uma vez que as categorias iniciais de *O capital* são necessariamente incompletas, a derivação categorial constitui um movimento no qual o posicionamento de uma "chama" a outra. Isso significa que a transição de uma categoria para a seguinte possui um conteúdo informativo específico.

Desse modo, o argumento da "média ideal" constitui o exato oposto de um corte abrupto entre o que faz parte ou não da crítica da economia política. Sua posição pressupõe uma sincronização conceitual com diferentes realizações cognitivas para fins de construção de uma teoria da sociedade. As crises econômicas, por exemplo, podem ser "derivadas" das leis de funcionamento do capitalismo, algo indicado por Marx já no Livro I. Mas a determinação exata de suas causas, bem como a extensão de sua abrangência, só podem ser compreendidas à luz da atuação do Estado e das formas jurídicas operantes em determinada conjuntura. Por isso mesmo, ao longo desta introdução, Heinrich não apenas discute temas polêmicos – a necessidade de uma "mercadoria-dinheiro", a existência ou não de uma "teoria do colapso", a validade da "lei da queda tendencial da taxa de lucro", o desacerto das alterações feitas por Engels durante o processo de edição dos Livros II e III etc. –, mas também aponta a necessidade de articular a "média ideal" a estudos em outros níveis de concretude do mesmo objeto. Uma abordagem como essa, crítica à separação das esferas do conhecimento, constitui um precioso antídoto às tentativas de reconstrução meramente lógica ou normativa dos textos marxianos, ainda hoje recorrentes.

IV

Lançado no Brasil em 2018, o título do primeiro volume da biografia escrita por Heinrich – *Karl Marx e o nascimento da sociedade moderna** – deve ser lido

---

* Michael Heinrich, *Karl Marx e o nascimento da sociedade moderna* (trad. Claudio Cardinali, São Paulo, Boitempo, 2018). (N. E.)

literalmente. O século XIX efetivamente põe as condições econômicas, políticas e sociais da modernidade. Por isso mesmo, a apreensão científica dessas determinações constitui, até hoje, uma tarefa importante não apenas para acadêmicos, mas sobretudo para aqueles comprometidos com uma emancipação humana na qual as pessoas realmente possam controlar as estruturas sociais que produzem. A historicização de Marx é, nesse sentido, a melhor forma de demonstrar sua atualidade.

A atual acumulação de crises políticas, sociais, financeiras e ecológicas demonstra, de um lado, a conexão mundial que caracteriza a socialização capitalista. De outro, paradoxalmente, ela tende a alimentar a personalização dos problemas sociais, notadamente daqueles tidos como não compreensíveis. Não há discussão nos dias de hoje que não associe as múltiplas desigualdades e opressões ao 1% dominante da sociedade. Apesar de constituir uma cisão real, essa divisão não nos diz nada acerca da estrutura e do modo de funcionamento específicos do capitalismo. Nesse sentido, os Livros I, II e III de *O capital* são cruciais para uma compreensão abrangente tanto dos elementos objetivos subjacentes à dominação impessoal do capital quanto dos modos de representação alimentados pelo seu circuito e suas formas mais fetichizadas.

Este livro de Heinrich – traduzido para inúmeros idiomas –, para além das contribuições já (brevemente) mencionadas, tem o mérito de apresentar o percurso do autor da crítica da economia política de forma clara e transparente. Crítico de todo e qualquer dogmatismo e sacralização do texto marxiano, seu conteúdo revisita debates clássicos e teses controversas, com o compromisso de não só auxiliar leitores – iniciantes ou já iniciados no debate marxista – a compreender o "todo artístico" que caracteriza, segundo o próprio Marx, *O capital*, como também incentivar novas leituras de Marx. Em meio ao avanço e consolidação de forças políticas reacionárias, as próximas páginas são um convite a todas e todos interessados em fazer da luta por melhores condições de vida uma luta pela superação do modo de produção capitalista.

César Mortari Barreira

Prefácio à edição brasileira

Este livro foi publicado pela primeira vez na Alemanha há exatamente 20 anos. Lá, ele se tornou rapidamente a introdução mais vendida de *O capital* de Marx, sendo logo seguido por traduções em vários idiomas. O sucesso do livro não se deveu apenas às suas qualidades (mesmo que o autor queira pensar assim), mas também às circunstâncias da época. Os conflitos sociais e os movimentos de protesto estavam outra vez em ascensão, havia novas tentativas de organização da esquerda em vários países da Europa ocidental, além de horizontes esperançosos na América Latina, especialmente no Brasil. Ao contrário de todas as promessas neoliberais, a crise financeira de 2008 revelou mais uma vez a natureza propensa a crises do sistema capitalista, o que levou a um interesse maior pela teoria de Marx – até mesmo jornais conservadores perguntaram se ele não estava certo em sua análise do capitalismo.

Essa retomada de Marx logo acabou, pelo menos na mídia burguesa. A década que se seguiu à crise financeira registrou um desenvolvimento extremamente desigual entre os países capitalistas: alguns, como a Alemanha, tiveram um *boom* duradouro, enquanto outros foram forçados por seus credores a tomar medidas de austeridade destrutivas devido ao aumento da dívida nacional. Ao mesmo tempo, o problema global da mudança climática tornou-se cada vez mais evidente, assim como a incapacidade do sistema capitalista (apesar de todas os discursos em contrário) de lidar com esse desafio. Nos últimos anos, os conflitos econômicos e políticos entre os Estados Unidos, a União Europeia, a Rússia e a China também se intensificaram, culminando na guerra da Ucrânia. Embora esses acontecimentos tenham dado razão a muitas análises da esquerda, muitos de seus partidos sofreram um forte declínio, principalmente nos últimos anos. Em contrapartida, os movimentos e partidos populistas de extrema direita são os principais beneficiários dos conflitos sociais em muitos países europeus e não europeus. Não é incomum que eles disputem o debate político com os partidos conservadores e liberais tradicionais, o que faz com que o clima social mude constantemente para a direita e fortaleça tanto o racismo quanto o nacionalismo.

Poderíamos nos perguntar se um exame aprofundado da obra de Marx é particularmente urgente nessas circunstâncias. Essa análise certamente não é a única tarefa, mas é necessária. A esquerda só pode ganhar importância a longo prazo se conseguir questionar as estruturas capitalistas básicas, em vez de criticar apenas seus sintomas sociais. E *O capital* de Marx continua a oferecer o melhor ponto de partida para isso, pelo menos se dois aspectos forem levados em conta. Em primeiro lugar, os três livros de *O capital* formam uma unidade; apropriar-se apenas do Livro I não é apenas incompleto, mas também pode levar a mal-entendidos. Em segundo lugar, as análises de Marx devem ser separadas das simplificações e reducionismos extremos que prevalecem em muitas análises marxistas. Tendo isso em vista, esta introdução tem o objetivo de auxiliar a compreensão de *O capital*, mas não pode substituir a leitura da crítica da economia política pelo próprio leitor.

Gostaria de agradecer a César Mortari Barreira – que fez uma importante contribuição à teoria de Marx com seu livro *Teoria monetária do direito* – pela tradução precisa de meu texto. Sou muito grato à editora Boitempo por ter se comprometido a publicar este livro no Brasil.

Michael Heinrich
Março de 2024

Prefácio à primeira edição alemã (2004)

O protesto voltou. Na virada do milênio surgiram diversos movimentos de contestação, especialmente movimentos de "crítica à globalização". As mobilizações duramente reprimidas no encontro da Organização Mundial do Comércio (OMC) em Seattle, em 1999, ou na reunião do G8 em Gênova, em 2001, já se tornaram símbolos de uma nova resistência contra as imposições do capitalismo, e as consequências destrutivas de sua versão "desenfreada" já são discutidas até fora dos círculos tradicionais de esquerda.

Uma breve retrospectiva mostra que isso não era evidente. No início da década de 1990, após o colapso da União Soviética, parecia que o capitalismo havia finalmente se afirmado em todo o mundo como único modelo econômico e social. Embora sempre tenham existido muitas posições de esquerda que não viam o "socialismo real" soviético como uma alternativa ao capitalismo, àquela altura essas posições aparentemente não importavam mais. Para a maioria das pessoas, uma sociedade além da economia de mercado parecia mera utopia, completamente distante da realidade. Em vez de protestos, predominavam adaptação e resignação.

No entanto, justamente a década de 1990 deixou claro que o capitalismo, mesmo após sua aparente "vitória final", seguia acompanhado de crises e empobrecimento. Kosovo, Afeganistão e Iraque mostraram que as guerras nas quais os países capitalistas desenvolvidos estavam envolvidos – de maneira não apenas indireta, mas também bastante direta – não eram de forma alguma coisa do passado. Tudo isso foi discutido pelos novos movimentos sociais de diferentes formas e converteu-se em ponto de partida para a crítica. De início, ela desencadeava, na maior parte das vezes, somente ações políticas pontuais destinadas a melhorias inerentes ao sistema e, não raro, a crítica baseava-se em uma representação moral simplista na qual só existia o preto ou o branco. Mas, no decorrer das disputas, perguntas fundamentais eram repetidamente levantadas: perguntas sobre o modo de funcionamento do capitalismo hodierno, sobre sua conexão com o Estado e a guerra, sobre o que seria possível mudar em seu interior.

A teoria de esquerda passou a ser novamente importante. Qualquer intervenção com pretensão de provocar mudanças depende de uma certa compreensão do que existe. Se, por exemplo, a adoção de uma taxa Tobin (ou seja, a tributação de transações de câmbio) é exigida como um meio crucial para "domar" o capitalismo "desenfreado", essa reivindicação pressupõe certos conceitos teóricos sobre a importância dos mercados financeiros, sobre a (des)regulação, sejam tais conceitos expressos ou não. A pergunta acerca do funcionamento atual do capitalismo não é, portanto, uma questão acadêmica abstrata; ao contrário, a resposta a essa questão tem relevância prática imediata para qualquer movimento anticapitalista.

Por isso, não é surpreendente que, nos últimos anos, grandes projetos teóricos também tenham ganhado popularidade, como *Império*, de Antonio Negri e Michael Hardt*, *A era da informação*, de Manuel Castells**, ou, especificamente na Alemanha, *O livro negro do capitalismo*, de Robert Kurz. Nas três obras – com orientações substantivas e políticas muito distintas –, as categorias marxianas são empregadas em maior ou menor grau: algumas são reivindicadas para analisar o capitalismo contemporâneo, outras são consideradas ultrapassadas. Embora hoje em dia não se possa ignorar *O capital*, de Marx***, se se quer investigar com profundidade o capitalismo, os três livros anteriormente mencionados têm em comum, ainda que de maneiras diferentes, uma abordagem bastante superficial das categorias marxianas, muitas vezes mobilizadas como meros clichês. Um confronto com o Marx original torna-se imperioso, não apenas para criticar tais superficialidades, mas também porque *O capital*, escrito há mais de 150 anos, é, em muitos aspectos, mais atual do que muitas obras pretensiosas escritas no presente.

Quando começamos a ler *O capital*, encontramos algumas dificuldades. Especialmente no início, o texto não é fácil de entender. O tamanho dos três

---

* Michael Hardt e Antonio Negri, *Império* (trad. Berilo Vargas, 10. ed., Rio de Janeiro, Record, 2012). (N. E.)

** Referência ao estudo publicado na trilogia: *A sociedade em rede* (trad. Roneide Venancio Majer, 23. ed., Rio de Janeiro, Paz e Terra, 2021); *O poder da identidade* (trad. Klauss Brandini Gerhardt, 9. ed., São Paulo, Paz e Terra, 2018); *Fim de milênio* (trad. Klauss Brandini Gerhard e Roneide Venancio Majer, São Paulo, Paz e Terra, 2012). (N. E.)

*** Karl Marx, *O capital* (trad. Rubens Enderle, São Paulo, Boitempo, 2013-2017), 3 v. (N. E.)

volumes também pode intimidar. Mas não devemos nos contentar, de maneira alguma, apenas com a leitura do primeiro volume. Como Marx apresenta seu objeto em diferentes níveis de abstração, que se pressupõem e se complementam uns aos outros, somente ao final do Livro III é possível compreender plenamente a teoria do valor e do mais-valor tratada no Livro I, cuja leitura isolada oferece um conhecimento tão incompleto quanto equivocado.

Também não é fácil apreender o objetivo expresso no subtítulo de *O capital*, que Marx usou para caracterizar seu projeto científico como um todo: *crítica da economia política*. No século XIX, *economia política* era o termo aproximado para o que hoje chamamos de economia ou ciências econômicas. Com a expressão "crítica da economia política", Marx indica que ele não está simplesmente buscando uma nova teoria da economia política, mas uma crítica fundamental à totalidade da ciência econômica anterior: para Marx, trata-se de uma "revolução científica", porém com uma intenção política e social revolucionária.

Apesar das dificuldades, tentar ler *O capital* é essencial. A presente introdução à obra de Marx não pode substituir tal leitura; seu objetivo é apenas oferecer uma primeira orientação[1]. As leitoras e os leitores devem entender que já possuem uma compreensão prévia do que é capital, do que é crise e também do que trata a teoria de Marx. Essa *pré-compreensão* – que se adquire automaticamente por meio da escola, dos meios de comunicação, conversas e discussões – precisa ser criticamente posta em dúvida. Trata-se, assim, de lidar com o novo e questionar o que é aceito como óbvio ou evidente.

Esse questionamento deve começar já no primeiro capítulo deste livro. De um lado, esse capítulo examina um conceito provisório de capitalismo que se distingue de muitas representações "cotidianas" acerca dele. De outro, discute o papel do marxismo no movimento dos trabalhadores. É necessário desde já deixar claro que não existe algo como "o" marxismo. Controvérsias sobre o que constitui o núcleo da teoria marxiana sempre existiram – e não apenas entre "marxistas" e "críticos de Marx", mas também entre os próprios "marxistas".

---

[1] Um comentário detalhado do Livro I de *O capital*, capítulo por capítulo, pode ser encontrado em Elmar Altvater et al., *Kapital.doc* (Munique, Westfälisches Dampfboot, 1999). Em contraste, discuto aqui o contexto geral da argumentação de Marx, ainda que levando em consideração os três livros de *O capital*. Uma introdução à obra de Marx baseada em textos selecionados é encontrada em Michael Berger, *Karl Marx: "Das Kapital": eine Einführung* (Munique, UTB, 2003).

A exemplo do primeiro, o segundo capítulo – dedicado à caracterização preliminar do objeto de *O capital* – prepara os demais, que, já contextualizados, seguem de forma muito ampla o percurso argumentativo dos três volumes escritos por Marx: os capítulos 3 a 5 analisam o Livro I; o capítulo 6, o Livro II; e os capítulos 7 a 10, o Livro III.

Marx tinha planejado uma investigação do Estado que deveria ser tão sistemática quanto sua análise da economia, mas nunca chegou a realizá-la. Em *O capital*, existem apenas observações ocasionais sobre o Estado. No entanto, como uma crítica do capital sem uma crítica do Estado seria incompleta, induzindo a mal-entendidos, ela será, ainda que sucintamente, abordada no capítulo 11. Por fim, o capítulo 12 trará uma breve discussão sobre o que Marx entende por socialismo/comunismo – e o que isso não significa.

Muitas simplificações do "marxismo enquanto visão de mundo" (ver tópico 1.3) – também chamado de marxismo tradicional – foram criticadas, sobretudo nas últimas décadas. No bojo dessas críticas, Marx deixou de ser idealizado como "o melhor economista", tal qual se buscava na tradição, para ser compreendido como um crítico da socialização mediada pelo valor, isto é, da socialização "fetichizada". Essa nova leitura da crítica marxiana da economia é fundamental para esta introdução à obra de Marx. Isso significa que aceito certas interpretações de Marx e rejeito outras. No entanto, para não exceder o escopo deste trabalho, não farei esse tipo de discussão aqui. Minhas opções são detalhadamente explicadas em *Die Wissenschaft vom Wert* [A ciência do valor][2].

Recomendo particularmente uma leitura aprofundada do terceiro capítulo do presente livro, em que trato da teoria do valor de Marx. Isso vale inclusive para aqueles que acreditam já conhecer a teoria do valor e desejam apenas se informar sobre temas derivados, como crédito e crise. Esse capítulo não apenas constitui o pressuposto para tudo o que se segue como evidencia um alinhamento com a "nova leitura de Marx". Uma observação sobre a forma de escrever no que se refere ao gênero: estou ciente de que a língua alemã ignora as mulheres, sendo a grafia masculina utilizada indistintamente para todos os gêneros. Para evitar esse problema, marcadores específicos têm sido recomendados. Sua

---

[2] Michael Heinrich, *Die Wissenschaft vom Wert. Die Marxsche Kritik der politischen Ökonomie zwischen wissenschaftlicher Revolution und klassicher Tradition* (Munique, Westfälisches Dampfboot, 1999). Uma revisão da literatura relevante pode ser encontrada em Michael Heinrich, "Kommentierte Literaturliste", em Elmar Altvater et al., *Kapital.doc*, cit., p. 188-220.

aplicação a fundo levaria, porém, a um novo dilema: se existem justificativas para usar "trabalhadore(a)s", a mesma estratégia implicaria ocultar que as mulheres raramente são capitalistas e políticas*. Por isso evitei usar essas grafias, mas frequentemente falo de "trabalhadores e trabalhadoras" etc.

Sobre a forma de citação: *O capital* e outros textos de Marx são citados conforme a *Marx-Engels-Werke* (MEW) (Berlim, 1956-); os três livros de *O capital* encontram-se em MEW 23, 24 e 25. Textos não incluídos na MEW são citados segundo a *Marx-Engels-Gesamtausgabe* (MEGA) (Berlim, 1975-).

Para concluir esta introdução, recebi a contribuição de diversas pessoas. Pela reiterada leitura crítica de partes do manuscrito, pelas intensas discussões e por sugestões importantes, vai aqui meu agradecimento especial a Marcus Bröskamp, Alex Gallas, Jan Hoff, Martin Krzymdzinski, Ines Langmeyer, Henrik Lebuhn, Kolja Lindner, Urs Lindner, Arno Netzbandt, Bodo Niendl, Sabine Nuss, Alexis Petrioli, Thomas Sablowski, Dorothea Schmidt, Anne Steckner e Ingo Stützle.

Michael Heinrich

---

* Heinrich se refere à utilização do "I" maiúsculo para incluir os gêneros: ao invés de *Arbeiter* (trabalhador), *ArbeiterInnen*. Mas, ao abordar os campos empresarial e político, o autor questiona a falsa inclusão pressuposta nos termos *KapitalistInnen* e *PolitikerInnen* para descrever a realidade. (N. T.)

1
CAPITALISMO E "MARXISMO"

1.1. O que é capitalismo?

As sociedades hodiernas são atravessadas por inúmeras manifestações de dominação e opressão: relações de gênero assimétricas, discriminações raciais, enormes diferenças de propriedade e desigualdades sociais, estereótipos antissemitas, rejeição de certas orientações sexuais fazem parte do nosso cotidiano. A interconexão (ou não) desses elementos já foi muito debatida, sobretudo a questão da prioridade de alguns sobre os demais. Se as dinâmicas de dominação e exploração fundadas na economia estão em primeiro plano no presente livro, isso não significa que sejam as únicas relevantes. Mas não se pode falar de tudo ao mesmo tempo. A crítica da economia política de Marx preocupa-se, em primeiro lugar, com as estruturas econômicas da sociedade capitalista, portanto elas constituem o foco desta introdução à sua obra. Mas não se deve ter a ilusão de que, com a análise dos fundamentos do *modo de produção capitalista*, tudo o que é decisivo sobre as *sociedades capitalistas* já foi dito.

O fato de vivermos em uma "sociedade de classes" parece ser algo especialmente controverso na Alemanha. O simples uso do termo "classe" é reprovado. Enquanto a primeira-ministra ultraconservadora da Inglaterra, Margaret Thatcher, não tinha nenhum problema em falar da "*working class*" [classe trabalhadora], em terras germânicas raramente se ouve essa palavra, até mesmo na boca dos sociais-democratas. Na Alemanha há apenas empregados, empresários, funcionários públicos e, acima de tudo, a "classe média". No entanto, a referência às classes não implica por si só algo especialmente crítico. Isso vale não apenas para as representações de "justiça social" que buscam uma equiparação entre as classes, mas também para aquelas presumidamente "de esquerda" que consideram a política burguesa uma espécie de conspiração da classe "dominante" contra o restante da sociedade.

O confronto entre dominantes e dominados, bem como a exploração destes últimos, podem ser surpreendentes para um professor de ciências sociais conservador que só conhece os "cidadãos". Mas essa constatação não é suficiente. Todas as sociedades que conhecemos são "sociedades de classe". "Exploração" significa apenas que a classe dominada produz não só o seu próprio sustento, mas também o da classe dominante. As classes aparecerem historicamente de formas muito diferentes: na Grécia Antiga, os escravos e as escravas se contrapunham aos proprietários; na Idade Média, os servos camponeses se confrontavam com os senhores feudais; e, no capitalismo, a oposição é entre burguesia (cidadãos proprietários) e proletariado (trabalhadores e trabalhadoras dependentes de salário). Por isso mesmo, é decisivo saber *como* dominação de classe e exploração funcionam em uma sociedade. Nesse sentido, o capitalismo se distingue fundamentalmente por duas maneiras:

1) Nas sociedades pré-capitalistas, a exploração tinha por base a *relação pessoal de dominação e dependência*: enquanto o escravo era propriedade de seu senhor, o servo dependia do senhor feudal. Este tinha poder direto sobre aquele. Desse modo, o "senhor" apropriava-se de parte do produto que o "servo" produzia. Já nas condições capitalistas, os trabalhadores assalariados firmam um contrato de trabalho com os burgueses. Ambos são *formalmente livres* (não há violência externa obrigando-os a celebrar contratos, que, por sua vez, podem ser rescindidos) e são *postos como formalmente iguais* (embora existam vantagens decorrentes da propriedade, não há privilégios jurídicos "de nascimento", como havia na sociedade aristocrática). No capitalismo não há relação *pessoal* de poder – pelo menos essa não é regra nos países capitalistas desenvolvidos. Por esse motivo, para muitos teóricos sociais, a *sociedade burguesa*, com seus cidadãos livres e iguais, parece ser o oposto da sociedade feudal medieval, com seus privilégios de classe e relações pessoais de dependência. Do mesmo modo, muitos economistas, pelo menos na Alemanha, negam que exista exploração capitalista, preferindo falar de "economia de mercado". Eles falam de concorrência entre diferentes "fatores de produção" (trabalho, capital e terra), os quais recebem parcelas correspondentes do produto (salário, lucro e renda da terra). Mais adiante discutiremos como, no entanto, a dominação e a exploração no capitalismo são realizadas precisamente *por meio* dessa liberdade formal e dessa igualdade dos "indivíduos que trocam".

2) Nas sociedades pré-capitalistas, a exploração da classe dominada serve principalmente para o consumo da classe dominante, cujos membros levam uma vida luxuosa e utilizam a riqueza apropriada para seu próprio prazer, para a diversão pública (apresentações teatrais na Grécia Antiga, jogos na Roma Antiga) ou para fazer guerra. A produção tem por objetivo *imediato* a *satisfação de necessidades*: tanto aquelas (forçosamente) simples dos setores populares como as mais suntuosas e bélicas dos abastados. Apenas em casos excepcionais a riqueza apropriada é usada para aumentar a base de exploração (por exemplo, renunciar ao consumo para comprar ainda mais escravos, de tal modo que estes possam produzir uma riqueza ainda maior). Em condições capitalistas, entretanto, essa é a regra geral. O lucro de uma empresa capitalista *não* serve predominantemente para proporcionar uma vida agradável ao seu proprietário. Ele deve ser reinvestido, gerando ainda mais lucro no futuro. A finalidade *imediata* da produção é a *valorização do capital*. A satisfação das necessidades e a vida agradável do capitalista são apenas um produto secundário desse processo, não seu objetivo: se os lucros forem suficientemente altos, então uma pequena parte deles é direcionada para financiar a vida luxuosa do capitalista, enquanto a maior parte é utilizada para a "acumulação" (o aumento do capital).

Pode parecer um absurdo que o lucro seja destinado à constante valorização do capital – ou seja, para o movimento incessante de sempre ganhar mais –, e não ao consumo do capitalista. Mas isso não significa a loucura de um indivíduo. Cada capitalista se vê *forçado* pela concorrência com os demais a esse movimento incessante de acumulação permanente, aumento da produção, introdução de novas técnicas etc. Se não houver acumulação, se o aparelho de produção não for constantemente modernizado, a empresa corre o risco de ser superada por concorrentes em condições de produzir a um custo menor ou fabricar produtos melhores. Quanto mais um capitalista individual se esquivar da necessidade de acumulação e inovação constantes, mais a falência o ameaçará. Portanto, ele é forçado a participar do processo de valorização, queira ele ou não. No capitalismo, "a ganância desmedida por lucros" não é uma falha moral dos indivíduos, mas uma necessidade para se sobreviver enquanto capitalista. Como ficará mais claro nos próximos capítulos, a sociedade capitalista baseia-se em uma relação *sistêmica* de dominação que produz coações às quais estão submetidos tanto os trabalhadores e as trabalhadoras quanto os capitalistas. Uma crítica que se dirija ao apetite insaciável dos capitalistas individuais, e não ao sistema capitalista como um todo, é, portanto, insuficiente.

Por *capital* entendemos (em um primeiro momento) uma determinada soma de valor cujo propósito é "valorizar-se", isto é, gerar lucro. Ele pode ser obtido de diferentes maneiras. No *capital portador de juros*, o dinheiro é emprestado a uma taxa de juros. É o juro, portanto, que constitui o lucro. No *capital comercial*, produtos são comprados barato em um local e vendidos mais caro em outro local (ou em outro momento). A diferença entre o preço de compra e o de venda (descontados quaisquer custos extras) forma o lucro. Por fim, no *capital industrial*, o próprio processo produtivo é organizado de forma capitalista: capital é adiantado para comprar meios de produção (máquinas, matérias-primas) e empregar força de trabalho, de modo que a produção é realizada sob a direção do capitalista (ou de seus agentes). Após a venda dos produtos, se a receita exceder os custos com materiais e salários, o capital inicialmente adiantado não apenas se reproduziu, mas também gerou lucro.

É possível dizer que, em praticamente todas as sociedades nas quais há registro de trocas mediante dinheiro, existiu capital no sentido que acabamos de esboçar (principalmente como capital portador de juros e capital comercial, e em menor medida como capital industrial). No entanto, enquanto a produção para suprir as necessidades foi dominante, o capital desempenhou em geral um papel meramente subordinado. Só se pode falar de *capitalismo* quando o comércio e, sobretudo, a produção funcionam predominantemente de modo capitalista (ou seja, orientados para o lucro e não mais para as necessidades). O capitalismo é, *nesse sentido*, um fenômeno predominantemente europeu e moderno.

As raízes desse desenvolvimento na Europa remontam à Alta Idade Média. Inicialmente, o comércio de longa distância foi organizado de modo capitalista e as "cruzadas" medievais – guerras de saqueio em larga escala – desempenharam um papel importante na expansão do comércio. Gradualmente, os comerciantes, que de início apenas compravam produtos preexistentes e os revendiam em outro local, começaram a controlar a produção. Eles encomendavam produtos específicos, antecipavam os custos das matérias-primas e ditavam o preço pelo qual comprariam o produto final.

O desenvolvimento da cultura e do capital em solo europeu experienciou um impulso decisivo nos séculos XVI e XVII. Marx resumiu da seguinte maneira o que os livros didáticos costumam chamar de "a era dos descobrimentos":

A descoberta das terras auríferas e argentíferas na América, o extermínio, a escravização e o soterramento da população nativa nas minas, o começo da conquista e saqueio das Índias Orientais, a transformação da África numa reserva para a caça comercial de peles-negras caracterizam a aurora da era da produção capitalista. [...] Os tesouros espoliados fora da Europa diretamente mediante o saqueio, a escravização e o latrocínio refluíam à metrópole e lá se transformavam em capital.[1]

A produção capitalista incorporou cada vez mais espaços dentro da Europa. Surgiram manufaturas e fábricas, e, ao lado dos capitalistas comerciais, finalmente se estabeleceram capitalistas industriais, cujas instalações de produção, cada vez maiores, empregavam força de trabalho assalariada em escala sempre ampliada. No final do século XVIII e início do século XIX, o capitalismo industrial se desenvolveu primeiro na Inglaterra, seguida no século XIX pela França, Alemanha e Estados Unidos. No século XX, estabeleceu-se em quase todo o mundo, mas alguns países, como a Rússia e a China, tentaram escapar dessa expansão construindo um "sistema socialista" (ver capítulo 12). Com o colapso da União Soviética e a orientação da China para as estruturas de mercado, o capitalismo do século XXI não conhece fronteiras, ao menos geográficas. É certo que ele ainda não se apropriou de todo o mundo (grande parte da África é testemunho disso). Tal, no entanto, não se deve primeiramente a uma eventual resistência à expansão capitalista, mas sim, e sobretudo, ao fato de que as condições de valorização não são igualmente favoráveis em todas as partes. O capital sempre procura as melhores oportunidades de lucro, deixando as menos favoráveis em segundo plano[2].

1.2. A formação do movimento dos trabalhadores

A constituição de fortunas suficientemente grandes foi um pressuposto para o desenvolvimento do *capitalismo industrial*. O mesmo deve ser dito sobre a "liberação" da força de trabalho. Nesse sentido, as pessoas que não estavam mais sujeitas às relações de dependência feudal, eram formalmente livres e, por isso, tinham a possibilidade de, pela primeira vez, vender a respectiva capacidade de trabalhar. Mas elas também se encontravam "livres" de qualquer fonte de renda

---

[1] MEW, 23, p. 779 e 781 [ed. bras.: *O capital*, Livro I, trad. Rubens Enderle, São Paulo, Boitempo, 2011, p. 821 e 823].

[2] Para uma introdução à história do desenvolvimento do capitalismo, ver Hansgeorg Conert, *Vom Handelskapital zur Globalisierung. Entwicklung und Kritik der politischen Ökonomie* (Munique, Westfälisches Dampfboot, 1998).

e, sobretudo, não possuíam terra de cujo cultivo pudessem subsistir – e, assim, *eram obrigadas a vender* sua força de trabalho para sobreviver.

O núcleo desse "proletariado" era composto por pequenos agricultores empobrecidos ou expulsos de suas glebas (os senhores feudais frequentemente transformavam terras aráveis em pastagens, uma prática cada vez mais lucrativa), além de artesãos arruinados e trabalhadores autônomos. Eles eram frequentemente constrangidos ao trabalho assalariado permanente por intermédio do uso de violência estatal brutal (perseguição de "vagabundos" e "mendigos", estabelecimento de "casas de trabalho"*). A emergência do capitalismo moderno não foi um processo pacífico, mas, sim, profundamente violento, sobre o qual Marx escreveu em *O capital*: "Se o dinheiro, segundo Augier, 'vem ao mundo com manchas naturais de sangue numa de suas faces', o capital nasce escorrendo sangue e lama por todos os poros, da cabeça aos pés"[3].

O capitalismo se desenvolveu na Europa (primeiro na Inglaterra) no início do século XIX com enormes sacrifícios humanos: jornadas de trabalho de até quinze e dezesseis horas diárias e trabalho infantil – ao qual eram forçadas crianças de seis ou sete anos – eram tão comuns quanto condições extremamente insalubres e perigosas de trabalho. E, apesar disso, os salários mal davam para sobreviver.

Sob essas condições surgiram distintas formas de resistência. Trabalhadores e trabalhadoras tentaram obter pagamentos mais altos e melhores condições de trabalho. Os meios para isso foram variados: petições, greves e confrontos violentos. As greves eram frequentemente reprimidas pela polícia e/ou exército. Os primeiros sindicatos e associações de trabalhadores eram perseguidos como organizações "subversivas" e seus líderes eram comumente condenados. Não por acaso, durante todo o século XIX, foram travadas inúmeras lutas pelo reconhecimento da legitimidade desses movimentos. Com o tempo, alguns cidadãos e até mesmo (poucos) capitalistas começaram a criticar as condições miseráveis nas quais vegetava grande parte do proletariado, que aumentou constantemente durante a industrialização. Por fim, o Estado foi obrigado a reconhecer que os jovens, expostos desde a infância a horas a fio de trabalho nas fábricas, dificilmente estavam aptos para o serviço militar.

---

* Também chamadas de "casas de correção", em referência às instituições surgidas já no século XVI, na Inglaterra, com o objetivo de tornar socialmente útil – pelo trabalho forçado e pela disciplina – a força de trabalho de segmentos da sociedade tidos como "indesejáveis". (N. T.)
[3] MEW, 23, p. 788 [ed. bras.: *O capital*, Livro 1, cit., p. 829-30].

Esse é o contexto originário da "legislação fabril". Como resposta à pressão do poder dos trabalhadores, mas também em decorrência da necessidade – do capital e do Estado – de manter pessoas razoavelmente saudáveis para cumprir seus papéis na produção industrial e nas guerras, diversas leis (mais uma vez, primeiro na Inglaterra) foram promulgadas visando a uma proteção mínima à saúde dos trabalhadores, como o aumento da idade mínima para o emprego infantil e a redução da jornada máxima diária. As horas de trabalho dos adultos também foram limitadas: a jornada padrão de doze horas e, posteriormente, de dez horas foi introduzida na maioria dos setores.

O movimento dos trabalhadores se fortaleceu durante esse período. Depois dos sindicatos e associações, foram criados partidos que os representavam. Com a expansão do direito ao voto, inicialmente reservado àqueles que tinham propriedades (mais precisamente, os homens proprietários), as frações parlamentares também cresceram. Mas o objetivo da luta das trabalhadoras e dos trabalhadores sempre foi controverso: reformar ou abolir o capitalismo? Igualmente discutível era se o Estado e o governo constituíam adversários que precisavam ser combatidos tanto quanto o capital ou se eram possíveis aliados que somente precisavam ser convencidos do melhor caminho a ser seguido.

Desde as primeiras décadas do século XIX, vieram à tona inúmeras análises do capitalismo, conceitos de socialismo, além de propostas de reforma e desenhos estratégicos para alcançar melhor os objetivos propostos. Nesses debates, Marx e Engels tornaram-se cada vez mais influentes. No fim do século XIX, ambos já haviam morrido e o "marxismo" dominava os debates e ações do movimento internacional dos trabalhadores. Ao mesmo tempo, já era possível questionar a coerência desse "marxismo" com a teoria de Marx.

1.3. Marx e o marxismo

Karl Marx (1818-1883) nasceu em Trier. Filho de pai advogado, foi criado em uma culta família pequeno-burguesa. Apesar de ter estudado direito nas cidades de Bonn e Berlim, Marx se ocupou principalmente da filosofia de Hegel (1770--1831) – ainda dominante na época – e dos jovens hegelianos (um grupo radical de discípulos do filósofo alemão).

Entre 1842 e 1843, Marx foi editor da *Rheinische Zeitung* [*Gazeta Renana*], um órgão da burguesia liberal renana que se opunha à monarquia prussiana autoritária (que também governava a Renânia na época). Em seus artigos, Marx criticava o governo monárquico a partir da concepção hegeliana de "essência" do Estado, segundo a qual a realização de uma "liberdade razoável" estaria acima dos interesses de classe. Mas, durante sua atividade como periodista, Marx acabou se envolvendo cada vez mais com questões econômicas, o que o fez questionar gradativamente a filosofia hegeliana.

Sob influência da crítica radical de Ludwig Feuerbach (1804-1872) a Hegel, Marx tentou substituir as abstrações deste último pela análise dos "seres humanos reais" [*wirklichen Menschen*]. Como resultado dessa substituição, ele escreveu, em 1844, os *Manuscritos econômico-filosóficos*, que nunca foram publicados durante a sua vida. A "teoria da alienação" [*Entfremdungstheorie*] – extraordinariamente popular no século XX – teve sua gênese nesse trabalho. Marx tentou demonstrar que os seres humanos reais, sob condições capitalistas, estão "alienados" de sua "essência genérica" [*Gattungswesen*], isto é, aquilo que os distingue dos animais, o desenvolvimento de suas capacidades e forças pelo trabalho. Como trabalhadores assalariados, eles não têm controle nem sobre os produtos de seu trabalho nem sobre o processo de trabalho – ambos estão sob o domínio do capitalista. O *comunismo*, enquanto eliminação do capitalismo, era então concebido por Marx como a abolição da alienação, a reapropriação da essência genérica humana pelos seres humanos reais.

Ainda trabalhando na *Gazeta Renana*, Marx conheceu Friedrich Engels (1820-1895), filho de um fabricante de Barmen (hoje parte de Wuppertal). Em 1842, Engels foi enviado pelos pais para a Inglaterra para concluir sua formação comercial e lá testemunhou a miséria do proletariado industrial inglês. A partir do fim de 1844, Marx e Engels estabeleceram laços de amizade que duraram até o fim de suas vidas.

Em 1845, eles escreveram juntos *A ideologia alemã**, um manuscrito (publicado apenas postumamente) que deveria acertar as contas não apenas com a filosofia "radical" dos jovens hegelianos, mas, conforme Marx escreveu mais tarde, também com "a nossa consciência filosófica anterior"[4]. A crítica, aqui, bem como nas "Teses sobre Feuerbach"**, escritas pouco antes por Marx, era particularmente direcionada à concepção filosófica da "essência humana" e da

---

* Karl Marx e Friedrich Engels, *A ideologia alemã* (trad. Luciano Cavini Martorano, Nélio Schneider e Rubens Enderle, São Paulo, Boitempo, 2007). (N. E.)

[4] MEW, 13, p. 10 [ed. bras.: *Para a crítica da economia política*, trad. Nélio Schneider, São Paulo, Boitempo, 2024, p. 26].

** Karl Marx, "Teses sobre Feuerbach", em Friedrich Engels, *Ludwig Feuerbach e o fim da filosofia clássica alemã* (trad. Nélio Schneider, São Paulo, Boitempo, 2024). (N. E.)

"alienação". Em vez disso, agora deveriam ser investigadas as relações sociais reais sob as quais as pessoas vivem e trabalham. Consequentemente, Marx abandona a premissa da essência genérica humana e passa a utilizar raramente e de maneira vaga o conceito de alienação. Ainda hoje se discute, porém, o estatuto desse abandono, compreendendo-o ora como definitivo, ora como uma delimitação hierárquica no interior do aparato conceitual marxiano. Essa é a questão a partir da qual se desenvolve a disputa acerca da existência de uma ruptura conceitual entre os escritos do "jovem" e do "velho" Marx.

Marx e Engels tornaram-se amplamente conhecidos com o *Manifesto Comunista**, publicado em 1848, pouco antes do início da Revolução de Fevereiro**. Trata-se de um texto programático escrito a pedido da Liga dos Comunistas, um pequeno grupo revolucionário que existiu apenas por um curto período. No *Manifesto Comunista*, eles esboçam de forma breve e em linguagem simples a ascensão do capitalismo, o antagonismo de classes cada vez mais acentuado entre burguesia e proletariado e a inevitabilidade da revolução proletária, responsável por criar a sociedade comunista, baseada na abolição da propriedade privada dos meios de produção. Após a repressão aos movimentos revolucionários, Marx teve de fugir da Alemanha. Mudou-se para Londres, na época centro capitalista por excelência e, portanto, o melhor lugar para estudar o desenvolvimento do capitalismo. Em Londres, ele também teve acesso à enorme biblioteca do Museu Britânico.

O *Manifesto Comunista* surgiu mais de uma intuição genial do que de um conhecimento científico profundo (algumas afirmações, entre elas a suposta tendência à pauperização absoluta dos trabalhadores, foram revisadas posteriormente). Embora Marx já tivesse lidado com a literatura econômica na década de 1840, foi em Londres que ele iniciou uma análise abrangente e aprofundada da economia política. Isso o levou, no fim da década de 1850, ao projeto de uma "crítica da economia política". Esta deveria se estender por vários livros, para os quais manuscritos bastante extensos foram escritos a partir de 1857, mas não foram concluídos nem publicados por

---

* Karl Marx e Friedrich Engels, *Manifesto Comunista* (trad. Álvaro Pina e Ivana Jinkings, São Paulo, Boitempo, 2016). (N. E.)
** A monarquia do rei Luís Filipe I tem fim em fevereiro de 1848, iniciando-se a Segunda República francesa. Era o início da chamada "Primavera dos Povos", uma onda de revoluções que atingiu toda a Europa. (N. T.)

Marx – inclusive a "Introdução" de 1857*, os *Grundrisse*** (1857-1858) e as *Teorias da mais-valia**** (1861-1863).

Marx trabalhou até o fim de sua vida nesse projeto, mas conseguiu publicar apenas uma pequena parte dele. É o caso de *Para a crítica da economia política* (1859), um trabalho curto sobre a mercadoria e o dinheiro, que não foi continuado. Já o Livro I de *O capital* teve sua primeira edição em 1867, com uma segunda edição revisada em 1872. Os livros II e III foram editados e publicados por Engels após a morte de Marx, em 1885 e 1894, respectivamente[5].

Marx, porém, não se limitou ao trabalho científico. Em 1864, teve um papel fundamental na fundação da Associação Internacional dos Trabalhadores, em Londres, formulando tanto seu "Discurso inaugural", que continha as ideias programáticas da associação, quanto seus estatutos. Como membro do Conselho Geral da Internacional, exerceu nos anos seguintes uma influência decisiva sobre sua política institucional. Não menos importante, a Internacional, por intermédio de suas várias seções nacionais, fomentou a criação de partidos de trabalhadores em muitos países europeus. Ainda assim, ela se dissolveu na década de 1870 em razão de disputas internas e, paradoxalmente, por tornar-se redundante – enquanto organização central – ao lado de diversos partidos.

Ao manter uma correspondência ativa com muitas lideranças sociais e escrever artigos para a imprensa, Marx e Engels formaram uma espécie de *think tank* para os partidos dos trabalhadores. Eles eram consultados sobre as mais diversas questões políticas e científicas. Sua influência foi maior no Partido Social-Democrata alemão, fundado em 1869, o qual se desenvolveu rapidamente e logo assumiu o papel de modelo para outras agremiações.

Nesse contexto, Engels redigiu uma série de escritos populares, especialmente o chamado *Anti-Dühring*****. Essa obra e, sobretudo, a versão resumida "O

---

* Karl Marx, "Introdução", em *Grundrisse* (trad. Mario Duayer e Nélio Schneider, São Paulo/Rio de Janeiro, Boitempo/Ed. UFRJ, 2011). (N. E.)

** Karl Marx, *Grundrisse*, cit. (N. E.)

*** Karl Marx, *Teorias da mais-valia: história crítica do pensamento econômico* (trad. Reginaldo Sant'Anna, 2. ed., São Paulo, Bertrand Brasil, 1987).

[5] Para a história da edição, ver Rolf Hecker, "Die Entstehungs-, Überlieferungs- und Editionsgeschichte der ökonomischen Manuskripte und des 'Kapital'", em Elmar Altvater et al., *Kapital.doc* (Munique, Westfälisches Dampfboot, 1999), p. 221-42.

**** Friedrich Engels, *Anti-Dühring: a revolução da ciência segundo o senhor Eugen Dühring* (trad. Nélio Schneider, São Paulo, Boitempo, 2015). (N. E.)

desenvolvimento do socialismo da utopia à ciência"* (traduzida para muitos idiomas), estavam entre os escritos mais lidos no movimento dos trabalhadores antes da Primeira Guerra Mundial. *O capital*, por outro lado, era conhecido apenas por uma pequena minoria. Em *Anti-Dühring*, Engels criticou as visões de Eugen Dühring, um professor de Berlim que propunha um sistema abrangente de filosofia, economia política e socialismo, e alcançou um número considerável de seguidores na social-democracia alemã.

O sucesso de Dühring provinha da crescente necessidade dos movimentos trabalhistas de construir uma "visão de mundo" [*Weltanschauung*], isto é, uma orientação capaz de oferecer uma explicação geral dos acontecimentos e responder aos questionamentos que surgiam. Após o período caracterizado pelas piores aberrações do capitalismo nascente e a garantia relativamente eficaz da sobrevivência diária dos trabalhadores, uma cultura social-democrata específica começou a se consolidar em clubes esportivos, musicais e educativos, fundados nos bairros operários. A classe trabalhadora, amplamente excluída da sociedade e da cultura burguesas, desenvolveu não apenas uma vida cotidiana particular, mas uma formação cultural paralela. Ainda que ela quisesse se separar conscientemente de seu equivalente burguês, este era inconscientemente copiado (algo exemplificado no fim do século XIX pela figura de August Bebel**, presidente por um longo período do Partido Social-Democrata alemão e venerado com um fervor semelhante àquele com o qual a pequena burguesia adulava o *kaiser* Guilherme II)***. Esse é o contexto que fomentou os processos de identificação contrários às visões de mundo e aos valores burgueses predominantes, nos quais a classe trabalhadora aparecia pouco ou era completamente subordinada.

Ao criticar e se opor às posições "corretas" de um "socialismo científico" advogadas por Dühring, Engels lançou involuntariamente os fundamentos para a recepção do "marxismo" enquanto visão de mundo. Simplificado, ele foi recebido com gratidão pela propaganda social-democrata. Esse "marxismo" encontrou seu representante mais importante em Karl Kautsky (1854-1938), que, após a morte de Engels, foi considerado o principal teórico marxista até a Primeira Guerra

---

* Mais tarde intitulado pelos editores *Do socialismo utópico ao socialismo científico*. (N. E.)
** Fundador do Partido Social-Democrata dos Trabalhadores (em alemão, SAPD), que, após a unificação alemã e o término das Leis Antissocialistas, foi renomeado Partido Social-Democrata da Alemanha (SPD). (N. T)
*** Guilherme II foi o último imperador alemão e rei da Prússia, de 1888 até 1918, quando terminou a Primeira Guerra Mundial. (N. T)

Mundial. O que prevaleceu como "marxismo" até o fim do século XIX na social-democracia consistia em uma compilação de visões bastante esquemáticas: um materialismo feito sob medida e extremamente reducionista; alusões ao pensamento progressista burguês; determinados elementos muito rudimentares da filosofia hegeliana; e alguns conceitos extraídos de maneira parcial do pensamento de Marx – todos combinados em fórmulas e explicações singelas do mundo.

As características particularmente marcantes desse marxismo simplista eram um *economicismo* grosseiro (a ideologia e a política são reduzidas à manifestação direta e consciente dos interesses econômicos), assim como um pronunciado *determinismo* histórico (o fim do capitalismo e a revolução proletária são considerados eventos certos, que acontecerão naturalmente). O que se difundiu no movimento dos trabalhadores não foi a crítica marxiana da economia política, mas esse "marxismo enquanto visão de mundo", cujo efeito principal foi a construção de um processo de identificação e pertencimento de trabalhadores e socialistas, explicando todos os problemas da forma mais superficial possível.

A continuação e uma simplificação ainda maior desse modelo tiveram lugar no âmbito do "marxismo-leninismo". Lênin (1870-1924), o representante mais influente da social-democracia russa no início do século XX, desenvolveu um pensamento profundamente enraizado no "marxismo enquanto visão de mundo". Ele é a autocompreensão mais exagerada desse marxismo: "a doutrina de Marx é onipotente porque é verdadeira. Ela é coerente em si mesma e harmoniosa, oferecendo às pessoas uma visão de mundo unificada"[6].

Antes de 1914, Lênin apoiou politicamente o centro social-democrata, agrupado ao redor de Karl Kautsky, contra a ala esquerda, representada por Rosa Luxemburgo (1871-1919). A ruptura ocorreu no início da Primeira Guerra Mundial, quando o Partido Social-Democrata concordou com os créditos de guerra exigidos pelo governo alemão. A partir daí, começou a divisão do movimento dos trabalhadores: de um lado, uma ala social-democrata, que nas décadas seguintes se afastaria cada vez mais – tanto prática como teoricamente – da teoria marxiana e do objetivo de superar o capitalismo; de outro, uma ala comunista, que mantinha certa fraseologia marxista e retórica revolucionária, mas, acima de tudo, justificava as ambiguidades políticas internas e externas da União Soviética (como ocorreu depois, por exemplo, com o pacto Hitler-Stálin).

---

[6] Vladímir I. Lênin, "Drei Quellen und drei Bestandteile des Marxismus", em *Werke*, v. 19, p. 3-9, 1993.

Após sua morte, Lênin foi transformado pela ala comunista em figura sagrada do marxismo. Seus textos políticos, em sua maioria polêmicos e escritos em resposta a eventos específicos, foram consagrados como a mais alta expressão da "ciência marxista". Foram combinados com um "marxismo" já existente em um sistema dogmático de filosofia ("Materialismo Dialético"), história ("Materialismo Histórico") e economia política ("Marxismo-Leninismo"). Essa variante do marxismo enquanto visão de mundo também serviu para a formação de uma identidade ideológica e, na União Soviética, para legitimar o domínio do Partido Comunista e sufocar qualquer discussão pública.

As representações geralmente difundidas hoje sobre Marx e sua teoria – seja ela avaliada de maneira positiva ou negativa – baseiam-se sobretudo nesse marxismo enquanto visão de mundo. É provável que muitos leitores e leitoras desta introdução à obra de Marx tenham tirado dessa visão algumas suposições sobre a teoria marxiana que lhes pareciam totalmente evidentes. Vale, todavia, o alerta de que, para a maior parte do que foi rotulado no século XX como "marxismo" ou "marxismo-leninismo", aplica-se o que Marx expressou ao seu genro Paul Lafargue, quando este lhe falou do "marxismo francês": "Se isso é marxismo, então eu não sou marxista"[7].

No entanto, o marxismo enquanto visão de mundo não é a única corrente existente. Diante da divisão do movimento dos trabalhadores em uma ala social-democrata e outra comunista, bem como da desilusão das esperanças revolucionárias após a Primeira Guerra Mundial, diversas (e em diferentes graus) variantes de uma crítica "marxista" se desenvolveram nas décadas de 1920 e 1930. Essas novas abordagens, associadas, entre outros nomes, a Karl Korsch, György Lukács, Antonio Gramsci (cujos *Cadernos do cárcere** foram publicados apenas após a Segunda Guerra Mundial) e à Escola de Frankfurt (fundada por Max Horkheimer, Theodor W. Adorno e Herbert Marcuse), são frequentemente agrupadas retrospectivamente sob o rótulo de "marxismo ocidental"[8].

Por muito tempo, essas abordagens criticaram apenas os fundamentos filosóficos e teórico-históricos do marxismo tradicional, os chamados "materialismo

---

[7] MEW, 35, p. 388.

* Antonio Gramsci, *Cadernos do cárcere* (trad. Carlos Nelson Coutinho, 15. ed., Rio de Janeiro, Civilização Brasileira, 2023). (N. E.)

[8] Ver o livro de Diethard Behrens, *Westlicher Marxismus* (Stuttgart, Schmetterling, 2003).

dialético" e "materialismo histórico". Só nas décadas de 1960 e 1970 ficou claro que, no marxismo enquanto visão de mundo, a crítica da economia política havia sido reduzida a uma "economia política marxista", perdendo o sentido amplo de "crítica". Como consequência do movimento estudantil e dos protestos contra a guerra dos Estados Unidos no Vietnã, observou-se um renascimento mundial – a partir dos anos 1960 – dos movimentos de esquerda, não mais reduzidos aos partidos social-democratas ou comunistas, o que propiciou um ambiente favorável à discussão renovada sobre a teoria de Marx.

Nesse momento também teve início uma discussão profunda sobre o sentido da crítica da economia política, na qual tiveram grande influência os escritos de Louis Althusser e seus colaboradores[9]. Essa discussão já não se limitava a *O capital* e valia-se de outros escritos marxianos de crítica da economia. É o caso dos *Grundrisse*, popularizados principalmente pelo livro de Rosdolsky[10]. Nos debates que se desenvolveram na Alemanha (Ocidental), tiveram papel central os ensaios de Backhaus[11] e o livro de Reichelt[12]. Eles deram um importante impulso para a nova leitura dos escritos críticos de Marx, mencionada no Prefácio deste volume. A presente introdução à obra marxiana também se insere no contexto dessa "nova leitura de Marx"[13]. As diferenças entre a "crítica da

---

[9] Louis Althusser, *Für Marx* (Frankfurt, Suhrkamp, 1968) [ed. bras.: *Por Marx*, trad. Maria Leonor F. R. Loureiro, Campinas, Ed. Unicamp, 2018 [1965]]; Louis Althusser e Étienne Balibar, *Das Kapital lesen* (Reinbek, Rowohlt, 1972) [ed. bras: *Ler O capital* (Rio de Janeiro, Zahar, 1979/1980 [1965]), 2 v.].

[10] Roman Rosdolsky, *Zur Entstehungsgeschichte des Marxschen "Kapital". Der Rohentwurf des Kapital 1857-1858* (Frankfurt, Europäische Verlagsanst, 1968) [ed. bras.: *Gênese e estrutura de* O capital, *de Karl Marx*, trad. Cesar Benjamin, Rio de Janeiro, Eduerj/Contraponto, 2001].

[11] Reunidos em Hans-Georg Backhaus, *Dialektik der Wertform* (Freiburg, Ça Ira, 1997).

[12] Helmut Reichelt, *Zur logischen Struktur des Kapitalbegriffs bei Karl Marx* (Freiburg, Ça Ira, 2001) [ed. bras.: *Sobre a estrutura lógica do conceito de capital em Karl Marx*, trad. Nélio Schneider, Campinas, Ed. Unicamp, 2013 [1970]].

[13] O termo "nova leitura de Marx" foi usado pela primeira vez por Backhaus no prefácio de seus ensaios reunidos (*Dialektik der Wertform*, cit.). Uma visão ampla das várias etapas dessa nova leitura de Marx é oferecida por Ingo Elbe, "Zwischen Marx, Marxismus und Marxismen – Lesarten der Marxschen Theorie", *Bochum: Arbeitskreis roteruhruni*, 2003; disponível on-line. Contribuições recentes incluem: Helmut Brentel, *Soziale Form und ökonomisches Objekt* (Opladen, Westdt., 1989); Diethard Behrens, "Erkenntnis und Ökonomiekritik", em Diethard Behrens (org.), *Gesellschaft und Erkenntnis* (Freiburg, Ça Ira, 1993), p. 129-64; Diethard Behrens, "Der kritische Gehalt der Marxschen Wertformanalyse", em *Gesellschaft und Erkenntnis*. cit., p. 165-89; Michael Heinrich, *Die Wissenschaft vom Wert* (Munique, Westfälisches Dampfboot, 1999); Hans-Georg Backhaus, "Über den Doppelsinn der Begriffe 'Politische Ökonomie' und

economia política" e a "economia política marxista", apenas sugeridas até aqui, serão aprofundadas com clareza a seguir.

'Kritik' bei Marx und in der 'Frankfurter Schule'", em Stefan Dornuf e Reinhard Pitsch (orgs.), *Wolfgang Harich zum Gedächtnis*, v. 2 (Munique, Müller und Nerding, 2000), p. 10-213; Nadja Rakowitz, *Einfache Warenproduktion. Ideal und Ideologie* (Freiburg, Ça Ira, 2000); John Milios et al., *Karl Marx and the Classics: An Essay on Value, Crises and Capitalist Mode of Production* (Londres, Routledge, 2002); Helmut Reichelt, "Die Marxsche Kritik ökonomischer Kategorien. Überlegungen zum Problem der Geltung in der dialektischen Darstellungsmethode im 'Kapital'", em Iring Fetscher e Alfred Schmidt (orgs.), *Emanzipation als Versöhnung* (Frankfurt, Neue Kritik, 2002). O livro de Moishe Postone, *Zeit, Arbeit und gesellschaftliche Herrschaft. Eine neue Interpretation der kritischen Theorie von Marx* (Freiburg, Ça Ira, 2003) [ed. bras.: *Tempo, trabalho e dominação social: uma reinterpretação da teoria crítica de Marx*, trad. Amilton Reis e Paulo Cezar Castanheira, São Paulo, Boitempo, 2014], também faz parte desse contexto.

2
O OBJETO DA CRÍTICA DA ECONOMIA POLÍTICA

Em *O capital*, Marx investiga o modo de produção capitalista. A questão principal, no entanto, é saber *de que modo* o capitalismo aparece como objeto. No texto encontram-se tanto investigações teórico-abstratas sobre o dinheiro e o capital quanto passagens históricas dedicadas à formação das relações capitalistas na Inglaterra. Qual o empreendimento do autor: uma análise das características fundamentais da *história do desenvolvimento* geral do capitalismo, uma reflexão sobre determinada *fase* desse desenvolvimento ou uma *apresentação teórico-abstrata* de seu *modo de funcionamento*? Reformulando a questão de maneira mais ampla: qual a relação entre as apresentações teórica e histórica no interior da crítica da economia política?

Outra pergunta essencial sobre o status analítico de *O capital* diz respeito à suposta afinidade entre a apresentação marxiana do modo de produção capitalista e a teoria econômica burguesa: Marx oferece apenas mais uma teoria sobre a dinâmica do capitalismo? Sua "crítica" consiste tão somente na identificação dos erros nas teorias econômicas existentes, para então sugerir uma teoria melhor? Ou por "crítica" entende-se algo com uma pretensão mais ampla? Afinal, o que significa "crítica" no âmbito da crítica da economia política?

2.1. Teoria e história

Engels adotou uma leitura "historicizante" da teoria de Marx. Em sua resenha do trabalho inicial *Para a crítica da economia política* (1859), ele escreveu que a apresentação "lógica" das categorias marxianas ("lógico" aqui significa conceitual, teórico) era, "na verdade, nada mais que o histórico, apenas despojado da forma histórica e das contingências perturbadoras"[1]. No mesmo sentido,

---
[1] MEW, 13, p. 474 [ed. bras.: *Contribuição à crítica da economia política*, trad. Florestan Fernandes, São Paulo, Expressão Popular, 2008, p. 284-5].

Karl Kautsky, que em 1887 publicou um resumo bastante popular do Livro I de *O capital*, escreveu que este último era "essencialmente uma obra histórica"[2].

No início do século XX, os líderes do movimento dos trabalhadores compartilhavam a ideia de que o capitalismo havia entrado em uma nova fase de desenvolvimento: o "imperialismo". Nesse contexto, *O capital* foi interpretado como uma análise de um período histórico anterior, o "capitalismo concorrencial". Isso significa que a investigação de Marx deveria ser historicamente atualizada, de tal modo que o momento atual do capitalismo – o imperialismo – fosse devidamente analisado e compreendido. Hilferding[3], Luxemburgo[4] e Lênin[5] se dedicaram a essa tarefa de diferentes maneiras.

Os economistas atuais também costumam argumentar que a análise de Marx, quando não é totalmente rejeitada *a priori*, possui validade, no máximo, para o século XIX. No século XX, as relações econômicas teriam se alterado tão drasticamente que tal teoria não teria mais utilidade alguma (razão pela qual não é mencionada na maioria das faculdades de economia).

Essas leituras "historicizantes", típicas de muitas introduções a *O capital*, contradizem a própria concepção marxiana. Na introdução ao Livro I, Marx escreve o seguinte sobre seu objeto de estudo:

> O que pretendo nesta obra investigar é o modo de produção capitalista e suas correspondentes relações de produção e de circulação. Sua localização clássica é, até o momento, a Inglaterra. Essa é a razão pela qual ela serve de ilustração principal ao meu desenvolvimento teórico [*theoretische Entwicklung*]. [...] Na verdade, não se trata do grau maior ou menor de desenvolvimento dos antagonismos sociais decorrentes das leis naturais da produção capitalista. Trata-se dessas próprias leis [...].[6]

---

[2] Karl Kautsky, *Karl Marx: Oekonomische Lehren. Gemeinverständlich dargestellt und erläutert* (Stuttgart, Dietz, 1887), p. xi.

[3] Rudolf Hilferding, *Das Finanzkapital* (Frankfurt/Wein, Europäische Verlagsanst/Europa, 1968 [1910]).

[4] Rosa Luxemburgo, *Die Akkumulation des Kapitals. Ein Beitrag zur ökonomischen Erklärung des Imperialismus* (Berlim, DDR, 1975) [ed. bras.: *A acumulação do capital*, trad. Luiz Alberto Moniz Bandeira, Rio de Janeiro, Civilização Brasileira, 2021 [1913]).

[5] Vladímir I. Lênin, *Der Imperialismus als höchstes Stadium des Kapitalismus* (Frankfurt, Verlag Marxistische Blätter, 1971) [ed. bras.: *Imperialismo, estágio superior do capitalismo*, trad. Avante!, São Paulo, Boitempo, 2021 [1917]].

[6] MEW, 23, p. 12 [ed. bras.: *O capital*, Livro I, trad. Rubens Enderle, São Paulo, Boitempo, 2011, p. 78. Na tradução citada, *theoretische Entwicklung* aparece como "exposição teórica" – os comentários entre colchetes nas notas são sempre da tradução.].

Marx diz claramente que não está interessado nem na história do capitalismo nem em determinada fase histórica dele, mas em sua análise "teórica": o objeto da investigação são as determinações essenciais do capitalismo, isto é, aquilo que deve permanecer igual em todas as transformações históricas para que possamos falar de "capitalismo" como algo geral. Portanto, não se trata de apresentar um capitalismo específico (em termos temporais ou geográficos), mas – seguindo o que Marx diz no fim do Livro III de *O capital* – "apenas a organização interna do modo de produção capitalista, por assim dizer, em sua média ideal"[7].

A partir dessa afirmação, é possível, inicialmente, depreender que o *objetivo* de Marx está orientado para sua apresentação categorial. Quando nos ocuparmos dos detalhes de tal apresentação, discutiremos se essa exigência é satisfeita, isto é, se o autor apresenta efetivamente o modo de produção capitalista "em sua média ideal".

Em todo caso, as observações citadas deixam claro seu nível de abstração: se a análise se desenvolve na "média ideal", então ela fornece, em primeiro lugar, as categorias fundamentais para a investigação tanto de uma fase específica quanto da história do capitalismo.

A ideia de que a compreensão do presente depende do conhecimento do passado tem certa justificativa para a história pura dos eventos, mas não para a história de uma sociedade em seu nível estrutural. Nesse caso, o inverso é verdadeiro: para poder investigar a *formação* de uma determinada estrutura social e econômica, é preciso conhecer antes sua forma *acabada*. Somente então é possível saber o que procurar na história em geral. Marx formula essa ideia com a ajuda de uma metáfora: "A anatomia do ser humano é uma chave para a anatomia do macaco. Por outro lado, os indícios de formas superiores nas espécies animais inferiores só podem ser compreendidos quando a própria forma superior já é conhecida"[8]. Por essa razão, todas as passagens "históricas" de *O capital* são encontradas somente *após* a apresentação (teórica) das categorias correspondentes, e não antes: por exemplo, o famoso capítulo sobre "a assim chamada acumulação originária"* – que trata da origem do trabalhador assalariado "livre" como pressuposto da

---

[7] MEW, 25, p. 839 [ed. bras.: *O capital*, Livro III, trad. Rubens Enderle, São Paulo, Boitempo, 2017, p. 893].

[8] MEW, 42, p. 39 [ed. bras.: *Grundrisse*, trad. Mario Duayer e Nélio Schneider, São Paulo/Rio de Janeiro, Boitempo/Ed. UFRJ, 2011, p. 58].

* Trata-se de uma análise da gênese daquilo que existe – a acumulação do capital –, sua "fundação", no sentido de "fundamento", "princípio". Daí a opção por traduzir *ursprüngliche Akkumulation* por "acumulação originária", e não "primitiva". (N. T.)

relação do capital – não está no início, mas no fim do Livro I. As passagens históricas *complementam* a apresentação teórica, mas não a *fundamentam*.

O capital é, prioritariamente, uma obra teórica (que analisa o capitalismo *já desenvolvido*), e não histórica (que trata do *surgimento* do capitalismo). Ainda assim, a apresentação das categorias não é a-histórica, diferentemente do que faz grande parte da ciência econômica atual. Para esta última, *toda* sociedade é caracterizada por um problema "da" economia: deve-se produzir, distribuir os meios escassos etc. Tal condição, que estaria presente em todas as fases da humanidade, é compreendida com conceitos universais, de tal modo que alguns economistas chegam a considerar um instrumento paleolítico – o machado do homem de Neandertal – uma manifestação do capital. Marx deixa claro, entretanto, que o capitalismo é um modo de produção histórico, específico, fundamentalmente distinto de outros, como a sociedade escravista antiga ou o feudalismo medieval. Uma vez que cada estrutura social contém relações específicas, estas devem ser apresentadas com suas próprias categorias, válidas apenas para aquele dado momento. *Nesse sentido*, as categorias que descrevem o modo de produção capitalista são "históricas", mas de modo algum supra-históricas, tendo validade somente enquanto o capitalismo constituir o modo de produção dominante[9].

2.2. Teoria e crítica

Segundo o "marxismo enquanto visão de mundo" mencionado no capítulo 1, Marx foi o grande economista do movimento dos trabalhadores, responsável por desenvolver uma "economia política marxista" que poderia ser contraposta à "economia burguesa" (ou seja, às escolas econômicas que se referem positivamente ao capitalismo). De Adam Smith (1723-1790) e David Ricardo (1772--1823), os mais importantes representantes da chamada economia política clássica, Marx teria adotado a teoria do valor-trabalho*, segundo a qual o valor das

---

[9] Ver Reinhart Kößler e Hanns Wienold, *Gesellschaft bei Marx* (Munique, Westphälische Dampfboot, 2001), p. 165 e seg.

* O termo "teoria do valor-trabalho" (*Arbeitswertlehre*) será utilizado por Michael Heinrich para se referir (i) às teorias de Smith e Ricardo ou (ii) às leituras marxistas tradicionais do valor. Ambas partem de uma abordagem substancialista, a partir da qual o valor é compreendido como uma qualidade interna da mercadoria decorrente do tempo de trabalho gasto no processo de produção, independentemente do mercado. Essa especificação é importante para compreendermos a distinção entre a *Labor Theory of Value* (teoria do valor-trabalho) e a *Value Theory of Labor* (teoria do valor), na qual adquire centralidade a forma-valor. A leitura de Heinrich parte desta última e tem como ponto de chegada a "teoria monetária do valor". (N. T.)

mercadorias é determinado pelo tempo de trabalho necessário à sua produção. Em contraste com os clássicos, no entanto, ele teria desenvolvido uma teoria da exploração da força de trabalho e da necessidade das crises no capitalismo. A partir dessa perspectiva, as *categorias* de ambas as abordagens teóricas não apresentariam diferenças fundamentais, apenas *resultados* distintos.

Em essência, essa também é a visão da ciência econômica moderna. Para ela, Marx é, em termos do conteúdo de sua teoria, um representante da escola clássica, diferenciando-se de Smith e Ricardo apenas no que se refere às consequências de sua abordagem. Uma vez que os clássicos são considerados superados (a teoria moderna abandonou a determinação do valor pelo trabalho), o economista atual acha que não precisa mais se interessar seriamente por Marx.

No entanto, como o subtítulo de *O capital* deixa claro, Marx não buscava oferecer uma "economia política" alternativa, mas sim uma "*crítica* da economia política". É certo que abordagens científicas inovadoras procuram legitimar-se por meio de críticas às teorias anteriores. Marx, porém, buscava ir além. Seu objetivo não era apenas criticar certas teorias (o que ele também faz em *O capital*), mas compreender a economia política *em sua totalidade*: a crítica marxiana mira os *pressupostos categoriais* de toda uma ciência. Esse caráter abrangente da crítica aparece de modo claro no fim da década de 1850, em uma carta a Ferdinand Lassalle: "O trabalho se trata, em primeiro lugar, da *crítica das categorias econômicas* ou, *if you like* [se preferirmos], do sistema da economia burguesa criticamente apresentado. É simultaneamente apresentação do sistema e, pela apresentação, uma crítica deste último"[10].

Esse percurso começa com a noção mais abstrata da economia política: o valor. Marx admite que tal programa alcançou o "conteúdo de sua determinação", ou seja, a conexão entre trabalho e valor. Mas ela "jamais sequer colocou a seguinte questão: por que esse conteúdo assume aquela forma [...]?"[11]. Marx não se limita a criticar os resultados da economia política: ele critica também o modo como *as perguntas são formuladas*, isto é, a diferença entre o que a economia política pretende explicar e aquilo que ela aceita como algo tão evidente que não necessita de explicação (por exemplo, a forma-mercadoria dos produtos do trabalho). Por esse motivo, Adam Smith supunha que as

---

[10] MEW, 29, p. 550.
[11] MEW, 23, p. 95 [ed. bras.: *O capital*, Livro I, cit., p. 155].

pessoas, diferentemente dos animais, possuíam uma "inclinação para a troca". Comportar-se em relação a todas as coisas como se fossem mercadorias seria, assim, uma das caracerísticas inerentes do ser humano.

Na economia política, relações sociais – como a troca e a produção de mercadorias – são "naturalizadas" e "reificadas". Elas são compreendidas como relações quase naturais, em última análise, como uma propriedade das coisas (ou seja, as coisas não possuem um valor de troca devido a um contexto social específico - elas supostamente têm isso em si mesmas). Essa naturalização das relações sociais faz parecer que as *coisas* têm as propriedades e a autonomia dos *sujeitos*.

Marx caracteriza tais relações como "loucura"[12] e também fala de "objetividade fantasmagórica"[13] ou "qualidade oculta"[14]. O que isso significa em detalhes será esclarecido nos próximos capítulos. No marxismo enquanto visão de mundo, mas também na crítica burguesa a Marx, tais conceituações foram geralmente ignoradas ou vistas apenas como peculiaridades estilísticas. No entanto, Marx se valia dessas caracterizações para apontar uma questão central para a crítica da economia política: a *naturalização* e a *coisificação* das relações sociais não constituem mero erro dos economistas. Elas são, efetivamente, o resultado de uma representação cotidiana que se desenvolve por si mesma entre os membros da sociedade burguesa. Por isso Marx pôde constatar – ao final do Livro III de *O capital* – que, no capitalismo, as pessoas vivem em "um mundo encantado, invertido e de ponta-cabeça"[15], e que essa "religião da vida cotidiana"[16] não é apenas o fundamento da consciência, mas também o pano de fundo das categorias da economia política.

Este é o momento oportuno para retomarmos a questão formulada anteriormente acerca do significado de "crítica". Uma resposta preliminar já pode ser fornecida: para Marx, ela tem por objetivo romper o *campo teórico* (as opiniões que se consideram evidentes por si mesmas e as representações que se produzem espontaneamente) a partir do qual as categorias da economia política obtêm sua

---

[12] MEW, 23, p. 90 [ed. bras.: *O capital*, Livro I, cit., p. 151. Na tradução citada, *Verrücktheit* aparece como "sandice"].

[13] MEW, 23, p. 52 [ed. bras.: *O capital*, Livro I, cit., p. 116].

[14] MEW, 23, p. 169 [ed. bras.: *O capital*, Livro I, cit., p. 230].

[15] MEW, 25, p. 838 [ed. bras.: *O capital*, Livro III, cit., p. 892. Na tradução citada, *verkehrten* aparece como "distorcido"].

[16] MEW, 25, p. 838 [ed. bras.: *O capital*, Livro III, cit., p. 892].

aparente plausibilidade*. Em outras palavras, a "loucura" da economia política deve ser revelada. Aqui convergem a crítica do conhecimento (ou seja, a questão de como o conhecimento é possível) e a análise das relações de produção capitalista: uma não é possível sem a outra[17].

Com *O capital*, Marx pretendia criticar não apenas a ciência e consciência burguesas, mas também as relações sociais. Em carta, ele se referiu – sem muita modéstia – à sua obra como "o mais terrível míssil já lançado na cabeça da burguesia (proprietários de terras incluídos)"[18]. Para tanto, procura expor os custos humanos e sociais necessariamente amalgamados ao desenvolvimento capitalista. Tenta mostrar que:

> no interior do sistema capitalista, todos os métodos para aumentar a força produtiva social do trabalho aplicam-se às custas do trabalhador individual; todos os meios para o desenvolvimento da produção se invertem em meios de dominação e exploração do produtor [...].[19]

Ou, conforme ele formula em outro lugar, "a produção capitalista só desenvolve a técnica e a combinação do processo de produção social na medida em que solapa os mananciais de toda a riqueza: a terra e o trabalhador"[20].

Essas afirmações não fundamentam uma crítica *moral*. Marx não acusa o capitalismo (ou mesmo o capitalista individual) de violar quaisquer normas eternas de justiça. Em vez disso, ele parte da *constatação de um estado de coisas*: é *imanente* ao capitalismo um enorme *potencial destrutivo* que se ativa de maneira constante (ver capítulos 5 e 9). Por seu modo de funcionamento, a sociedade

---

* Tal como formulado em *Die Wissenschaft vom Wert*, o campo científico da teoria clássica tinha os seguintes fundamentos: (i) a-historicismo; (ii) antropologismo; (iii) individualismo; e (iv) empirismo. Para Heinrich, Marx superou o a-historicismo e o antropologismo antes da década de 1850. Já a ruptura com o individualismo e o empirismo só ocorre explicitamente na "Introdução" de 1857. (N. T.)

[17] Na história do "marxismo" enquanto visão de mundo (e na crítica burguesa a Marx), a dimensão crítica do conhecimento presente na argumentação marxiana foi frequentemente negligenciada. Somente com os novos debates das décadas de 1960 e 1970 o lado epistemológico foi colocado em primeiro plano, notadamente contra a recepção reducionista de Marx ao âmbito econômico (que o via apenas como o "melhor" economista).

[18] MEW, 31, p. 541.

[19] MEW, 23, p. 674 [ed. bras.: *O capital*, Livro I, cit., p. 720. Na tradução citada, *schlagen* aparece como "convertem"].

[20] MEW, 23, p. 529-30. [ed. bras.: *O capital*, Livro I, cit., p. 574].

capitalista deve violar repetidamente os interesses elementares da vida dos trabalhadores e das trabalhadoras. No interior de suas estruturas, tais interesses só podem ser protegidos de forma limitada e temporária; portanto, a situação só pode ser alterada fundamentalmente se o capitalismo for abolido.

Contra as imposições desse modo de produção, Marx não propõe um "direito" moral a uma vida íntegra ou algo parecido. Ele tem a esperança de que, tomando cada vez mais consciência da natureza destrutiva do sistema capitalista (constatável sem qualquer juízo moral), a classe trabalhadora assuma a luta não por razões *morais*, mas por seu próprio *interesse* – não um interesse que busque apenas uma posição melhor dentro do capitalismo, mas em uma vida satisfatória e segura cuja realização só pode ocorrer além desse modo de produção.

2.3. Dialética: o supertrunfo* marxista?

Sempre que se discute a teoria marxiana, é certo que, em algum momento, se fará referência à "dialética" (ao "desenvolvimento dialético", ao "método dialético" ou então à "apresentação dialética"), mas, em geral, o que se entende por isso não é explicado em detalhes. Sobretudo nos debates sobre o "marxismo partidário", os adversários se acusam mutuamente de ter uma "concepção não dialética". Nos círculos pseudoacadêmicos marxistas, fala-se de bom grado que uma coisa está em "relação dialética" com outra, de modo que aparentemente tudo se esclarece. Não por acaso, é comum que perguntas sobre determinados assuntos sejam repreendidas com a observação de que isso ou aquilo deve ser "visto dialeticamente".

É importante não se deixar intimidar pela retórica vazia e questionar o que se entende por "dialética", bem como identificar o chamado "ponto de vista dialético". Enquanto discurso pomposo, sua definição se reduz à mera constatação de que tudo possui, de algum modo, relação de dependência, que x está em conexão com y e que a totalidade é muito complexa – o que é verdade na maioria dos casos, mas não diz nada.

---

* O termo alemão *Wunderwaffe* é a junção de *Wunder* (maravilha, milagre) e *Waffe* (arma), formando algo como "arma maravilhosa". Para Heinrich importa sobretudo a dimensão apelativa da argumentação daqueles que se valem da dialética. Nesse sentido, ela aparece como um trunfo, uma "carta" vencedora. Daí a escolha de traduzir *Wunderwaffe* por "supertrunfo", em alusão ao jogo de cartas bastante popular nos anos 1980 e 1990 no Brasil, no qual uma carta – que todos conhecem – tem o poder de vencer todas as outras. (N. T.)

Se falarmos de dialética em um sentido menos superficial, então teremos dois usos distintos da expressão. Primeiro, a dialética – seguindo o *Anti-Dühring*, de Engels – é considerada "a ciência das leis universais do movimento e da evolução da natureza, da sociedade humana e do pensamento"[21]. O desenvolvimento dialético não ocorre de maneira uniforme e linear, é um "movimento em contradições" no qual se dá a "inversão da quantidade em qualidade" e a "negação da negação"[22]. Embora Engels estivesse ciente de que tais afirmações gerais não esclarecem nada sobre os processos particulares[23], o "marxismo enquanto visão de mundo" não se apercebeu dessa trivialidade. A "dialética", entendida como uma doutrina geral do desenvolvimento, era considerada uma espécie de supertrunfo com o qual se podia explicar absolutamente tudo.

O segundo uso do termo refere-se à forma de apresentação da crítica da economia política. Marx fala em diversas ocasiões de seu "método dialético", destacando a contribuição da filosofia de Hegel, na qual a dialética desempenhou um papel central. A dialética teria sido, no entanto, "mistificada" por Hegel, razão pela qual Marx afirma que sua dialética não coincide com a hegeliana[24]. Isso é importante quando consideramos a "apresentação dialética" das categorias. Elas devem ser o *desenvolvimento* de outras categorias. Com isso, não se quer dizer que são o resultado de uma somatória. Ao contrário, a relação interna entre elas é determinada pela posição e pelo momento em que uma categoria torna a outra necessária. Para Marx, a *construção* da apresentação categorial não é uma questão didática, mas possui um significado decisivo quanto ao *conteúdo*.

Ressalte-se, porém, que a apresentação marxiana não deriva da "aplicação" de um "método dialético" já pronto às teses da economia política. Ferdinand

---

[21] MEW, 20, p. 132 [ed. bras.: *Anti-Dühring*, trad. Nélio Schneider, São Paulo, Boitempo, 2015, p. 171].

[22] *Inversão da quantidade em qualidade*: uma magnitude aumenta quantitativamente até que finalmente a qualidade se altera. Ao aquecer a água, aumentamos sua temperatura, mas ela permanece em estado líquido, até que finalmente evapora a 100 °C. *Negação da negação*: no desenvolvimento, segue-se à negação do estado original outra negação. Uma semente cresce até se transformar em planta; a planta é a "negação" da semente; se a planta dá frutos e deixa mais sementes, então estas são a negação da planta, portanto uma "negação da negação"; esta, no entanto, não leva ao ponto de partida, mas o reproduz em um nível superior – a semente se multiplicou.

[23] Engels escreve a esse respeito em *Anti-Dühring*: "É óbvio que, ao dizer que se trata de negação da negação, nada digo sobre o processo *específico* de evolução pelo qual passa, por exemplo, o grão de cevada do broto até a morte da planta frutífera" (MEW, 20, p. 131 – destaque no original) [ed. bras.: *Anti-Dühring*, cit., p. 170].

[24] MEW, 23, p. 27 e seg. [ed. bras.: *O capital*, Livro I, cit., p. 90].

Lassalle propunha tal "aplicação", o que levou Marx a fazer a seguinte observação em uma carta a Engels: "Ele aprenderá, em seu detrimento, que levar uma ciência através da crítica até o ponto no qual possa apresentá-la dialeticamente é uma coisa completamente distinta de aplicar um sistema abstrato e acabado de lógica às noções de tal sistema"[25].

O pressuposto da exposição dialética não é a *aplicação* de um método (como também crê o marxismo enquanto visão de mundo), mas a crítica categorial. Esta, por sua vez, pressupõe uma análise muito precisa e detalhada da matéria a ser criticamente apresentada. Assim, uma discussão rigorosa desse tema só se torna possível quando já dominamos as categorias expostas: não podemos falar do caráter "dialético" de Marx ou da relação entre a dialética hegeliana e marxiana antes de nos ocupar da própria apresentação. Mesmo a caracterização rotineira "do abstrato ao concreto" não significará grande coisa para aqueles que estão iniciando a leitura de *O capital*. Sua estrutura de apresentação é bem mais complexa do que anuncia essa fórmula inicial, tirada da "Introdução" de 1857*.

Em sua obra maior, Marx raramente fala de modo explícito sobre dialética, exceto no prefácio e no epílogo. Ele lança mão de uma apresentação dialética, mas sem exigir que os leitores e as leitoras se ocupem do assunto antes da leitura do livro. Nessa apresentação, só pode ser dito o que é "dialético" em retrospecto. Por isso, a presente introdução à sua obra não é precedida de nenhuma seção sobre tal questão.

---

[25] MEW, 29, p. 275.

* Com isso, Heinrich procura contrapor-se àqueles – como Backhaus, Reichelt e, em certo sentido, Postone – que leem os *Grundrisse* como uma chave de acesso ou mesmo um material preparatório para *O capital*, como se o desenvolvimento do pensamento de Marx fosse linear e ascendente. Essa interpretação influenciou até mesmo os primeiros volumes da MEGA², cujo título da segunda seção é "*O capital* e seus escritos preparatórios". Heinrich sustenta que os escritos da década de 1850 possuem um arsenal teórico distinto, constituindo um programa de pesquisa diferente daquele elaborado na década seguinte. Por exemplo: o conceito de "capital em geral", fundamental para os *Grundrisse*, é abandonado em 1863, razão pela qual *O capital* é estruturado a partir da distinção capital individual/capital social total. (N. T.)

3
VALOR, TRABALHO E DINHEIRO

3.1. Valor de uso, valor de troca e valor

Embora *O capital* tenha como objetivo investigar o modo de produção capitalista, a análise marxiana não começa imediatamente com o que o próprio título da obra sugere. Os três primeiros capítulos são dedicados à mercadoria e ao dinheiro, de tal modo que o capital aparece explicitamente apenas no quarto capítulo. Na leitura "historicista" mencionada anteriormente, os tópicos iniciais foram compreendidos como uma descrição abstrata da "produção simples de mercadorias"* pré-capitalista. As duas primeiras frases do Livro I já deixam claro, no entanto, o desacerto dessa interpretação: "A riqueza das sociedades onde reina o modo de produção capitalista aparece como uma 'enorme coleção de mercadorias', e a mercadoria individual como sua forma elementar. Nossa investigação começa, por isso, com a análise da mercadoria"[1].

Marx analisa aqui uma característica específica das sociedades *capitalistas*: nelas – e somente nelas – a "mercadoria" é a forma *típica* da riqueza. Outras sociedades também conheceram a troca de determinados produtos. Ainda assim, somente na modernidade a esmagadora maioria desses produtos se torna mercadoria. No feudalismo da Alta Idade Média, por exemplo, apenas uma pequena parte dos bens era trocada. Isso significa que a forma-mercadoria era

---

* O termo "produção simples de mercadorias" (*einfache Warenproduktion*) jamais foi utilizado por Marx. É verdade que o leitor pode encontrá-lo em *O capital*, Livro III, cap. 15: "Desenvolvimento das contradições internas da lei", mas está no subitem IV, Adendo, acrescentado por Engels durante o processo de edição – não existe nenhuma menção à "produção simples de mercadoria" no manuscrito do Livro III (MEGA, II.4.2). A leitura "historicista" mencionada por Heinrich parte da interpretação de Engels da teoria marxiana, apresentada no prefácio ao Livro III (1894) e no artigo "Lei do valor e taxa de lucro" (1895-1896), ambos disponíveis na edição da Boitempo. (N. T.)

[1] MEW, 23, p. 49 [ed. bras.: *O capital*, Livro I, trad. Rubens Enderle, São Paulo, Boitempo, 2011, p. 113].

mais exceção do que regra. A maior parte desses bens era agrícola, produzida para consumo próprio, ou entregue aos proprietários (príncipes, Igreja) e, consequentemente, não era intercambiada. Apenas no capitalismo a troca se tornou abrangente: quando a riqueza aparece como uma "coleção de mercadorias", a mercadoria individual se torna a "forma elementar" de tal riqueza. É *essa* mercadoria, a mercadoria nas sociedades capitalistas, que Marx quer analisar.

Por *mercadoria* entende-se algo que é trocado, isto é, que além de seu *valor de uso* possui também um *valor de troca*. O valor de uso de um objeto corresponde à sua utilidade. No caso de uma cadeira, por exemplo, o valor de uso consiste na possibilidade de nos sentar nela. Note-se que, dessa perspectiva, o valor de uso independe da troca. Agora, se eu trocar a cadeira por, digamos, dois lençóis, então o valor de troca dessa cadeira são dois lençóis. E se eu trocar a cadeira por cem ovos, estes passam a constituir o valor de troca da cadeira. Note-se, no entanto, que se eu não trocar a cadeira, mas apenas utilizá-la, então ela não possui nenhum valor de troca – não sendo, portanto, uma mercadoria –, mas simplesmente um valor de uso: uma cadeira na qual se pode sentar mais ou menos confortavelmente.

Ser uma mercadoria – isto é, possuir valor de troca além de valor de uso – não é uma propriedade "natural" das coisas, mas "social". Isso só ocorre nas sociedades nas quais os produtos são trocados e, portanto, onde eles atuam enquanto mercadorias. Por isso Marx observa que os "valores de uso formam o conteúdo material da riqueza, qualquer que seja a forma social desta"[2]. Com isso tem-se uma distinção extremamente importante. O "conteúdo material" de uma coisa (sua "forma natural") é diferenciado de sua "forma social" (às vezes Marx também fala de "determinação econômica formal"). Se a "forma natural" da cadeira remete à natureza material (se é feita de madeira ou metal, por exemplo), a "forma social" se refere à sua existência enquanto "mercadoria", que é trocada e, portanto, possui "valor de troca". O fato de a cadeira valer como mercadoria não se deve a ela mesma, mas à sociedade na qual ela existe.

Atos de troca isolados acontecem em todas as sociedade que conhecemos. Mas o fato de que quase tudo pode ser trocado é uma característica específica das sociedades capitalistas. Isso traz consequências para as relações quantitativas de troca. Enquanto fenômeno isolado, ela pode ocorrer de diversos modos: posso trocar a cadeira por dois lençóis, por três e assim por diante. Mas se a troca

---

[2] MEW, 23, p. 50 [ed. bras.: *O capital*, Livro I, cit., p. 114].

é a forma normal pela qual os produtos são transferidos, as relações de troca individuais devem, de algum modo, se "adequar" umas às outras. Seguindo o exemplo anterior: se troquei uma cadeira por dois lençóis ou cem ovos, então cem ovos também devem ser trocados por dois lençóis. E por qual razão? Porque se isso não ocorresse – se eu trocasse, por exemplo, cem ovos por um lençol –, então eu poderia obter um lucro contínuo apenas dando sequência (habilmente) aos atos de troca: após trocar um lençol por cem ovos e, depois, cem ovos por uma cadeira, eu troco uma cadeira por dois lençóis. Assim, eu teria dobrado meu estoque de lençóis e, por meio de ações análogas, poderia continuar aumentando minha riqueza. Entretanto, isso só seria possível enquanto eu encontrasse pessoas dispostas a realizar tais atos de troca. Mas, em pouco tempo, outros participantes do mercado perceberiam minha estratégia e tentariam copiar minha cadeia lucrativa, inviabilizando a continuidade do meu negócio. Ou seja: as relações de troca só podem ser estáveis se excluírem a possibilidade de lucros ou perdas decorrentes exclusivamente de uma determinada *sucessão* de atos de troca.

Daí a seguinte conclusão: nas sociedades *capitalistas*, os diferentes valores de troca da mesma mercadoria devem também constituir valores de troca entre si. Se uma cadeira é trocada por dois lençóis, de um lado, e por cem ovos, de outro, então dois lençóis devem também ser trocados por cem ovos. Quando se observa tal regularidade no comércio (algo necessário para que a troca funcione sem problemas), surge a seguinte pergunta: o que uma cadeira, dois lençóis e cem ovos têm em comum? A resposta sugerida pelo nosso conhecimento cotidiano é: eles possuem "o mesmo valor". Por nossa experiência rotineira, temos uma avaliação bastante precisa do valor de muitos produtos. Se o que devemos pagar por eles se desvia de determinado parâmetro, concluímos que o item está, naquele momento, "barato" ou "caro". No entanto, a questão principal é: o que constitui esse "valor" e como se determina sua grandeza correspondente?

Muito antes de Marx, os economistas já haviam se debruçado sobre esse problema e chegado a duas respostas fundamentalmente diferentes. A primeira sustenta que o valor de uma coisa é determinado por sua utilidade. Ora, estou disposto a pagar mais por algo que tem grande utilidade para mim, ocorrendo o oposto quando estou diante de um produto que me é pouco útil ou não é desejável. No entanto, essa "teoria utilitária do valor" se encontra diante de um grande problema, resumido por Adam Smith nos seguintes termos: apesar de ter uma utilidade enorme, sem a qual não poderíamos viver, a água possui um valor baixo. Em comparação, a utilidade de um diamante é ínfima, mas seu valor é enorme. Smith concluiu, assim, que a utilidade não poderia constituir o valor das coisas. Em seu lugar, ele viu a quantidade de trabalho necessário para obter algo como o aspecto determinante do valor – essa é a segunda resposta fundamental à questão há pouco colocada.

A "teoria do valor-trabalho" era a visão predominante na economia política nos tempos de Marx[3]. Aplicada ao nosso exemplo, ela afirma que uma cadeira, dois lençóis e cem ovos têm o mesmo valor porque a mesma quantidade de trabalho é necessária para produzi-los. Em face disso, duas objeções são evidentes. De um lado, produtos que não são resultado do trabalho (como, por exemplo, a terra não cultivada) também são comercializados. De outro, existem algumas situações (por exemplo, casos que envolvem obras de arte) nas quais o valor de troca é completamente independente do tempo de trabalho despendido em sua produção.

Quanto ao primeiro ponto, deve-se observar que a teoria do valor-trabalho explica, de fato, apenas o valor dos produtos do trabalho. Quando isso não acontece, os produtos simplesmente não têm "valor". Se, ainda assim, eles forem trocados, o valor de troca resultante precisa ser explicado separadamente. Já no que diz respeito ao segundo ponto, é preciso considerar que uma obra de arte é, efetivamente, um produto do trabalho. Mas, diferentemente das mercadorias normais, ela é única. O preço que um comprador está disposto a pagar por ela é o preço de um entusiasta, algo que não tem nada a ver com o dispêndio de trabalho do artista. No entanto, a maioria dos produtos de uma economia não são itens únicos, mas produzidos em massa.

Marx também considera que o valor das mercadorias tem como fundamento o trabalho que as produz. Como objetivação do "trabalho humano igual", as mercadorias são *valores* cuja *grandeza* é determinada por meio "da quantidade de 'substância formadora de valor' contida nele, o trabalho"[4]. Mas o que forma tal valor, continua Marx, não é o tempo de trabalho gasto por cada produtor *individual* (nesse caso, a cadeira de um carpinteiro moroso teria um valor mais alto do que a mesma cadeira produzida por um carpinteiro ligeiro), mas apenas

---

[3] Hoje uma variante da teoria utilitária do valor, a "teoria da utilidade marginal" é novamente dominante na economia política.
[4] MEW, 23, p. 53 [ed. bras.: *O capital*, Livro I, cit., p. 116. Na tradução citada: "da quantidade de 'substância formadora de valor', isto é, da quantidade de trabalho nele contida"].

o "tempo de trabalho socialmente necessário", isto é, aquele requerido "para produzir um valor de uso qualquer sob as condições normais para uma dada sociedade e com o grau social médio de destreza e intensidade do trabalho"[5].

Ainda assim, o tempo de trabalho socialmente necessário para a produção de um determinado valor de uso não é sempre igual. Se a força produtiva do trabalho aumenta, mais produtos podem ser fabricados no mesmo período. Consequentemente, tanto o tempo de trabalho socialmente necessário quanto a grandeza do valor diminuem. Mas se a força produtiva do trabalho diminuir, então o tempo de trabalho socialmente necessário e o valor do produto individual aumentam. Isso pode ocorrer em razão das condições naturais: quando a falta de chuva prejudica a colheita, a mesma quantidade de trabalho produz um rendimento menor. Assim, será necessária uma quantidade de trabalho maior para produzir determinada fruta e, por isso, seu valor aumentará.

Se há troca, então a divisão do trabalho está pressuposta: eu só me aproprio mediante troca de algo que eu mesmo não produzo. O inverso, porém, não é verdadeiro. Ainda que uma fábrica opere por meio de uma ampla divisão do trabalho, seus produtos não são de forma alguma trocados entre si. Note-se que o uso da palavra "mercadoria" nas páginas anteriores pode dar a impressão de que com ela nos referimos a bens materiais que, por sua vez, são intercambiados. A troca é, sem dúvida, o aspecto mais relevante, mas isso não tem nada a ver com o fato de ela abarcar ou não coisas propriamente ditas.

Serviços estão igualmente sujeitos à troca e, desse modo, tornam-se mercadorias. A diferença entre um produto material e um serviço "imaterial" consiste apenas em uma relação temporal distinta entre produção e consumo: se no primeiro o consumo só pode ocorrer após a produção (pense-se, por exemplo, no pão que deve ser consumido no mesmo dia e no carro à venda na concessionária, que pode ficar lá semanas ou meses antes que o comprador o utilize), no segundo – seja uma corrida de táxi, uma massagem ou uma apresentação de teatro – o ato de produção coincide diretamente com seu consumo (o pagamento da corrida de um táxi corresponde ao deslocamento deste). Entre bens e serviços há apenas uma diferença *material*. Se eles são mercadorias ou não é algo que diz respeito à sua *forma social*, que, por sua vez, depende da troca. Com isso afastamos o argumento, utilizado com frequência, de que a "transição da sociedade industrial para a sociedade de serviços" implicaria a obsolescência

---

[5] MEW, 23, p. 53 [ed. bras.: *O capital*, Livro I, cit., p. 117].

da teoria marxiana do valor, um discurso que também possui uma variante "de esquerda", notadamente quando Hardt e Negri apontam as alegadas consequências da transição da produção "material" para a "imaterial".

O que dissemos até agora sobre a teoria do valor foi essencialmente apresentado por Marx nas primeiras sete (de um total de cinquenta) páginas do primeiro capítulo de *O capital*. Para muitos marxistas e para a maioria dos críticos de Marx, este é o núcleo da teoria marxiana do valor: (i) a mercadoria é valor de uso e valor; (ii) o valor é a objetivação do trabalho humano; e (iii) a grandeza do valor depende do "tempo de trabalho socialmente necessário" para a produção da mercadoria (esse último aspecto é frequentemente chamado de "lei do valor"). Ora, se fosse apenas isso, Marx não teria ido muito além da economia política clássica. Nos próximos tópicos, ficará claro que os argumentos centrais da teoria marxiana do valor não se limitam a essas simples declarações, mas excedem em muito o que foi descrito até aqui.

3.2. Comprovação da teoria do valor-trabalho? Ação individual e estrutura social

À pergunta sobre a diferença entre teoria clássica e teoria marxiana do valor soma-se a questão de saber se Marx "provou" a teoria do valor-trabalho, isto é, se demonstrou, sem sombra de dúvida, que apenas o trabalho fundamenta o valor da mercadoria. Essa questão tem sido discutida com frequência na literatura. Entretanto, como veremos a seguir, Marx não estava nem um pouco interessado em sua "comprovação".

Adam Smith havia "demonstrado" a determinação do valor da mercadoria pelo trabalho lançando mão da noção de esforço, cuja maior ou menor intensidade seria o critério a partir do qual o valor é estimado. Isso significa reduzir o valor às *considerações racionais* dos indivíduos. A economia neoclássica apresenta argumentos bastante semelhantes, sobretudo quando adota a ideia de que os indivíduos tendem a maximizar a utilidade. Não por acaso, afirmam que as relações de troca se baseiam em cálculos utilitários. Tanto a economia clássica quanto a economia neoclássica tomam o indivíduo e suas estratégias de ação como evidentes, um princípio a partir do qual o contexto social é derivado. Nesse sentido, ambas projetam na natureza individual boa parte da socialidade que deveriam explicar. Adam Smith, como já mencionado anteriormente, faz da "propensão à troca" a característica distintiva entre o ser humano e os animais; por isso, deduz as estruturas da economia mercantil a partir da racionalidade *desse* homem (ou seja, do proprietário de mercadorias), tornando-o universal.

Para Marx, ao contrário, o fundamental não são as reflexões dos indivíduos, mas as *relações sociais* nas quais eles se inserem. Tal como formula claramente nos *Grundrisse*: "A sociedade não consiste de indivíduos, mas expressa a soma de vínculos, relações em que se encontram esses indivíduos uns com os outros"[6]. Essas relações estabelecem uma racionalidade específica à qual os indivíduos devem aderir se quiserem existir nelas. Quando eles agem em conformidade com tal racionalidade, suas ações também reproduzem as relações sociais subjacentes.

Isso se manifesta nitidamente no seguinte exemplo: em uma sociedade cujo fundamento é a troca de mercadorias, todos devem seguir a lógica da troca se quiserem sobreviver. Eu posso vender minha própria mercadoria a um preço alto para então comprar outra mercadoria a um preço baixo. Mas essa escolha não é simplesmente o resultado do meu comportamento de "maximização da utilidade". Na verdade, eu não tenho escolha (a não ser que eu seja tão rico a ponto de não precisar mais me preocupar com as relações de troca). Como não vejo alternativa, meu comportamento aparece como "natural". Se a maioria agir desse modo, as relações sociais baseadas na troca de mercadorias se reproduzem e, com elas, a compulsão à qual cada indivíduo se submete para se comportar reiteradamente dessa maneira.

Portanto, Marx *não* fundamenta a teoria do valor na consciência dos indivíduos que trocam mercadorias. Ao contrário do que afirma um mal-entendido frequente, sua tese não sustenta que o valor corresponde ao tempo de trabalho necessário à produção das mercadorias porque os indivíduos assim o querem. Pelo contrário, Marx defende que, na troca, as pessoas *não* têm consciência do que estão realmente fazendo[7].

Com a teoria do valor, ele procura revelar uma determinada estrutura social que os indivíduos *devem seguir, independentemente do que pensem a respeito disso* (ver as seções 3.6 e 3.8). A problematização marxiana é, portanto, bastante diferente daquela presente na teoria clássica ou na neoclássica: Adam Smith analisou um ato de troca *particular* e perguntou como a relação de troca poderia ser determinada.

---

[6] MEW, 42, p. 189 [ed. bras.: *Grundrisse*, trad. Mario Duayer, Nélio Schneider, São Paulo/Rio de Janeiro, Boitempo/Ed. UFRJ, 2011, p. 205].

[7] Ver MEW, 23, p. 88 [ed. bras.: *O capital*, Livro I, cit., p. 149. Heinrich se refere aqui à famosa frase de Marx: "Eles não sabem disso, mas o fazem"].

Marx, por sua vez, observa essa relação como parte de um *determinado contexto social geral* – no qual a reprodução da sociedade é mediada pela troca – e pergunta: o que isso significa para o trabalho despendido pela *sociedade como um todo*? Como deixou claro em uma carta ao seu amigo Ludwig Kugelmann, Marx não estava nem um pouco preocupado em "provar" a teoria do valor-trabalho:

> A tagarelice acerca da necessidade de comprovar o conceito de valor não se baseia mais que sobre uma ignorância total, não só da questão de que trata, mas também do método científico. Toda criança sabe que qualquer nação entraria em colapso se parasse de trabalhar, não digo durante um ano, mas ainda que não fosse por mais que algumas semanas. Esta criança sabe, igualmente, que as massas de produtos que satisfazem às distintas necessidades exigem massas diferentes e quantitativamente determinadas da totalidade do trabalho social. É evidente por si que esta necessidade da divisão do trabalho social em proporções determinadas não é em absoluto suprimida pela forma determinada da produção social: é a forma da sua manifestação que pode ser modificada. [...] E a forma sob a qual se realiza esta divisão proporcional do trabalho, numa condição social em que a estrutura do trabalho social se manifesta na forma de uma troca privada de produtos individuais do trabalho, esta forma é justamente o valor de troca destes produtos.[8]

Uma vez que, sob as condições da produção de mercadorias, a distribuição do trabalho privado gasto em cada setor é mediada pelo valor das mercadorias (pois não há controle consciente ou divisão tradicionalmente prescrita), a questão que nos interessa é saber como isso é *possível*, ou, de forma mais geral, *como o trabalho individual se torna parte constitutiva do trabalho social total*. Desse modo, a teoria do valor não tem como objetivo "provar" que a relação de troca individual é determinada pela quantidade de trabalho necessária para a produção[9]. Em vez disso, ela se destina a explicar o *caráter especificamente social* do trabalho produtor de mercadorias. E é exatamente isso que Marx se propõe a fazer após as sete primeiras páginas de *O capital*, consideradas pelo marxismo tradicional – e por muitos críticos de Marx – a parte mais importante da teoria marxiana do valor.

---

[8] MEW, 32, p. 552 [ed. bras.: *Cartas sobre "O capital"*, trad. Leila Escorsim, São Paulo, Expressão Popular, 2020, p. 268. Substituímos "demonstrar a noção de valor" por "comprovar o conceito de valor" (*den Wertbegriff zu beweisen*)].

[9] No Livro III de *O capital*, Marx demonstra que as relações de troca efetivas não correspondem de forma alguma às quantidades de trabalho gastas na produção (ver seção 7.2).

3.3. Trabalho abstrato: abstração real e relação de validação

Para compreender de que modo o trabalho produtor de mercadorias se relaciona com o caráter especificamente social há pouco destacado, é necessário atentar para a distinção entre trabalho "concreto" e trabalho "abstrato". Na maioria das exposições sobre a teoria marxiana do valor, essa distinção é mencionada brevemente, sem grandes considerações sobre seu alcance. No entanto, o próprio Marx destacou sua importância fundamental: "Essa natureza dupla do trabalho contido na mercadoria foi criticamente demonstrada pela primeira vez por mim. Como esse ponto é o centro em torno do qual gira o entendimento da economia política, ele deve ser examinado mais de perto"[10].

O que isso significa? Se a mercadoria possui dois fatores – valor de uso e valor –, o trabalho *produtor de mercadorias* também deve ter um caráter duplo: trata-se de um trabalho que produz não apenas valor de uso, mas também valor. Note-se, no entanto, que nem todo trabalho segue essa determinação, mas apenas o trabalho *produtor de mercadorias*.

"Trabalhos concretos" qualitativamente distintos produzem valores de uso igualmente diferenciados: o trabalho de carpintaria produz uma cadeira; o trabalho de tecelagem produz um tecido de linho etc. Ao "aprendermos um trabalho", tomamos conhecimento das especificidades de uma atividade concreta e, ao observarmos uma pessoa trabalhando, vemos essa pessoa desempenhando um trabalho concreto.

O valor, no entanto, não é formado por um trabalho concreto específico, ou por determinado aspecto do trabalho concreto. *Qualquer trabalho cujo produto (que também pode ser um serviço) é trocado produz valor.* Como valores, as mercadorias são *qualitativamente* iguais, de tal modo que os distintos trabalhos produtores de valor devem valer como *trabalho humano qualitativamente igual*. O trabalho do carpinteiro não produz valor por ser trabalho de carpintaria (como tal, ele produz uma cadeira), mas em decorrência do trabalho humano cujo produto é trocado por outro que, por sua vez, também é resultado do trabalho humano. Nesse sentido, o trabalho do carpinteiro produz valor precisamente *em abstração de sua figuração concreta*. Por isso Marx argumenta que o "trabalho abstrato" é o responsável pela produção de valor.

Mas o trabalho abstrato não constitui um *tipo específico* de trabalho gasto. Considere-se, por exemplo, a diferenciação entre o trabalho monótono da linha

---

[10] MEW, 23, p. 56 [ed. bras.: *O capital*, Livro I, cit., p. 119].

de montagem e o trabalho artesanal de carpintaria[11]: enquanto trabalho que constitui valor de uso, o primeiro é tão *concreto* quanto o segundo. Eles só *formam valor como trabalho humano igual*, abstraído de seu caráter concreto, isto é, como *trabalho abstrato*. Como "cristais"[12] do trabalho abstrato, as mercadorias são "valores". Por isso Marx o descreve com a ideia de "substância formadora de valor", ou mesmo "substância do valor".

A expressão substância do valor tem sido frequentemente entendida de maneira quase física, "substancialista": o trabalhador gastou uma quantidade específica de trabalho abstrato que existe *dentro da mercadoria individual*, transformando-a em objeto de valor. Que o argumento marxiano não é tão simples assim já deveria estar claro quando Marx se refere à objetividade do valor lançando mão do termo "objetividade espectral"[13]. No manuscrito de revisão da primeira edição de *O capital* (*Ergänzungen und Veränderungen zum ersten Band des "Kapital"*)*, Marx fala até mesmo de "objetividade puramente fantástica"[14]. Se a abordagem "substancialista" estivesse correta, seria difícil compreender por que Marx qualifica a objetividade do valor como "espectral" ou "fantástica".

---

[11] Tal compreensão do trabalho abstrato é sugerida por Robert Kurz, por exemplo, quando afirma, em um glossário sobre o conceito de trabalho abstrato, que as pessoas gastam "força de trabalho abstrata" (um termo que ele emprega sem dar explicação) e cooperam "no mais alto grau de indiferença e alienação recíprocas" (Robert Kurz, *Der Kollaps der Modernisierung*, Frankfurt, Eichborn, 1991, p. 273 [ed. bras.: *O colapso da modernização*, trad. Karen Elsabe Barbosa, São Paulo, Paz e Terra, 2004, p. 225]). O trabalho abstrato, no entanto, não tem nada a ver com o modo como as pessoas trabalham juntas. O relevante é saber de que maneira o trabalho delas vale socialmente, isto é, enquanto formador de valor. Uma breve introdução ao conceito de trabalho abstrato, que examina criticamente as reduções frequentemente encontradas, pode ser lido em Karl Reitter, "Der Begriff der abstrakten Arbeit", *Grundrisse: Zeitschrift für Linke Theorie & Debatte*, n. 1, 2002, p. 5-18.

[12] MEW, 23, p. 52 [ed. bras.: *O capital*, Livro I, cit., p. 116].

[13] MEW, 23, p. 52 [ed. bras.: *O capital*, Livro I, cit., p. 116. Na tradução citada, *gespenstige Gegenständlichkeit* aparece como "objetividade fantasmagórica"].

* O manuscrito "Ergänzungen und Veränderungen zum ersten Band des 'Kapital'" [Complementos e alterações à primeira edição de "O capital"] foi escrito entre 1871 e 1872, quando Marx recebeu a notícia de que a segunda edição alemã estava a caminho. O texto só foi publicado em 1987, na segunda seção da MEGA. Nele Marx faz autocríticas sobre a exposição das categorias – especialmente da forma-valor – no primeiro capítulo da primeira edição (1867). Ainda assim, esses apontamentos não foram incluídos na segunda edição. O manuscrito é peça central na argumentação de Heinrich, sobretudo para a tese das "ambivalências" de Marx, apresentada com mais detalhes na terceira parte de *Die Wissenschaft vom Wert* (Munique, Westfälisches Dampfboot, 1999), especialmente no sexto capítulo. (N. T.)

[14] MEGA, II.6, p. 32.

A questão precisa ser pensada de maneira mais profunda. O trabalho abstrato não é visível, diferentemente de um trabalho concreto específico. De modo similar, sou capaz de ver uma planta concreta, mas não o conceito de "árvore". Tal como nesse caso, o trabalho abstrato implica uma abstração, mas de um tipo completamente distinto. Normalmente, as abstrações são formadas pelo pensamento humano: nós identificamos características comuns entre exemplos individuais e, então, estabelecemos um termo genérico abstrato ("árvore"). No trabalho abstrato, no entanto, não se trata de uma "abstração mental", mas de uma "abstração real", ou seja, uma abstração que ocorre no comportamento efetivo das pessoas, saibam elas ou não.

Na troca, o valor de uso das mercadorias é abstraído e, consequentemente, as próprias mercadorias são equiparadas como *valores* (o comprador individual, é claro, só compra algo porque está interessado em seu valor de uso ou, como pode ser o caso, simplesmente se abstém por não ter interesse no objeto; ainda assim, se a troca se realiza, as mercadorias são igualadas enquanto valores). Somente nessa situação a especificidade do trabalho produtor de mercadorias é *faticamente* abstraída. E é apenas esse trabalho – "abstrato" – que passa a ser considerado formador de valor. A abstração, portanto, ocorre *realmente*, independentemente do que os proprietários das mercadorias envolvidas pensem.

Esse ponto nem sempre aparece de modo claro em Marx. Ele também fala do trabalho abstrato como "dispêndio de força humana de trabalho em sentido fisiológico"[15]. Reduzir as várias formas de trabalho a tal dispêndio constitui, precisamente, uma abstração mental à qual todo trabalho pode ser submetido, independentemente de produzir mercadorias ou não. Além disso, essa formulação sugere que o trabalho abstrato tem uma base inteiramente não social – natural, por assim dizer –, o que provocou interpretações "naturalistas" dessa categoria[16]. Em outras passagens, no entanto, Marx se expressa de modo inequívoco sobre o fundamento não naturalista do trabalho abstrato. No

---

[15] MEW, 23, p. 61 [ed. bras.: *O capital*, Livro I, cit., p. 124].
[16] Wolfgang Fritz Haug, por exemplo, afirma que Marx reduziu o trabalho abstrato a uma "base natural" (ver *Vorlesungen zur Einführung ins "Kapital"*, Colônia, Argument, 1989, p. 121). Em *Die Wissenschaft vom Wert* (cit.) procurei demonstrar que essa é mais do que uma formulação infeliz de Marx. Na crítica da economia política é possível encontrar, de um lado, uma revolução científica, isto é, uma ruptura com o campo teórico da economia política clássica e, de outro, resquícios dessa concepção no interior da argumentação marxiana. Ainda assim, no âmbito da presente introdução à obra marxiana não é possível aprofundar o estudo dessas ambivalências.

manuscrito de revisão da primeira edição de *O capital* ele afirma: "A redução dos vários trabalhos privados concretos a essa abstração de trabalho humano igual só acontece por intermédio da troca, que de fato iguala os produtos de vários trabalhos entre si"[17].

Assim, apenas a troca consuma tal abstração (não importando se as pessoas estão cientes disso). Isso significa, então, que o trabalho *abstrato* não pode ser simplesmente medido por horas de trabalho: aquilo que um relógio mede remete à hora de um trabalho *concreto* específico, despendido por um indivíduo, independentemente da troca do produto. O trabalho abstrato não pode ser "gasto" de forma alguma. Pelo contrário, ele opera uma *relação de validação* constituída na troca. Nesta, o trabalho concreto despendido *vale* como uma determinada quantidade de trabalho abstrato formador de valor e, consequentemente, como parte do trabalho social total.

Essa validação implica três "reduções" [*Reduktionen*] distintas:

1) o tempo de trabalho gasto individualmente é reduzido ao tempo de trabalho socialmente necessário. Somente conta como trabalho formador de valor aquele que é necessário em condições gerais para a produção de um valor de uso. O grau de produtividade média, entretanto, não depende do produtor individual, mas da totalidade dos produtores de um valor de uso. Essa média muda constantemente, tornando-se visível apenas na troca. Somente nesse momento o produtor individual sabe até que ponto seu tempo de trabalho gasto corresponde ao tempo de trabalho socialmente necessário;

2) no marxismo tradicional, um "tempo de trabalho socialmente necessário" tecnologicamente determinado era geralmente entendido como o único fator constituinte do valor. Desse modo, a relação entre produção de valores de uso e satisfação das demandas do mercado não desempenhava nenhum papel na determinação do valor. Entretanto, Marx também nos lembrou que, para produzir mercadorias, não se deve produzir apenas valor de uso, "mas valor de uso para outrem, valor de uso social"[18]. Se uma quantidade maior de um valor de uso – por exemplo, o tecido de linho – foi produzida acima da demanda existente na sociedade, isso significa "que foi despendida

---

[17] MEGA, II.6, p. 41. Essa frase central foi incorporada à tradução francesa (MEGA, II.7, p. 55), a última edição que Marx supervisionou pessoalmente.
[18] MEW, 23, p. 55 [ed. bras.: *O capital*, Livro I, cit., p. 119].

uma parte maior de tempo de trabalho socialmente necessário na forma da tecelagem de linho. O efeito é o mesmo que se obteria se cada tecelão individual tivesse aplicado em seu produto individual mais do que o tempo de trabalho socialmente necessário"[19]. Somente o tempo de trabalho que é despendido sob as condições médias existentes de produção *e* para a satisfação da demanda social constitui valor. Até que ponto o trabalho privado é realmente necessário para satisfazer a demanda depende, de um lado, da quantidade desta e, de outro, do volume de produção de outros produtores – ambos os fatores se tornam aparentes na troca;

3) os trabalhos individuais não se diferenciam apenas quanto ao seu caráter concreto (trabalho de carpintaria; trabalho de alfaiataria etc.), mas também no que se refere à qualificação da força de trabalho necessária. O "trabalho simples médio" é "dispêndio da força de trabalho simples que, em média, toda pessoa comum [...] possui"[20]. O que é considerado exatamente qualificação da força de trabalho simples – e se, por exemplo, a leitura e a escrita ou os conhecimentos de informática fazem parte dela – varia em cada país e época cultural, mas permanece firmemente estabelecido em um determinado momento. O trabalho de forças de trabalho mais qualificadas é considerado "complexo" e, por isso, é visto como algo que agrega uma grandeza de valor maior do que o trabalho simples médio. Ainda assim, a avaliação dessa variação também só ocorre na troca. Nesse processo, o caráter mais ou menos qualificado da força de trabalho enfatizada por Marx não desempenha o único papel[21]. Igualmente decisivos são os processos sociais de hierarquização, algo refletido, por exemplo, na diferenciação entre "profissões femininas" (inferiores e simples) e "profissões masculinas" (complexas).

A *validação* do trabalho individual como trabalho abstrato que constitui valor é resultado dessas três reduções, cujos processos ocorrem simultaneamente no ato da troca.

---

[19] MEW, 23, p. 122 [ed. bras.: *O capital*, Livro I, cit., p. 181].
[20] MEW, 23, p. 59 [ed. bras.: *O capital*, Livro I, cit., p. 122].
[21] Ver MEW 23, p. 211 e seg. [ed. bras.: *O capital*, Livro I, cit., p. 273 e seg.].

3.4. "Objetividade espectral": teoria produtivista ou circulacionista do valor?

A objetividade de valor que as mercadorias possuem não advém da objetivação do trabalho concreto, mas do trabalho abstrato. Se este, no entanto, como vimos, constitui uma relação social de validação que só existe na troca (o trabalho despendido individualmente conta como trabalho abstrato formador de valor), o mesmo ocorre com a objetividade de valor. Isso significa que o valor não é de forma alguma uma propriedade que uma coisa possua em si. A substância que fundamenta tal objetividade não é inerente à mercadoria isolada – é conferida *conjuntamente* na troca.

A declaração mais enfática de Marx a esse respeito pode ser encontrada no manuscrito "Complementos e alterações à primeira edição de 'O capital'". Lá ele afirma que, quando um casaco é trocado por linho, ambos são "reduzidos a uma objetificação do trabalho humano em si". Entretanto, não se deve esquecer que:

> nenhum dos dois é, em si, objetividade de valor, mas que o são apenas na medida em que essa objetividade é comumente mantida por eles. Fora de sua relação um com o outro – na qual eles são equalizados –, nem o casaco nem o linho possuem objetividade de valor ou objetividade como gelatinas do trabalho humano *per se*.[22]

Desse modo, "um produto do trabalho, considerado isoladamente, não é valor, tampouco mercadoria. Ele só se torna valor em sua unidade com outro produto do trabalho"[23]. Com isso é possível compreender melhor o caráter "espectral" da objetividade de valor mencionada por Marx no início de *O capital*[24]. A substância do valor não é algo que duas mercadorias possuem em comum, como, por exemplo, um caminhão de bombeiros e uma maçã: ambos são vermelhos, mesmo isolados um do outro e, quando colocados lado a lado, detectamos algo em comum. A substância do valor e, portanto, a objetividade de valor só são obtidas pelas coisas quando colocadas em relação de troca, em relação umas com as outras. É como se o caminhão de bombeiros e a maçã

---

[22] MEGA, II.6, p. 30 [na primeira frase da citação, a escolha por "objetividade comumente mantida" (*gemeinsame Gegenständlichkeit*) procura evitar o sentido substancialista subjacente à tradução "objetividade que lhes é comum" (igualmente possível). Nesse caso, a objetividade parece ser algo interno às mercadorias, anterior e independente da troca, tal como no "marxismo tradicional" criticado por Heinrich].

[23] MEGA, II.6, p. 31.

[24] MEW, 23, p. 52 [ed. bras.: *O capital*, Livro I, cit., p. 116].

fossem vermelhos apenas quando estivessem lado a lado e, consequentemente, não tivessem cor quando separados (o caminhão de bombeiros no quartel, a maçã pendurada em uma macieira).

Por propriedades objetivas entendemos normalmente algo inerente, independentemente das relações que diferentes coisas possam ter entre si. Quando estas se conectam de tal modo que suas propriedades só se manifestam nesse momento, a noção de objetividade intrínseca dá lugar à ideia de relação. Se o soldado A é comandado pelo sargento B, então A é um subordinado e B é um superior. Estar ou não em uma condição de subordinação decorre da *relação* específica entre A e B na hierarquia militar, não constituindo algo inerente a eles como pessoas fora desse contexto. No caso do valor, uma propriedade que existe apenas dentro de uma relação *parece** ser algo objetivo, inerente. Se tentarmos localizar essa objetividade fora da relação de troca, ela escapará à nossa compreensão – ela é, literalmente, uma "objetividade espectral".

Grande parte do marxismo tradicional também se deixou enganar por essa aparência. A substância do valor foi concebida de modo "substancialista", como uma propriedade de uma mercadoria *individual*. O mesmo ocorreu com a grandeza do valor, cuja determinação dependeria apenas da quantidade de tempo de trabalho socialmente necessário gasto na *produção* da mercadoria, independentemente do que viria depois. As concepções que enfatizavam a importância da troca foram acusadas de promover uma "teoria circulacionista do valor", ou seja, de começar precisamente por algo supostamente não essencial[25].

---

* Heinrich utiliza o verbo *scheinen*, "parecer", cujo uso é distinto do verbo *erscheinen*, "aparecer". A distinção remete à diferença entre "algo ser" (*etwas ist*) e algo "aparecer como" (*etwas erscheint als*). Neste caso está pressuposta a possibilidade daquilo que aparece se manifestar sob outra forma. Isso pode ser observado logo no início de *O capital*: "a riqueza das sociedades onde reina o modo de produção capitalista aparece [*erscheint*] como uma 'enorme coleção de mercadorias'" (MEGA, II.6, p. 69; MEW, 23, p. 49; ed. bras.: *O capital*, Livro I, cit., p. 113). Ou seja, há a possibilidade de a riqueza aparecer de outra maneira em outro modo de produção. Por isso a "enorme coleção de mercadorias" constitui a aparência (*Erscheinung/Schein*) da socialização moderna, e não uma ilusão (*Täuschung*). (N. T.)

[25] Essa reprovação também me foi feita por Norbert Trenkle, um dos mais importantes representantes, junto com Robert Kurz, do grupo *Krisis* (Norbert Trenkle, "Was ist der Wert? Was sol die Krise?", *Streifzüge*, n. 3, 1998, p. 7-10; ver também Michael Heinrich, "Untergang des Kapitalismus? Die 'Krisis' und die Krise", *Streifzüge*, n. 1, 1999, p. 1-5). Isso é ainda mais notável porque eles sempre se apresentam como críticos do que denominam "marxismo do movimento dos trabalhadores" (algo semelhante ao marxismo enquanto visão de mundo descrito acima). No entanto, não é apenas nesse ponto que o *Krisis* permanece preso ao pensamento que procura superar (ver seção 9.2).

No entanto, saber se o valor e a grandeza do valor são determinados na produção *ou* na circulação (ou seja, a esfera da compra e venda) já constitui um reducionismo fatal. O valor não "surge" em algum lugar para, depois, estar "lá". No caso de um pão, alguém pode até perguntar (mesmo que a resposta seja óbvia) onde ele surgiu (na padaria ou no ato de compra e venda). Mas o valor não é algo como um pão, mas uma relação social que *aparece como uma propriedade tangível da coisa*. Consequentemente, essa relação social se constitui precisamente na produção *e* na circulação, de modo que a "questão uma ou outra" não tem sentido.

A *grandeza de valor*, por sua vez, não é determinada antes da troca, mas também não surge por acaso durante a compra e venda. Ela é o resultado da tripla redução descrita na seção anterior, por meio da qual o trabalho individual gasto de forma privada se transforma em trabalho abstrato. Isso significa que a grandeza de valor de uma mercadoria não decorre pura e simplesmente da relação entre o trabalho *individual* do produtor e o produto (essa é a concepção da leitura "substancialista" do valor). Pelo contrário, o que importa é o modo como o trabalho individual se conecta com o *trabalho social total*. A troca não produz valor, mas opera a mediação dessa relação. Em uma sociedade estruturada a partir da produção privada, *somente a troca* pode efetuar esse processo[26].

Antes da troca, a grandeza do valor pode ser apenas mais ou menos estimada. Essa estimativa também é responsável pela decisão do produtor de mercadorias de iniciar ou não sua produção, ainda que, com isso, não esteja garantida a existência do valor, algo que muitos produtores aprendem dolorosamente.

Essas considerações devem deixar claro que o uso marxiano do termo "substância do valor" não deve ser entendido de forma "substancialista", no sentido

---

[26] Para comprovar a leitura produtivista do valor, é frequentemente citada a seguinte passagem de Marx: "não é a troca que regula a grandeza de valor da mercadoria, mas, inversamente, é a grandeza de valor das mercadorias que regula suas relações de troca" (MEW, 23, p. 78) [ed. bras.: *O capital*, Livro I, cit., p. 139]. Isso ignora o fato de que essa frase trata de uma *relação de regulação* e não de uma *relação temporal* (primeiro o valor está lá, depois é trocado). No que diz respeito à relação temporal, Marx argumenta claramente: "*somente no interior de sua troca* os produtos do trabalho adquirem uma objetividade de valor socialmente igual, separada de sua objetividade de uso, sensivelmente distinta" (MEW, 23, p. 87, destaque meu) [ed. bras.: *O capital*, Livro I, cit., p. 148]. Para os produtores de mercadorias, no entanto, a objetividade de valor desempenha um papel decisivo, razão pela qual, para eles, "o caráter de valor das coisas *passou a ser considerado no próprio ato de sua produção*" (MEW, 23, p. 87, destaque meu) [ed. bras.: *O capital*, Livro I, cit., p. 148]. Ainda assim, o fato de o valor ser "levado em consideração" – isto é, de que os produtores projetam um valor futuro – é algo bem diferente de assumir sua existência prévia.

de que uma substância existiria no interior das coisas individuais. A objetividade do valor não é um aspecto tangível de uma mercadoria isolada. Somente com o ato da troca o valor obtém uma forma de valor objetiva: daí a importância da "análise da forma de valor"[27], a qual, não por acaso, não é objeto de grande atenção nas abordagens substancialistas. Para estas, os problemas da teoria do valor já estão todos resolvidos com a mera afirmação de que o valor da mercadoria depende do trabalho socialmente necessário para sua produção.

3.5. Forma de valor e dinheiro (determinações econômicas formais)

Ao analisar a forma de valor, Marx reivindica ter alcançado algo sem equivalente na economia burguesa. Ele escreve:

> Qualquer um sabe, mesmo que não saiba mais nada além disso, que as mercadorias possuem uma forma de valor em comum que contrasta do modo mais evidente com as variegadas formas naturais que apresentam seus valores de uso: a forma-dinheiro. Cabe, aqui, realizar o que jamais foi tentado pela economia burguesa, a saber, provar a gênese dessa forma-dinheiro.[28]

Essa passagem tem sido frequentemente entendida como se Marx procurasse traçar – em um alto nível de abstração – o surgimento histórico do dinheiro a partir da simples troca de produtos. Mas, se esse fosse o caso, sua expectativa de se distinguir da economia burguesa seria deveras exagerada. Mesmo na época de Marx, esboços históricos abstratos faziam parte do repertório comum dos economistas[29].

---

[27] Em *O capital* a análise da forma-valor se desenvolve na terceira subseção do primeiro capítulo.

[28] MEW, 23, p. 62 [ed. bras.: *O capital*, Livro I, cit., p. 125].

[29] Muitas obras de introdução a *O capital* também entendem a análise da forma de valor nesse sentido histórico-abstrato e, desse modo, perdem o cerne da argumentação marxiana. Haug, por exemplo, contrapõe os "desenvolvimentos históricos reais" à análise da forma de valor, responsável por elaborar leis de desenvolvimento "a partir de considerações puras, tal como em um laboratório" (Wolfgang Fritz Haug, *Vorlesungen zur Einführung ins "Kapital"*, cit., p. 151). Ele também se refere positivamente à fórmula de Engels de que o lógico (o desenvolvimento conceitual) nada mais seria do que o histórico despojado das irritantes contingências (sobre a natureza problemática da leitura engelsiana, ver seção 2.1). Haug e eu discutimos esse ponto na revista *Argument* (ver Wolfgang Fritz Haug, "Historiches/Logisches", *Das Argument*, n. 251, p. 378-96; Wolfgang Fritz Haug, "Wachsende Zweifel an der monetären Werttheorie", *Das Argument*, n. 251, p. 424-37; Michael Heinrich, "Geld und Kredit in der Kritik der politischen Ökonomie", *Das Argument*, n. 251, p. 397-409; Michael Heinrich, "Über 'Praxeologie', 'Ableitungen aus dem Begriff' und die Lektüre von Texten. Zu Wolfgang Fritz Haug Antwort auf meinen Beitrag in Argument 251", *Das Argument*, n. 254, p. 92-101.

A primeira frase de *O capital* já deixa claro que a análise marxiana não tem por objeto as mercadorias pré-capitalistas, mas aquelas que encontramos no capitalismo (ver o início do capítulo 3.1). Desse modo, "gênese" não remete ao *surgimento histórico* do dinheiro, mas a uma *relação de desenvolvimento conceitual*. Marx não está preocupado com a formação histórica (nem mesmo em sentido completamente abstrato), mas com a reconstrução categorial da mediação entre "forma de valor simples" (uma mercadoria expressa seu valor em outra mercadoria) e "forma-dinheiro" – algo que ocorre no capitalismo *contemporâneo*. Em termos gerais, o que importa saber é se o dinheiro constitui apenas um instrumento prático (um meio do qual se poderia basicamente prescindir) ou se é realmente *necessário*.

Nos tempos de Marx, essa questão não era meramente acadêmica. Várias correntes socialistas, ao conceberem alternativas ao capitalismo, almejavam uma sociedade na qual a produção privada de mercadorias continuaria a existir, mas o dinheiro seria abolido e substituído por certificados ou "folhas de ponto" que demonstrassem as horas de trabalho realizado. Assim, a reflexão marxiana sobre a combinação entre dinheiro e produção de mercadorias deve ser vista também como uma crítica a essas correntes.

Em sua análise do dinheiro, Marx percorre três etapas. Em primeiro lugar, a partir de uma *análise formal* (isto é, as determinações formais são analisadas sem levar em conta os possuidores de mercadorias), a *forma de equivalente geral* (respectivamente, a *forma-dinheiro*) é desenvolvida como uma forma de valor necessária. Em seguida, são abordadas as *ações dos proprietários de mercadorias*. O dinheiro *efetivo*, que deve corresponder às determinações da forma de equivalente geral, emerge a partir de tais ações. Por fim, são apresentadas as várias *funções* que o dinheiro assume na "circulação simples", na qual mercadorias e dinheiro se movimentam abstraindo-se do capital*.

A economia burguesa geralmente inicia o estudo do dinheiro enumerando suas várias funções. Sua existência é até mesmo justificada com o argumento de

---

* Heinrich se refere aqui à "circulação simples de mercadorias", na qual o capital está pressuposto. Em *O capital* Marx aponta algumas diferenças entre a circulação simples de mercadorias e a circulação de capital, mas pouco diz sobre a relação entre ambas. Essa omissão está na raiz do extenso debate – majoritariamente alemão – acerca da "passagem" entre as seções I e II do Livro I. Daí a importância do "Urtext" (1858) e dos *Grundrisse* (1857-1858), nos quais a "circulação simples de mercadorias" aparece como "redução", "momento", "esfera", "superfície", "mediação mediada", "aparência necessária", até ser apresentada como "a esfera abstrata do processo global de produção burguês". (N. T.)

que, sem ele, seria muito difícil organizar a troca. Ou seja, a própria justificativa se dá no âmbito da ação dos proprietários de mercadorias. Não por acaso, é impossível encontrar sob essa perspectiva qualquer consideração analítico-formal acerca da conexão entre *valor* e *forma de valor*, ainda que esta constitua precisamente a "gênese" mencionada por Marx.

Por outro lado, muitos marxistas também têm dificuldades para entender a análise marxiana. As interpretações substancialistas, tal como a economia burguesa, geralmente enfatizam as *funções do dinheiro* e não sabem muito bem o que fazer com o desenvolvimento conceitual da forma-dinheiro e do dinheiro. Mas mesmo as interpretações não substancialistas geralmente ignoram as diferenças entre as duas primeiras etapas (de um lado, o desenvolvimento conceitual da *forma-dinheiro* e, de outro, o desenvolvimento conceitual do *dinheiro efetivo*). Nas páginas seguintes, apresentaremos cada uma das etapas citadas: trataremos da primeira etapa nos parágrafos seguintes e das outras duas etapas nas seções subsequentes.

Marx inicia a análise da forma de valor com a investigação da "forma de valor simples, individual ou ocasional". Trata-se da expressão de valor de uma mercadoria em uma segunda mercadoria:

$$x \text{ mercadorias A} = y \text{ mercadorias B}$$

Ou então, no famoso exemplo:

$$20 \text{ braças de linho têm o valor de } 1 \text{ casaco}$$

Uma vez que o valor do linho deve ser expresso, o casaco serve como meio para tanto. Assim, as duas mercadorias desempenham papéis completamente diferentes na forma de expressão do valor. Marx trabalha com os seguintes conceitos para lidar com a situação: o valor da primeira mercadoria (linho) é expresso como "valor relativo" (ou seja, em relação a outra coisa), constituindo a *forma de valor relativa*; a segunda mercadoria (o casaco) serve como um "equivalente" para o valor da primeira mercadoria e, portanto, está na *forma de equivalente*.

Na expressão simples de valor, somente o valor de uma mercadoria pode ser expresso em um determinado momento. Ou seja, apenas o valor do linho é manifestado como uma quantidade específica de casaco. O valor do casaco, por outro lado, não é expresso. Contudo, a expressão de valor "20 braças de linho valem 1 casaco" também implica o contrário: 1 casaco vale 20 braças de linho. Agora o casaco está na forma relativa de valor e o linho está na forma de equivalente.

Portanto, o valor não pode ser compreendido no valor de uso individual. Ele só adquire uma forma objetiva pela expressão do valor: a mercadoria que está na forma equivalente (mercadoria B) é agora considerada a incorporação do valor da mercadoria que está na forma de valor relativo (mercadoria A). Vista isoladamente, porém, a segunda mercadoria é tão valor de uso quanto a primeira. *Na expressão de valor*, a segunda mercadoria, que está na forma de equivalente, desempenha um papel singular: é considerada não apenas um valor de uso específico, mas também vale *simultaneamente* como corporificação *imediata* de valor. Isto é: "na relação de valor em que o casaco constitui o equivalente do linho, a forma de casaco vale como forma de valor"[30].

O valor do linho só adquire uma forma *objetiva* porque o valor assume a forma do casaco: ele se torna tangível, visível e mensurável como uma quantidade específica de casaco. Marx resume essa questão da seguinte forma:

> A oposição interna entre valor de uso e valor, contida na mercadoria, é representada, assim, por meio de uma oposição externa, isto é, pela relação entre duas mercadorias, sendo a primeira – *cujo* valor deve ser expresso – considerada imediata e exclusivamente valor de uso, e a segunda – *na qual* o valor é expresso – imediata e exclusivamente como valor de troca.[31]

O valor é algo puramente social. Ele expressa a *igual validade* de dois trabalhos completamente diferentes e, portanto, constitui uma *relação social* específica. Mas na forma de equivalente essa relação social figura como uma coisa: o valor parece ser imediatamente idêntico a um casaco. Este, por sua vez, vale enquanto corporificação do valor, ainda que somente dentro da expressão de valor. Nesse caso, é fácil compreender a possibilidade de o casaco possuir propriedades distintas, esteja ele dentro ou fora da relação social analisada. Com relação ao dinheiro, entretanto, isso não é nada óbvio.

A forma de valor simples expressa objetivamente o valor da mercadoria A, tornando-a tangível e mensurável. Ainda assim, ela é insuficiente, pois relaciona

---

[30] MEW, 23, p. 66 [ed. bras.: *O capital*, Livro I, cit., p. 129].
[31] MEW, 23, p. 75, destaque no original [ed. bras.: *O capital*, Livro I, cit., p. 137].

a mercadoria A com uma *única* mercadoria, a mercadoria B, mas de modo algum a todas as outras mercadorias.

Se considerarmos agora a relação de valor da mercadoria A (nesse caso, o linho) com todas as outras mercadorias, obteremos a "forma de valor total ou desdobrada":

20 braças de linho = 1 casaco,
20 braças de linho = 10 libras de chá,
20 braças de linho = 40 libras de café etc.

O valor do linho está relacionado agora à totalidade das mercadorias (e não apenas a uma única mercadoria). Ao mesmo tempo, fica claro que o valor da mercadoria é indiferente à forma específica de valor de uso na qual aparece: o linho pode servir como corporificação do valor do casaco, mas também do chá, do café etc. Seu valor permanece o mesmo, seja representado pelo casaco, seja pelo café. Isso também deixa claro que a relação de troca quantitativa não é de modo algum aleatória, o que ainda não podia ser visto na forma de valor simples.

No entanto, a forma de valor desdobrada também permanece inadequada: a expressão de valor da mercadoria A é incompleta e inacabada. Além disso, as expressões de valor são heterogêneas: existem múltiplas formas específicas de equivalência que são mutuamente excludentes.

A forma de valor total nada mais é do que uma série de formas de valor simples. Note-se que cada uma destas contém em si sua própria inversão. Se invertermos a série, obteremos a "forma de valor universal":

1 casaco =
10 libras de chá =   }   20 braças de linho
40 libras de café =

O valor da mercadoria agora é expresso de forma *simples* e *unificada*, porque uma única mercadoria – o "equivalente geral" – serve como expressão de valor para todas as outras. Essa forma, portanto, torna-se decisiva:

> Como algo igual ao linho, o valor de cada mercadoria é agora não apenas distinto de seu próprio valor de uso, mas de qualquer valor de uso, sendo, justamente por

isso, expresso como aquilo que ela tem em comum com todas as outras mercadorias. *Essa forma é, portanto, a primeira que relaciona efetivamente as mercadorias entre si como valores.*[32]

A objetividade de valor não é um atributo inerente a nenhuma mercadoria individual. Trata-se, pelo contrário, de uma propriedade social que expressa a relação dessa mercadoria (ou do trabalho individual que a produz) com todas as outras (ou com o trabalho social total). O valor, portanto, não só necessita de uma forma de valor *objetiva*, como também faz necessária uma forma de valor que expresse esse caráter social – o que só é possível com a *forma de valor universal*.

A socialidade específica da forma de valor universal também é evidente em uma outra característica que a distingue tanto da forma simples quanto da desdobrada. Nestas duas últimas, "dar a si mesma uma forma de valor é algo que, por assim dizer, pertence ao foro privado da mercadoria individual"[33]. Então:

> A forma universal do valor só surge, ao contrário, como obra conjunta do mundo das mercadorias. Uma mercadoria só ganha expressão universal de valor porque, ao mesmo tempo, todas as outras expressam seu valor no mesmo equivalente, e cada novo tipo de mercadoria que surge tem de fazer o mesmo. Com isso, revela-se que a objetividade do valor das mercadorias, por ser a mera "existência social" dessas coisas, *também só pode ser expressa por sua relação social universal.*[34]

O que é claro aqui não o é para a consciência cotidiana, mas é antes resultado da análise científica: a *dimensão social* do valor se expressa em uma forma de valor especificamente *social*. Valor e grandeza de valor – que, na verdade, não são propriedades da mercadoria isolada – passam a ser expressos, mediante o *equivalente universal*, como se fossem inerentes a ele. Qualitativamente, o valor dos casacos (ou chá, café etc.) consiste em sua igualdade com uma quantidade de linho: o valor de um casaco (ou 20 libras de chá, 40 libras de café etc.) é 20 braças de linho.

Por fim, a *forma-dinheiro* se diferencia da forma de valor universal meramente pelo fato de que a forma equivalente se fundiu, "por meio do hábito

---

[32] MEW, 23, p. 80, destaque meu [ed. bras.: *O capital*, Livro I, cit., p. 141-2].
[33] MEW, 23, p. 80 [ed. bras.: *O capital*, Livro I, cit., p. 142].
[34] MEW, 23, p. 80-1, destaque meu [ed. bras.: *O capital*, Livro I, cit., p. 142].

social"³⁵, com a forma natural específica de uma determinada mercadoria (historicamente, tem sido o ouro e, em menor escala, a prata). Assim, essa mercadoria se torna a "mercadoria dinheiro". A referência ao "hábito social" deixa evidente que, com a forma-dinheiro, encontramo-nos no nível da ação dos proprietários de mercadorias, ainda que estes não tenham sido discutidos até agora. Por ora, a análise estava centrada na *forma de mercadoria* do produto do trabalho e nas *relações de troca de mercadorias*, mas não nos *atos de troca dos proprietários de mercadorias*.

3.6. Dinheiro e processo de troca (ações dos proprietários de mercadorias)

Marx só trata explicitamente dos proprietários de mercadorias e suas ações no segundo capítulo de *O capital*. Enquanto tal, as pessoas são apenas representantes das mercadorias; por isso, estas últimas foram analisadas primeiro.

Se considerarmos apenas a relação de troca de mercadorias, então cada uma vale efetivamente como manifestação do valor de qualquer outra pela qual possa ser trocada. Mas o proprietário não está interessado nesse tipo de troca. Ele quer algo específico: sua mercadoria não é um valor de uso, e sua troca deve lhe proporcionar o valor de uso de que necessita. Portanto, ele gostaria de tratar sua própria mercadoria como um equivalente geral, capaz de ser *imediatamente trocada* por todas as outras mercadorias. Mas como todo proprietário de mercadoria deseja a mesma coisa, nenhuma mercadoria é capaz de exercer o papel de equivalente geral, razão pela qual todos os envolvidos aparentemente se deparam com um problema insolúvel. Marx resume a solução *fática* desse problema de forma bastante incisiva:

> Em sua perplexidade, nossos possuidores de mercadorias pensam como Fausto. Era no início a ação. Por isso, eles já agiram antes mesmo de terem pensado. As leis da natureza das mercadorias atuam no instituto natural de seus possuidores, os quais só podem relacionar suas mercadorias umas com as outras como valores e, desse modo, como mercadorias na medida em que as relacionam antagonicamente com outra mercadoria qualquer como equivalente universal. Esse é o resultado da análise da mercadoria [ou seja, a análise formal realizada por Marx no primeiro capítulo, objeto da seção anterior – M. H.]. *Mas somente a ação social pode fazer*

---

³⁵ MEW, 23, p. 84 [ed. bras.: *O capital*, Livro I, cit., p. 145].

de uma mercadoria determinada um equivalente universal. A ação social de todas as outras mercadorias exclui uma mercadoria determinada, na qual todas elas expressam universalmente seu valor. Assim, a forma natural dessa mercadoria se converte em forma de equivalente socialmente válida. Ser equivalente universal torna-se, por meio do processo social, a função especificamente social da mercadoria excluída. E assim ela se torna – dinheiro.[36]

A análise da mercadoria demonstrou a necessidade da *forma* de valor universal. Para as coisas se comportarem como *mercadorias* – isto é, para se referirem umas às outras como valores –, os proprietários *devem* relacionar suas mercadorias a um equivalente universal. Isso é alcançado pela "ação social" dos agentes, até chegarmos ao "dinheiro" efetivo.

As pessoas envolvidas na troca são "livres" em suas ações, mas, *enquanto proprietários de mercadorias*, devem seguir as "leis da natureza impostas pelas mercadorias". Por isso, Marx observou no prefácio de *O capital* que os indivíduos só entram em cena enquanto "personificação de categorias econômicas"[37]. Se a análise tem início com a ação e a consciência dos proprietários de mercadorias, então o contexto social – cujo sentido precisa ser explicado – já está desde logo presumido. Essa é a razão pela qual a apresentação marxiana vale-se da distinção entre as *determinações formais da mercadoria* e as *ações dos proprietários de mercadorias*. Uma vez que as formas constituem não apenas o pressuposto das representações dos sujeitos, mas são reproduzidas pelas ações destes, elas são apresentadas primeiramente (ver seção 3.2).

Embora o dinheiro realmente existente seja resultado das ações dos proprietários de mercadorias, ele não se baseia em um "contrato tácito", como acreditava John Locke, um dos mais importantes filósofos do início da era burguesa. O dinheiro também não é introduzido a partir de uma deliberação consciente, tal qual presumido pelos economistas que o compreendem como elemento simplificador da troca. Os proprietários de mercadorias, enfatiza Marx, "já agiram antes mesmo de terem pensado": suas ações *tinham* de produzir o dinheiro como resultado – caso contrário, as mercadorias não poderiam ser relacionadas umas às outras como valores[38].

---

[36] MEW, 23, p. 101, destaque meu [ed. bras.: *O capital*, Livro I, cit., p. 161].

[37] MEW, 23, p. 16 [ed. bras.: *O capital*, Livro I, cit., p. 80].

[38] Somente *após* o dinheiro ter sido desenvolvido como um resultado necessário (embora inconsciente) das ações dos proprietários de mercadorias é que podemos compreender o processo

Portanto, o dinheiro não é apenas um meio auxiliar para simplificar a troca (nível prático) ou um mero apêndice da teoria do valor (nível teórico). A teoria do valor de Marx é, fundamentalmente, uma *teoria monetária do valor*: sem a forma de valor, as mercadorias não podem ser relacionadas umas às outras como valores; e somente a forma-dinheiro constitui a forma adequada do valor. As interpretações "substancialistas" do valor, ao procurarem estabelecer a existência do valor em coisas individuais, são *teorias pré-monetárias do valor*. Não por acaso, elas tentam desenvolver o valor sem referência ao dinheiro. Tanto a teoria do valor-trabalho da economia política clássica quanto a teoria da utilidade marginal da economia neoclássica são teorias pré-monetárias do valor. O mesmo deve ser dito sobre a teoria "marxista" usual, para quem o valor já está determinado de modo definitivo pelo "tempo de trabalho socialmente necessário"[39].

3.7. Funções do dinheiro, mercadoria-dinheiro e o sistema monetário moderno

Marx distingue três funções fundamentais do dinheiro a partir da "circulação simples" de mercadorias. Mas se considerarmos o processo total de produção e reprodução capitalista, outras funções são acrescentadas (ver capítulo 8).

A *primeira* consiste em ser a *medida* geral *de valor* das mercadorias, de tal modo que o valor de qualquer uma delas é expresso por uma certa quantidade de dinheiro. As mercadorias são valores como "cristais" de sua substância comum – o trabalho abstrato. Portanto, não é o dinheiro que torna as mercadorias comensuráveis, mas a referência comum ao trabalho abstrato. Daí a afirmação de Marx: "O dinheiro, como medida de valor, é a forma necessária de manifestação da medida imanente de valor das mercadorias: o tempo de trabalho"[40].

Mas isso levanta imediatamente a questão de por que o valor não pode ser mensurado em tempo de trabalho, ou por que o dinheiro não representa diretamente o tempo de trabalho. Marx aborda essa questão apenas brevemente

---

histórico que o produziu: por isso o desenvolvimento categorial de Marx é seguido de um breve esboço abstrato da formação histórica do dinheiro (MEW, 23, p. 102-4) [ed. bras.: *O capital*, Livro I, cit., p. 162-4].

[39] Foi sobretudo Hans-Georg Backhaus – nos textos da década de 1970 – quem enfatizou o caráter "monetário" da teoria marxiana do valor e, assim, influenciou de modo decisivo a já mencionada "nova leitura de Marx" (ver seção 1.3).

[40] MEW, 23, p. 109 [ed. bras.: *O capital*, Livro I, cit., p. 169].

em uma nota de rodapé em *O capital**, referindo-se à sua obra anterior, *Para a crítica da economia política*, de 1859:

> No plano imediato, as mercadorias são produtos de trabalhadores privados individuais e independentes, que ainda precisam comprovar-se como trabalho social geral mediante sua alienação no processo da troca privada, ou então, o trabalho baseado na produção de mercadoria só se torna trabalho *social mediante a alienação universal dos trabalhos individuais*.[41]

O que pode ser medido com o relógio é apenas o trabalho privado despendido antes da troca. Como vimos, somente na troca é possível determinar quanto desse trabalho gasto foi realmente formador de valor e, consequentemente, vale como parte do tempo de trabalho social. O valor (ou a quantidade de trabalho abstrato) não pode ser medido *antes*, mas somente *na* troca. Uma vez que os valores de *todas* as mercadorias devem se relacionar uns com os outros, então essa medição só pode ser realizada por meio do dinheiro. Por isso Marx o descreve como forma de manifestação "necessária" da medida imanente do valor: o tempo de trabalho formador de valor *não* pode ser medido *de nenhum outro modo*, exceto pelo dinheiro[42].

A expressão do valor de uma mercadoria em dinheiro é seu *preço*. Para indicar o preço de uma mercadoria, deve estar claro o que funciona como dinheiro (ouro, prata, uma nota de papel etc.). Este, no entanto, não precisa estar presente em termos reais (junto da mercadoria): o dinheiro serve aqui apenas como "dinheiro representado ou ideal"[43].

---

* Heinrich se refere à primeira nota de rodapé do terceiro capítulo do Livro I: "A questão de por que o dinheiro não representa imediatamente o próprio tempo de trabalho, de modo que, por exemplo, uma cédula de dinheiro represente x horas de trabalho, desemboca muito simplesmente na questão de por que, na base da produção de mercadorias, os produtos do trabalho têm de se expressar como mercadorias, pois a representação das mercadorias inclui sua duplicação em mercadoria e mercadoria-dinheiro. Ou na questão de por que o trabalho privado não pode ser tratado como seu contrário, como trabalho imediatamente social. Ocupei-me detalhadamente do utopismo superficial de um 'dinheiro-trabalho' [*Arbeitsgeld*] em outro lugar" (MEW, 23, p. 109, n. 50; ed. bras.: *O capital*, Livro I, cit., n. 50, p. 169). (N. T.)

[41] MEW, 13, p. 67, destaque meu [ed. bras.: *Para a crítica da economia política*, trad. Nélio Schneider, São Paulo, Boitempo, 2024, p. 82].

[42] Essa é a razão pela qual em *Para a crítica* também se designa o dinheiro como "existência imediata" do trabalho abstrato (MEW, 13, p. 42) [ed. bras.: *Para a crítica da economia política*, cit., p. 95].

[43] MEW, 23, p. 111 [ed. bras.: *O capital*, Livro I, cit., p. 171].

A grandeza de valor da mercadoria é expressa em seu preço – e essa é também a *única* maneira pela qual isso pode acontecer. Se a grandeza de valor muda, se o trabalho individualmente despendido está em uma nova relação com o trabalho social total, então o preço dessa mercadoria também mudará. O inverso, porém, não é verdadeiro: nem todo preço é expressão de uma grandeza de valor, e nem toda alteração no preço indica uma mudança na grandeza de valor.

Isso ocorre porque objetos "sem valor" – que não são produto do "trabalho abstrato" – também possuem um preço: desde aqueles economicamente irrelevantes (por exemplo, o preço de um título de nobreza) até os muito relevantes (por exemplo, o preço de uma opção de compra de ações, que é o preço do direito de comprar uma ação sob certas condições).

A mudança no preço de uma mercadoria *individual* pode sugerir alteração em sua grandeza de valor, mas também pode indicar tão somente circunstâncias (des)favoráveis – movimentos momentâneos na oferta e na demanda – sob as quais a mercadoria é vendida. Por fim, a modificação simultânea no preço de *todas* as mercadorias, ou seja, uma transformação no *nível de preços*, geralmente não está relacionada com a grandeza de valor, mas com o valor do dinheiro: sua desvalorização se reflete no aumento geral dos preços (*inflação*), enquanto seu aumento implica uma queda generalizada desses mesmos preços (*deflação*).

Nas próximas páginas, partiremos da premissa de que as mercadorias são vendidas "pelo seu valor". Isso significa, de um lado, considerar os preços das mercadorias enquanto expressão adequada dos valores e, de outro, desconsiderar as flutuações momentâneas. Ainda assim, na seção 7.2 veremos que, em condições capitalistas normais, as mercadorias não são trocadas por seus valores, ou seja, os preços normais não são apenas uma expressão das magnitudes de valor das mercadorias.

Dito isso, a *segunda função* do dinheiro é ser meio de circulação, mediando a troca efetiva de mercadorias: o proprietário da mercadoria A (um tecelão que produz linho), cuja mercadoria não representa um valor de uso para ele, quer transformá-la na mercadoria B (uma cadeira), cujo valor de uso é de seu interesse. Ele vende o linho por vinte euros e depois compra uma cadeira pelo mesmo montante. Marx descreve esse processo como a "metamorfose da mercadoria" (para o tecelão, o linho foi transformado em uma cadeira).

O *conteúdo material* dessa metamorfose consiste na substituição de um valor de uso por outro, algo que Marx também chama de "metabolismo social".

Note-se que o *resultado* é igual ao da troca simples de linho pela cadeira. No entanto, e isso é fundamental, a *forma* do processo é completamente diferente, pois a metamorfose da mercadoria é mediada pelo dinheiro. O processo tem a forma mercadoria-dinheiro-mercadoria (M-D-M) ou, concretamente, do ponto de vista do tecelão, linho-dinheiro-cadeira.

O que, para o tecelão, é o primeiro ato do processo – M-D, a transformação do linho em dinheiro –, para o possuidor do dinheiro que compra o linho é a conclusão da metamorfose de sua mercadoria original. A compra da cadeira se apresenta ao primeiro como conclusão da metamorfose de sua mercadoria. Em contrapartida, para o carpinteiro que vende a cadeira é o início da metamorfose da mercadoria. Assim, as metamorfoses das mercadorias se entrelaçam continuamente (sem chegar a um termo final): em sua totalidade, formam a *circulação de mercadorias*. Já a troca simples de produtos – valor de uso por valor de uso – esgota-se na relação individual entre dois proprietários. Tais processos são, portanto, essencialmente diferentes.

Na circulação de mercadorias (em contraste com a mera troca de produtos), os atos individuais estão entrelaçados pelo dinheiro, o que, por sua vez, significa que a posição do dinheiro pressupõe a possibilidade de interrupção de tal conexão. Voltemos ao exemplo anterior: se o tecelão vende sua mercadoria, mas fica com o dinheiro sem comprar nada, interrompe-se a metamorfose entre o linho e a cadeira. A mediação do metabolismo social pelo dinheiro, portanto, sempre contém a possibilidade de sua interrupção e, portanto, de *crise*. No entanto, a passagem da mera *possibilidade* para a *efetividade* depende de outras circunstâncias (ver capítulo 9).

A metamorfose da mercadoria (M-D-M) começa com uma e termina com outra, de igual valor, mas de valor de uso distinto. A mercadoria parte de um determinado proprietário e retorna a ele sob outra figura. Nesse sentido, ela faz parte de um *ciclo*, no qual o dinheiro atua como mediador e proporciona a *circulação*: no primeiro ato (M-D), o proprietário recebe dinheiro, mas apenas para gastá-lo novamente (em circunstâncias normais de circulação de mercadorias) e completar o ato subsequente (D-M). Nessa função, o dinheiro permanece constantemente dentro da esfera de circulação. No entanto, como ele viabiliza que os proprietários interessados nas mercadorias possam comprá-las, o *dinheiro simbólico* torna-se suficiente: como mero meio de circulação, o dinheiro pode ser substituído por "símbolos de valor" sem valor (como as notas de papel).

Somente em sua *terceira função* o dinheiro funciona como *efetivo*. Como *medida de valor*, o dinheiro não precisa existir, sendo suficiente o dinheiro ideal. Em seu papel de *meio de circulação*, apesar da necessidade de sua existência real, basta o dinheiro simbólico. Apenas como unidade de medida de valor e meio de circulação o dinheiro é efetivamente *dinheiro*, isto é, uma *figura independente de valor* que, por sua vez, inclui uma série de novas determinações.

Enquanto as mercadorias individuais, em sua existência material, constituem certo valor de uso e seu valor só pode ser representado nelas mesmas, o dinheiro efetivo é "o ser material da riqueza abstrata"[44]. Qualquer objeto que funcione como dinheiro é tomado por algo de valor em sua existência imediata. Assim, é possível tanto trocá-lo por uma mercadoria em algum momento quanto transformá-lo em um determinado valor de uso. O dinheiro efetivo é, portanto, "o representante tangível da riqueza material"[45] e, como figura *independente* de valor, passa a ter funções muito específicas: tesouro, meio de pagamento e dinheiro mundial.

Como *tesouro*, o dinheiro é retirado da circulação. Deixa de mediar a circulação de mercadorias e passa a existir na forma independente de valor fora dessa esfera. Para formar tesouro, o dinheiro é vendido sem que ocorra compra subsequente. Nesse caso, o objetivo da venda é reter dinheiro como forma independente de valor. Para não ter de adiar suas compras até vender sua própria mercadoria (ou para evitar o fracasso dessa venda), todo produtor de mercadorias depende de um tesouro em maior ou menor escala.

Em sua função de *meio de pagamento*, o dinheiro também aparece enquanto forma independente de valor. Se a compra de uma mercadoria não for paga imediatamente, mas apenas mais tarde, então o comprador é transformado em devedor e o vendedor em credor. O dinheiro não opera tal qual meio de circulação, isto é, *mediando* a compra, mas como um meio de pagamento que finaliza uma compra *já ocorrida*[46]. Se o dinheiro for usado como meio de cir-

---

[44] MEW, 13, p. 102 [ed. bras.: *Para a crítica da economia política*, cit., p. 115. Na tradução citada "*das materielle Dasein des abstrakten Reichtums*" aparece como "existência material da riqueza abstrata"].

[45] MEW, 13, p. 103 [ed. bras.: *Para a crítica da economia política*, cit., p. 116. Na tradução citada "*der materielle Repräsentant des stofflichen Reichtums*" aparece como "representante material da riqueza material"].

[46] O termo "meio de pagamento" só é usado por Marx nesse sentido. No uso cotidiano, bem como na economia, o dinheiro utilizado para pagar uma compra é igualmente chamado de meio de pagamento, seja pago imediatamente ou mais tarde.

culação, o proprietário da mercadoria se envolve inicialmente em um ato de venda (M-D) para então realizar uma compra (D-M). Mas caso o dinheiro seja utilizado como meio de pagamento, então a sequência é invertida: após realizar uma compra, o proprietário da mercadoria efetua a venda para, assim, obter o dinheiro para cumprir suas obrigações de pagamento. A obtenção de dinheiro como forma independente de valor se torna, agora, a finalidade da venda.

Por fim, o dinheiro *mundial* atua no mercado global. Lá ele pode ser de novo usado como meio de circulação para mediar compras ou meio de pagamento para finalizá-las. Além disso, nos casos nos quais é utilizado para transferir riquezas de um país para outro (por exemplo, após uma guerra) – e não para venda ou compra de mercadorias –, o dinheiro aparece como "materialidade absolutamente social da riqueza"[47].

Em *O capital*, Marx supôs que o dinheiro sempre estaria vinculado a uma mercadoria específica. Naquela época, o ouro desempenhava o papel dessa "mercadoria-dinheiro". Mesmo assim, quase nenhuma moeda de ouro circulava em transações cotidianas. Quantias menores eram pagas em moedas de prata e cobre, enquanto as maiores eram pagas em "cédulas". Estas eram originalmente emitidas por bancos particulares, que prometiam resgatá-las em ouro. Com o passar do tempo, as cédulas passaram a ser emitidas somente por um banco central, que também previa o resgate. Como regra geral, os bancos centrais de cada país não podiam emitir quantas cédulas quisessem, era necessária uma reserva de ouro em garantia. Embora quase não houvesse ouro em circulação, o papel-moeda era seu *representante*.

Ao final da Segunda Guerra Mundial, foi acordado em Bretton Woods (Estados Unidos) um novo sistema monetário internacional, cuja base ainda era o ouro. Entretanto, apenas o dólar estadunidense era nele lastreado: 35 dólares equivaliam a uma onça de ouro. As demais moedas deveriam ter uma taxa fixa de câmbio em relação ao dólar. A obrigação de resgatá-lo em ouro não se aplicava, porém, a pessoas físicas, mas aos bancos centrais e, desde o fim dos anos 1960, ficou claro que a quantidade maciça de dólares em circulação tornava o amálgama dólar-ouro uma ficção. No início da década de 1970, o padrão ouro e as taxas fixas de câmbio foram formalmente abolidas.

Desde então, não há mais mercadoria que desempenhe o papel de mercadoria-dinheiro em nível nacional ou internacional. O dinheiro agora é o

---

[47] MEW, 23, p. 158 [ed. bras.: *O capital*, Livro I, cit., p. 217].

papel-moeda emitido por bancos centrais, sem previsão de resgate. É claro que ainda é possível comprar ouro, mas este passou a ser uma mercadoria como a prata ou o ferro, não desempenhando mais – seja jurídica, seja factualmente – o papel específico de mercadoria-dinheiro.

Embora o próprio Marx não conseguisse imaginar um sistema monetário capitalista sem a mercadoria-dinheiro, isso não é, em hipótese alguma, uma consequência necessária de seu estudo da mercadoria e do dinheiro. No âmbito da análise da forma de valor, ele desenvolveu inicialmente as *determinações formais* do equivalente geral para então demonstrar, no processo de troca, a necessidade de os proprietários de mercadorias o adotarem. Entretanto, que tal equivalente deveria ser necessariamente uma mercadoria não é provado por Marx, apenas presumido. Aquilo que serve como equivalente geral (seja uma mercadoria física real, seja o papel-moeda) não pode ser determinado no nível da circulação simples[48]. Somente quando analisarmos o sistema de crédito capitalista (ver seção 8.2) ficará claro que a existência da mercadoria-dinheiro constitui apenas um estado de coisas transitório que não corresponde ao "modo de produção capitalista em sua média ideal" que Marx pretendia analisar (ver seção 2.1).

3.8. O segredo do fetichismo da mercadoria e do dinheiro

A última seção do primeiro capítulo de *O capital* é intitulada "O caráter fetichista da mercadoria e seu segredo". Apesar de amplamente mencionado, nem sempre aquilo que se fala sobre o "fetiche da mercadoria" está de acordo com a abordagem marxiana. Com tal expressão, Marx não se refere à importância primordial do consumo no capitalismo nem ao "fetiche" que se teria por adquirir determinadas mercadorias. Também não se trata de uma questão de fetichismo das marcas. Ora, qual o "segredo" a ser decifrado por trás da posse de mercadorias chiques que são símbolo de *status*? Nenhum.

O fetiche da mercadoria é frequentemente caracterizado como a situação na qual as relações sociais entre pessoas aparecem como relações entre coisas (as trocas entre sujeitos aparecem como relações de valor dos produtos trocados), de tal modo que as relações sociais primeiras parecem se tornar propriedades objetivas. Mas se fosse só isso, então o fetichismo seria um mero erro: as pessoas atribuem propriedades falsas ao produto de seu trabalho e não veem

---

[48] Para uma análise mais ampla, ver Michael Heinrich, *Die Wissenschaft vom Wert*, cit., p. 233 e seg.

que, "na realidade", por trás das relações entre coisas existem relações entre pessoas. O fetichismo seria, assim, uma forma de "falsa consciência", um disfarce das "relações reais"[49], que também teria de desaparecer com o esclarecimento das condições sociais. Mas essa concepção reducionista ignora pontos fundamentais da investigação de Marx. Uma compreensão mais adequada dessa temática deve atentar para o seguinte[50]:

a) Em primeiro lugar, é preciso perguntar onde reside o "segredo" cujo sentido Marx procura decifrar. Ele diz inicialmente: "Uma mercadoria parece ser, à primeira vista, uma coisa óbvia, trivial. *Sua análise* demonstra que ela é um objeto amaldiçoado, pleno de sutilezas metafísicas e melindres teológicos"[51].

A mercadoria constitui, assim, um objeto "amaldiçoado" não para a percepção cotidiana, mas como resultado da análise (realizada até agora). Por exemplo, uma mesa é "uma coisa sensível e banal. Mas tão logo aparece como mercadoria, ela se transforma numa coisa *sensível-suprassensível*"[52]. Em nosso cotidiano, a mesa é compreendida como algo que possui um certo valor de uso. Como mercadoria, ela também tem um valor específico. Nenhuma dessas

---

[49] O conceito de "ideologia", que Marx usa raramente em *O capital*, é frequentemente entendido como uma "falsa consciência", à qual o fetichismo também pertenceria. Uma discussão crítica da relação entre ideologia e fetichismo pode ser encontrada em Dimitri Dimoulis e John Milios, "Werttheorie, Ideologie und Fetischismus", em *Beiträge zur Marx-Engels-Forschung*, Hamburgo, Neue Folge, 1999, p. 12-56.

[50] Na seção 1.3 foi mencionado que o jovem Marx entendia o capitalismo como a "alienação" da "essência humana". Não por acaso, a análise do fetiche da mercadoria foi entendida por alguns autores como uma continuação dessa teoria da alienação. Entretanto, uma leitura mais rigorosa constatará que em nenhum momento Marx associa o fetiche da mercadoria a qualquer "essência humana".

[51] MEW, 23, p. 86, destaque meu [ed. bras.: *O capital*, Livro I, cit., p. 146. Na tradução citada, o primeiro período da segunda frase aparece assim: "Sua análise resulta em que ela é uma coisa muito intricada [...]". Escolhi traduzir "*vertracktes Ding*" por "objeto amaldiçoado" por dois motivos: (i) de modo geral, além de "intricado", que remete à complexidade, a palavra alemã também possui o sentido, igualmente usual, de "disforme". Mas há ainda uma terceira opção: na segunda parte do *Fausto*, Goethe vale-se do termo justamente na cena "Noite de Valpúrgis clássica", momento no qual Mefistófeles dialoga com as Lâmias. O ambiente, aqui, é todo dominado pela fantasmagoria – tal como na seção sobre o "segredo" da mercadoria – e, não por acaso, atua como lastro para um terceiro sentido de "*vertrackt*": "amaldiçoado", "diabólico"; (ii) a escolha por "amaldiçoado" deve-se também à própria mercadoria, verdadeiro objeto a ser analisado. Esse sentido já está pressuposto logo na primeira frase de *O capital*: a "enorme coleção de mercadorias" (*ungeheure Warensammlung*), autocitação de Marx, também poderia ser traduzida como a "monstruosa coleção de mercadorias"].

[52] MEW, 23, p. 86, destaque meu [ed. bras.: *O capital*, Livro I, cit., p. 146].

coisas é misteriosa para a consciência espontânea do dia a dia. Que a grandeza do valor dependa da quantidade de tempo de trabalho despendido pode até ser aceito ou contestado, mas isso não é de forma alguma misterioso. O caráter "sensível-suprassensível" da mercadoria só fica claro com a análise: ela mostra que a objetividade de valor da mercadoria não pode ser apreendida em si mesma (nesse aspecto, ela é "suprassensível", ou seja, uma "objetividade espectral"), mas apenas em outra mercadoria, que, por sua vez, é considerada enquanto incorporação direta do valor. Igualmente elusivo se mostrou o trabalho abstrato, a substância do valor. Com isso, a análise trouxe à tona todos os tipos de resultados desconcertantes.

b) Marx, então, pergunta: "De onde surge, portanto, o caráter enigmático do produto do trabalho, assim que ele assume a forma-mercadoria?"[53] e formula como resposta:

> Evidentemente, ele surge dessa própria forma. A igualdade dos trabalhos humanos assume a forma material da igual objetividade de valor dos produtos do trabalho; a medida do dispêndio de força humana de trabalho por meio de sua duração assume a forma da grandeza de valor dos produtos do trabalho; finalmente, as relações entre os produtores, nas quais se efetivam aquelas determinações sociais de seu trabalho, assumem a forma de uma relação social entre os produtos do trabalho.
>
> O caráter misterioso da forma-mercadoria consiste, portanto, simplesmente no fato de que ela reflete aos homens os caracteres sociais de seu próprio trabalho como caracteres objetivos dos próprios produtos do trabalho, como propriedades sociais que são naturais a essas coisas.[54]

Em qualquer produção social baseada na divisão do trabalho, as pessoas se relacionam umas com as outras a partir de determinadas relações sociais. Na produção de mercadorias, essa *relação entre pessoas* aparece como uma *relação entre coisas*; não são seres humanos, mas mercadorias que se relacionam. Suas relações sociais aparecem, portanto, para os indivíduos como "propriedades sociais que são naturais a essas coisas". O que se quer dizer com isso é explicado pela análise marxiana do valor: por um lado, está claro que o "valor" não é uma propriedade natural das coisas, tais como peso ou cor, mas parece

---

[53] MEW, 23, p. 86 [ed. bras.: *O capital*, Livro I, cit., p. 147].
[54] MEW, 23, p. 86, destaque meu [ed. bras.: *O capital*, Livro I, cit., p. 147].

(para aqueles que vivem na sociedade produtora de mercadorias) que as coisas possuem *automaticamente* "valor" no contexto *social* e, portanto, seguem invariavelmente suas próprias leis materiais, às quais as pessoas só podem se subordinar. Sob as condições do modo de produção capitalista realiza-se uma automatização para a qual Marx só encontra paralelo na "região nebulosa do mundo religioso"[55]: neste, são os produtos do cérebro humano que se tornam independentes, ao passo que no mundo das mercadorias são "os produtos da mão humana"[56]. "A isso eu chamo de fetichismo, que se cola aos produtos do trabalho tão logo eles são produzidos como mercadorias e que, por isso, é inseparável da produção de mercadorias"[57].

c) Se o fetichismo efetivamente "se cola" às mercadorias, então ele não se restringe à falsa consciência – ele deve expressar um estado de coisas real. E, de fato, sob as condições de produção de mercadorias, os produtores não se relacionam entre si de modo *imediatamente social*. Eles entram em contato primeiramente durante a troca, ou seja, por meio dos produtos do seu trabalho. Que suas relações sociais apareçam como propriedades das coisas não constitui, portanto, uma ilusão. Para os indivíduos que trocam, escreve Marx, "*as relações sociais entre seus trabalhos privados aparecem como aquilo que elas são*, isto é, não como relações diretamente sociais entre pessoas em seus próprios trabalhos, mas como relações coisificadas entre pessoas e relações sociais entre coisas"[58].

Consequentemente, não é um erro que as coisas tenham propriedades sociais no capitalismo. O que é errado é atribuir isso a *qualquer* contexto social, *automaticamente*. O fetichismo não consiste em considerar os produtos do trabalho objetos de valor – na sociedade burguesa, esses produtos, ao serem trocados, efetivamente possuem objetividade de valor –, mas no fato da objetividade ser uma "necessidade natural tão evidente"[59].

d) O que interessa e deve interessar aos produtores de mercadorias, antes de tudo, é o valor dessas mercadorias. Ele é a expressão tangível de uma *socialidade que as pessoas produzem, mas não compreendem*.

---

[55] MEW, 23, p. 86 [ed. bras.: *O capital*, Livro I, cit., p. 148].
[56] MEW, 23, p. 86 [ed. bras.: O capital, Livro I, cit., p. 148].
[57] MEW, 23, p. 87 [ed. bras.: *O capital*, Livro I, cit., p. 148].
[58] MEW, 23, p. 87, destaque meu [ed. bras.: *O capital*, Livro I, cit., p. 148. Na tradução citada, *sachlich Verhältnisse* aparece como "relações reificadas"].
[59] MEW, 23, p. 95-6 [ed. bras.: *O capital*, Livro I, cit., p. 156].

Portanto, os homens não relacionam entre si seus produtos do trabalho como valores por considerarem essas coisas meros invólucros materiais de trabalho humano de mesmo tipo. Ao contrário. Porque equiparam entre si seus produtos de diferentes tipos na troca, como valores, eles equiparam entre si seus diferentes trabalhos como trabalho humano. *Eles não sabem disso, mas o fazem.*[60]

O contexto social dos produtores de mercadorias *não* é posto pela consciência do amálgama existente entre valor e trabalho, mas independentemente dela. Assim, seria completamente errado entender a teoria do valor de Marx a partir do pressuposto de que as pessoas trocam suas mercadorias de acordo com seus valores *porque* sabem quanto trabalho está contido em cada produto. A intenção de Marx é mostrar que as pessoas agem *sem* consciência das condições de sua ação.

e) O fetiche produzido inconscientemente não apenas é falsa consciência, mas também possui força material. A informação acerca do reconhecimento (e em qual grau) do meu trabalho individual enquanto componente do trabalho social total não é dada pela sociedade, mas pelo valor da minha mercadoria na troca. E minha prosperidade ou infortúnio dependem exatamente disso. Mas as grandezas de valor das mercadorias "variam constantemente, independentemente da vontade, da previsão e da ação daqueles que realizam a troca. *Seu próprio movimento social possui, para eles, a forma de um movimento de coisas, sob cujo controle [eles] se encontram, em vez de eles as controlarem*"[61].

Os valores das mercadorias expressam uma socialidade avassaladora que não pode ser controlada pelo indivíduo. Nessa sociedade, as pessoas (todas elas!) estão efetivamente sob o controle das coisas: as relações decisivas de dominação não são pessoais, mas "objetivas". No entanto, essa dominação objetiva – a sujeição à "coerção das coisas" – não existe porque as próprias coisas possuem propriedades específicas que engendram tal dominação, ou porque a atividade social exija forçosamente tal mediação coisal, mas apenas porque *as pessoas se relacionam com as coisas de uma maneira específica – como mercadorias*.

f) O fato de essa dominação objetiva e a objetivação das relações sociais em propriedades das coisas serem resultado de um comportamento específico dos seres humanos não é transparente para a consciência cotidiana. Para esta, as

---

[60] MEW, 23, p. 88, destaque meu [ed. bras.: *O capital*, Livro I, cit., p. 149].
[61] MEW, 23, p. 89, destaque meu [ed. bras.: *O capital*, Livro I, cit., p. 150].

"formas que rotulam os produtos do trabalho como mercadorias [...] possuem a solidez de *formas naturais da vida social*"[62]. Isso significa que não apenas a consciência cotidiana, mas também a economia política clássica (e a neoclássica) permanecem presas a essas formas. Ainda assim, esse viés não é um erro subjetivo de economistas individuais. Marx enfatiza que ele tem como fundamento determinada objetividade:

> são justamente essas formas que constituem as categorias da economia burguesa. Trata-se de *formas de pensamento socialmente válidas e, portanto, dotadas de objetividade* para as relações de produção desse modo social de produção historicamente determinado, a produção de mercadorias.[63]

Os economistas consideram essas "formas objetivas de pensamento" de modo acrítico: são compreendidas como um *objeto dado, imediato,* da economia política. Com isso fica claro o que Marx quis dizer com a "crítica pela apresentação" em sua carta a Lassalle (ver seção 2.2): *a crítica das categorias burguesas* não é um assunto teórico-científico abstrato, isto é, ela não pode ser separada da *apresentação das relações de produção*.

Note-se que as várias escolas da economia política não discutem as *determinações formais* de seu objeto de estudo, mas apenas seu *conteúdo*. Contra isso, Marx oferece uma crítica dos fundamentos da economia burguesa, isto é, uma crítica de suas formas sempre já *pressupostas*:

> É verdade que a economia política analisou, mesmo que incompletamente, o valor e a grandeza de valor e revelou o conteúdo que se esconde nessas formas. Mas ela jamais sequer colocou a seguinte questão: por que esse conteúdo assume aquela forma, e por que, portanto, o trabalho se representa no valor e a medida do trabalho, por meio de sua duração temporal, na grandeza de valor do produto do trabalho?[64]

Nem a consciência espontânea nem a economia política conseguem compreender que a objetividade do valor é resultado de uma ação humana específica, que as coisas só se tornam mercadorias e, portanto, objetos de valor, porque nós nos relacionamos com elas como mercadorias (nós as produzimos

---

[62] MEW, 23, p. 89-90, destaque meu [ed. bras.: *O capital*, Livro I, cit., p. 150].
[63] MEW, 23, p. 90, destaque meu [ed. bras.: *O capital*, Livro I, cit., p. 151].
[64] MEW, 23, p. 94-5, destaque meu [ed. bras.: *O capital*, Livro I, cit., p. 154-5].

privadamente para a troca). Ambas veem na forma de mercadoria uma "propriedade social natural dos produtos". Nesse aspecto, não apenas a consciência cotidiana, mas também a ciência econômica permanece aprisionada ao fetichismo. Sua investigação e análise fornecem a base para uma crítica da consciência e da ciência. Mas não só. Marx também deixa claro que as relações sociais não precisam ser como são: a dominação do valor sobre as pessoas não é uma lei natural da sociedade, mas o resultado de um comportamento humano específico, algo que pode – ao menos em princípio – ser alterado. Daí a possibilidade de se conceber uma sociedade sem mercadorias e dinheiro.

g) O fetichismo não se limita à mercadoria. Ele também se cola ao dinheiro. Enquanto figura *independente* do valor, o dinheiro possui uma forma de valor especial: ele é o único a ocupar a forma de equivalente geral, ao passo que todas as outras mercadorias estão excluídas dessa condição. A mercadoria especial (ou também o pedaço de papel) que funciona como dinheiro só pode operar desse modo *porque* todas as outras mercadorias se relacionam com ela como dinheiro. A forma-dinheiro, no entanto, aparece como uma "propriedade social natural" dessa mercadoria.

> Uma mercadoria não parece se tornar dinheiro porque todas as outras mercadorias representam nela seus valores, mas, ao contrário, estas é que parecem expressar nela seus valores pelo fato de ela ser dinheiro. *O movimento mediador desaparece em seu próprio resultado e não deixa qualquer rastro*. Sem qualquer intervenção sua, as mercadorias encontram sua própria figura de valor já pronta no corpo de uma mercadoria existente fora e ao lado delas.[65]

Acontece com o dinheiro o mesmo que acontece com a mercadoria: o dinheiro só possui suas propriedades específicas por causa de determinado comportamento dos proprietários das mercadorias. Entretanto, essa mediação deixa de ser visível, ela "desaparece". Consequentemente, parece que o dinheiro possui essas propriedades em si mesmo: independentemente de ser mercadoria ou papel, uma relação social aparece como a propriedade objetiva de uma coisa[66].

---

[65] MEW, 23, p. 107, destaque meu [ed. bras.: *O capital*, Livro I, cit., p. 167].
[66] A esse respeito, é indiferente a suposição – como no chamado "metalismo" – de que os metais nobres, tais como o ouro e a prata, teriam propriedades monetárias por natureza ou se – como na teoria monetária "nominalista" – o portador concreto da função monetária é concebido como o resultado de um acordo social ou de uma determinação estatal. Em ambos os casos, a existência do dinheiro parece ser uma necessidade social natural. O fato de que atualmente exista um

E, assim como no caso das mercadorias, as pessoas envolvidas nesse processo não precisam conhecer as mediações sociais para agir: "cada um pode usar o dinheiro como dinheiro sem saber o que é dinheiro"[67].

h) Em comparação com a mercadoria, a "loucura"[68] da coisificação* das relações sociais é ainda maior no caso do dinheiro. Se os produtos do trabalho se transformam em mercadorias, eles adquirem, junto com sua objetividade física enquanto valor de uso, uma objetividade de valor. Esta constitui, conforme explicado anteriormente, algo "espectral": ainda que pareça ser tão objetiva quanto o valor de uso, ela não pode ser apreendida nos objetos isolados. Mas o dinheiro vale agora como uma figura *independente* de valor. Enquanto as mercadorias são valores de uso que, *além disso*, são objetos de valor, o dinheiro é *imediatamente* uma "coisa-valor". Na primeira edição de *O capital*, Marx esclarece essa questão com um belo exemplo: "É como se ao lado e além dos leões, tigres, lebres e todos os animais efetivamente reais, que agrupados constituem as diferentes raças, espécies, subespécies, famílias etc. do reino animal, existisse também *o animal*, a encarnação individual de todo o reino animal"[69]. O fato de "o animal" andar entre os vários animais (concretos) não é apenas factualmente impossível, mas logicamente absurdo: o gênero é colocado no mesmo nível dos indivíduos a partir dos quais a abstração é derivada. Ainda assim, o dinheiro é a existência real dessa loucura.

i) Na sociedade burguesa, a consciência espontânea das pessoas está sujeita ao fetichismo das mercadorias e do dinheiro. A racionalidade de suas ações é sempre uma racionalidade *dentro da estrutura estabelecida pela produção de mercadorias*. Se as intenções dos atores (ou seja, o que eles "sabem") são tomadas como ponto de partida da análise (conforme, por exemplo, a economia neoclássica ou muitas teorias sociológicas), então o que os indivíduos "não sabem" – a estrutura pressuposta dos pensamentos e ações – é excluído previamente da análise. Com base nessa consideração pode-se criticar não apenas uma boa parte

---

sistema monetário sem mercadoria-dinheiro não significa, em hipótese alguma, que o fetichismo do dinheiro tenha desaparecido.

[67] MEW, 26.3, p. 163 [ed. bras.: *Teorias da mais-valia: história crítica do pensamento econômico*, trad. Reginaldo Sant'Anna, São Paulo, Difel, 1980-1985, v. 3, p. 1.217].

[68] MEW, 23, p. 90 [ed. bras.: *O capital*, Livro I, cit., p. 151].

* *Verdinglichung* é usualmente traduzido como "reificação". Preferi utilizar "coisificação" para fortalecer o sentido original do termo: fazer ser uma coisa. (N. T.)

[69] MEGA, II.5, p. 37, destaque no original.

dos fundamentos da economia e da sociologia burguesas, mas também uma ideia amplamente difundida do "marxismo enquanto visão de mundo": a de que existe um sujeito social (a classe trabalhadora) que, por sua posição particular na sociedade burguesa, teria capacidade *especial* de autoconsciência nas relações sociais.

Muitos representantes do marxismo tradicional dizem que é preciso "adotar o ponto de vista da classe trabalhadora" para entender o capitalismo. Com isso, ignoram o fato de que a consciência espontânea dos trabalhadores e das trabalhadoras (assim como dos capitalistas) também está presa ao fetiche da mercadoria. Nos próximos capítulos, veremos que o processo de produção capitalista produz muitas outras inversões às quais trabalhadores e capitalistas estão sujeitos. Desse modo, se não se pode falar de uma posição *privilegiada* de conhecimento ocupada pela classe trabalhadora, também não se pode afirmar que o fetichismo é, em princípio, impenetrável.

4
CAPITAL, MAIS-VALOR E EXPLORAÇÃO

4.1. Economia de mercado e capital: a "transição do dinheiro ao capital"

Nos três primeiros capítulos de *O capital*, Marx analisa as mercadorias e o dinheiro, mas sem nenhuma menção explícita ao capital. Isso levou alguns autores a interpretar tais capítulos como uma descrição – em alto nível de abstração – da "produção simples de mercadorias" pré-capitalista, na qual predominam relações entre mercadorias e dinheiro na ausência de capital ou, no máximo, em presença de um capital pouco desenvolvido. Nesse caso, supõe-se que as mercadorias seriam trocadas de acordo com seu valor(-trabalho), já que os produtores conheceriam com precisão a quantidade de trabalho gasto por eles e pelos demais parceiros da troca. O representante mais proeminente dessa leitura foi Friedrich Engels, que, alguns anos após a morte de Marx, formulou-a em seu complemento ao Livro III, influenciando muitos marxistas[1]. Ela é problemática em vários aspectos, a saber:

1) Enquanto afirmação *histórica*: embora a troca seja praticada há milhares de anos e o dinheiro em moeda exista desde pelo menos 500 a.C., as relações entre mercadoria e dinheiro nos tempos pré-capitalistas estavam sempre "incrustadas" em outras relações de produção; elas nunca foram abrangentes e, o que é ainda mais importante, a economia não era dominada por elas. Isso acontece apenas com a expansão do modo de produção capitalista.

2) Enquanto conceito *teórico*: Marx demonstra que a determinação da troca pelo valor não se baseia na estimativa consciente do tempo de trabalho gasto, isto é, aqueles

---

[1] Essa visão pertence ao repertório padrão do marxismo tradicional. Foi disseminada, por exemplo, por Ernest Mandel, que reforçou uma leitura de viés historicista de *O capital* (ver seção 2.1), presente em muitos textos introdutórios (ver, por exemplo, Ernest Mandel, *Marxistische Wirtschaftstheorie*, Frankfurt, Suhrkamp, 1968, 2 v.; e *Einführung in den Marxismus*, Colônia, Neuer ISP, 1998).

envolvidos no processo de troca não sabem o que estão fazendo nesse sentido. Por isso o nexo social se impõe "pelas costas" dos agentes (ver seção 3.8, "d" e "e").

3) Enquanto *interpretação* dos três primeiros capítulos de *O capital*: o objeto da análise marxiana – a "circulação simples" – é mal compreendido. Com essa categoria, Marx se refere à circulação de mercadorias e dinheiro como forma de interação social dominante na economia. Mas tal forma é apresentada de maneira ainda restrita, já que a existência do capital é abstraída. Independentemente disso, fica claro que a análise da "circulação simples" não tem por objeto relações pré-capitalistas, que existiram em algum momento no passado, mas relações capitalistas atuais (conforme enfatizado acima, a primeira frase de *O capital* já chama a atenção para essa delimitação). Essa análise se dá, porém, sem referência ao capital. Isso, por sua vez, não é um capricho arbitrário de Marx, tampouco uma opção didática. O fato de o capital estar abstraído expressa em si mesmo um aspecto da realidade efetiva: a circulação simples aparece "na superfície da sociedade burguesa como o imediatamente dado"[2] e, assim, a economia real parece ser constituída apenas de atos de compra e venda.

À primeira vista, tal economia parece estar dividida em três grandes setores isolados:

1) a *esfera da produção*: no respectivo nível de possibilidade tecnológica, são produzidos bens e prestados serviços;

2) a *esfera da circulação*: os bens e serviços são trocados e, em geral, não diretamente uns pelos outros, mas por dinheiro;

3) a *esfera do consumo*: os bens e serviços são consumidos, seja por indivíduos com o objetivo de satisfazer necessidades imediatas (por exemplo, alimentos, roupas etc.), seja dentro do processo produtivo enquanto meio de produção (por exemplo, máquinas ou matérias-primas) para fabricar outros bens.

Daí advém a impressão de que a esfera do consumo está relacionada somente com as necessidades dos consumidores, ao passo que à esfera da produção importaria apenas as condições técnicas. Desse modo, a circulação é tida como o âmbito propriamente econômico. Mas esse reducionismo tem consequências importantes. Se a circulação se restringe à compra e venda, ou seja, aos processos

---

[2] MEW, 42, p. 180 [ed. bras.: *Grundrisse*, trad. Mario Duayer e Nélio Schneider, São Paulo/Rio de Janeiro, Boitempo/Ed. UFRJ, 2011, p. 196].

nos quais – pelo menos em princípio – pessoas livres e iguais se defrontam, e considerando que as mercadorias trocadas têm o mesmo valor, ninguém seria enganado, roubado ou explorado. Com isso, o máximo que se poderia afirmar diante de pessoas materialmente desiguais – porque uma possui muito dinheiro e a outra, pouco ou nada – seria a existência de uma circunstância infeliz, nunca um argumento contra a "economia de mercado". Por esse motivo, as disparidades de propriedade não têm relevância teórica significativa nas diversas teorias liberais: para o processo de compra e venda e, portanto, para a economia de mercado como um todo, elas parecem ser algo tão externo quanto o adoecimento de um dos participantes da troca. O "mercado" aparece, assim, como uma instância neutra para a distribuição de bens e a satisfação das necessidades, ou seja, uma instituição eficiente (e completamente desburocratizada) para a transmissão de informações sobre o que é necessário, onde e em qual quantidade.

Para as teorias liberais, a instituição "mercado" só não funciona adequadamente se houver condições marginais desfavoráveis ou distúrbios externos, que devem ser corrigidos pelo Estado. Tamanha euforia é apresentada como verdade incontestável em (quase) todos os livros, faculdades e seções de economia dos principais *journals*. Depois de 1989, ela foi adotada com algumas variações por muitos que atuavam anteriormente no campo da esquerda. Mercado e capital foram, assim, representados como forças opostas, dando origem a consequências políticas importantes: pense-se, por exemplo, na reivindicação por restringir o poder das grandes corporações e, assim, ajudar a implementar "externalidades positivas"; ou até mesmo nas propostas que advogam um "socialismo de mercado", no qual empresas capitalistas são substituídas por cooperativas de trabalhadores que competiriam alegremente entre si. Saber se o mercado e o capital se relacionam apenas externamente, ou se há uma conexão interna e necessária entre ambos, não é apenas uma questão de ordem acadêmica. Ao contrário, a resposta tem consequências políticas diretas.

Uma vez que a circulação de mercadorias e dinheiro descrita nos três primeiros capítulos do Livro I não é algo autônomo e independente do capital (algo que Marx salientou ao conceituar a circulação simples como "superfície"), essa dependência precisa aparecer ao longo de qualquer formulação analítica sobre o respectivo objeto. De maneira semelhante, é imprescindível demonstrar uma conexão interna, necessária, entre dinheiro e capital.

Vamos recapitular brevemente três etapas essenciais no curso da apresentação da mercadoria e do dinheiro:

1) Em primeiro lugar, é analisada a mercadoria. Ela se apresenta duplamente como: valor de uso e valor. Contudo, sua objetividade de valor provou ser específica: trata-se de uma propriedade puramente social, que não é inerente à mercadoria individual, mas existe apenas enquanto propriedade *comum* das mercadorias trocadas (daí o caráter "espectral" do valor);

2) Para que esse espectro do valor se torne tangível, ele precisa de uma expressão *independente*, uma figura objetiva. Isso ocorre com o dinheiro. Ele não é, portanto, algo meramente secundário no mundo das mercadorias ou apenas um meio auxiliar. O dinheiro é necessário para expressar o caráter de valor das mercadorias, para relacioná-las de forma abrangente entre si enquanto valores (daí a caracterização da teoria marxiana como uma "teoria monetária do valor"). Isso significa também que produção de mercadorias e dinheiro são inseparáveis: não se pode, tal qual pensavam alguns socialistas, abolir o dinheiro e, ainda assim, manter a produção privada;

3) O caráter independente do dinheiro em relação ao valor não é perceptível quando ele funciona como medida de valor ou como meio de circulação. Nesses casos, ele atua apenas como um meio auxiliar. Somente como unidade de medida de valor e meio de circulação ("dinheiro como dinheiro") é que se pode falar de uma figura independente de valor [*selbstständigen Wertgestalt*]. Desse modo, o dinheiro não é somente um mediador que desaparece constantemente (meio de circulação), ou que nem mesmo precisa estar presente em termos reais (medida de valor). Agora ele se torna um fim em si mesmo: não apenas o *valor*, mas a figura *independente* e *constante* de valor – o dinheiro – deve ser mantida e aumentada.

Apesar disso, é precisamente o entesouramento o responsável por demonstrar a limitação da independência e da infinitude do valor: se o dinheiro for retirado da circulação na forma de tesouro, ele acaba se tornando um objeto inútil. Mas se for lançado na circulação, ou seja, utilizado para comprar mercadorias, perde-se a figura independente de valor.

Ainda assim, na circulação simples, o dinheiro é, de fato, uma figura independente e permanente de valor. Mas esses atributos não podem ser apreendidos em lugar algum. Isso significa que, nesse nível de abstração, eles não podem efetivamente existir. Se é correto dizer, por um lado, que na circulação simples o valor das mercadorias requer a existência de uma manifestação independente de valor (dinheiro), mas que, por outro, essa independência de valor não pode existir de modo algum, então a circulação simples não pode ser autônoma.

Como será demonstrado em breve, ela deve ser o momento e o resultado de um processo "mais profundo" – a saber, o processo de valorização capitalista.

Note-se: se o dinheiro deve ser uma manifestação independente e permanente do valor, ele não pode existir separado da circulação. Ele precisa se inserir nessa esfera, sem que, no entanto, o valor perca seus atributos de autonomia e constância, como se dá, por exemplo, no caso de um simples ato de compra D-M, com o consumo ulterior da mercadoria M. A independência e a permanência do valor só são garantidas se o dinheiro realizar D-M-D. Entretanto, esse movimento (a compra de uma mercadoria e sua venda subsequente por uma quantidade idêntica de dinheiro) não traz nenhuma vantagem, que, por sua vez, só ocorre no movimento D-M-D', no qual D' é maior que D. Aqui (na chamada "fórmula geral do capital"), o valor não apenas retém seu caráter independente, mas também aumenta a si mesmo e, portanto, torna-se efetivamente o objetivo de todo o processo. Somente no capital a figura independente do valor encontra sua expressão adequada e apropriada. Em outras palavras: a existência permanente do valor, abrangendo toda a economia, só é possível quando o valor realiza o movimento do capital (D-M-D'). Assim, contudo, transpomos o nível da circulação simples. O conteúdo e as precondições dessa transposição devem ser agora analisados[3].

4.2. A "qualidade oculta" do valor: D-M-D'

Vamos retomar, inicialmente, a cadeia M-D-M, mencionada na seção 3.7, quando analisamos as funções do dinheiro. Após produzir uma mercadoria M com um valor de uso específico, um produtor vende essa mercadoria e, com o dinheiro obtido, compra outra mercadoria que possui um valor de uso diferente. Nesse caso, o dinheiro é definitivamente *gasto*, pois o objetivo dos atos é o consumo da segunda mercadoria. A medida de todo o processo é definida, assim, pela necessidade do produtor, cuja satisfação implica a conclusão dos atos.

Consideremos agora a cadeia D-M-D. Ela é composta pelos mesmos elementos D-M e M-D, mas a sequência é diferente: compra-se algo para em seguida vendê-lo. O dinheiro passa a ser, assim, o ponto de partida e o de

---

[3] A conexão que acabamos de esboçar entre "circulação simples" e capital só é apresentada por Marx nos trabalhos preparatórios para *O capital* (nos *Grundrisse* e no "Urtext"), mas não no Livro I. Neste, no quarto capítulo, a análise inicia-se imediatamente com a fórmula D-M-D'. Com essa omissão, o próprio Marx favoreceu as interpretações, acima mencionadas, que contrapõem economia de mercado e capital como instâncias separadas.

chegada. No entanto, determinada soma de dinheiro não é qualitativamente diferente de outra, mas, no máximo, quantitativamente distinta. Desse modo, só se obtém vantagem se a quantidade final de dinheiro for maior que a inicial, isto é, se estivermos diante de D-M-D', sendo D' maior que D. Como se vê, o objetivo do processo passa a ser o aumento quantitativo da soma original de dinheiro. Este, por sua vez, não é simplesmente gasto (como em M-D-M), mas *adiantado*, ou melhor, é gasto apenas para que mais dinheiro seja adquirido posteriormente.

A soma de valor que realiza esse movimento constitui o *capital*. Note-se, no entanto, que a mera soma de valor, considerada em si mesma, seja sob a forma de dinheiro ou de mercadorias, ainda não é capital. Mesmo um único processo de troca não transforma uma soma de valor em capital. Somente o encadeamento de sucessivas trocas com o objetivo de aumentar a soma original de valor consegue alcançar o *movimento típico do capital*: ele não é simplesmente valor, mas *valor que se valoriza*, ou seja, uma soma de valor que realiza o movimento D-M-D'. O aumento de valor obtido no movimento do capital – a diferença entre D' e D – é descrito por Marx como *mais-valor**, um conceito que não é encontrado nem na economia política clássica nem na economia moderna. O mais-valor não é simplesmente um outro nome para lucro ou ganho. Mais adiante veremos que se trata de algo muito diferente. Por agora, porém, ainda não precisamos lidar com essa diferença (para saber o significado exato de lucro, ver capítulo 7; para saber o significado de lucro empresarial, ver capítulo 8).

O único objetivo do movimento do capital é aumentar o valor inicial. Mas o aumento puramente quantitativo não tem medida (por que um aumento de 20% e não de 10% seria suficiente?) nem fim (por que deveria terminar após um único movimento e não após dez movimentos?). Em contraste com a circulação simples de mercadorias (M-D-M), cujo processo visa um propósito exterior à circulação (apropriação de valores de uso para satisfazer necessidades) e possui tanto medida (a necessidade) quanto fim (a satisfação), o movimento do capital é um *fim em si mesmo*: ele é *desmedido* e *interminável*.

---

* No original, *Mehrwert*, tradicionalmente traduzido, não apenas no Brasil, mas na América Latina em geral, como "mais-valia". A edição da Boitempo de *O capital* foi a primeira a consagrar, em português, a escolha por "mais-valor", opção feita por Pedro Scaron, já em 1975, para a edição da Siglo XXI, na Argentina. Essa precisão terminológica é importante para refletir a conexão morfológica dos conceitos em alemão: *mais*-trabalho, *mais*-produto, *mais*-valor (respectivamente, *Mehr*arbeit, *Mehr*produkt, *Mehr*wert). (N. T.)

Se analisarmos a produção e a troca de mercadorias abstraindo do capital, parece que o objetivo é a satisfação geral das necessidades. Cada um satisfaz suas próprias necessidades primeiramente produzindo uma mercadoria que satisfaça as necessidades dos outros, em seguida essa mercadoria é trocada por dinheiro para que se possa adquirir mercadorias que satisfaçam as próprias necessidades. Em resumo: todos satisfazem suas próprias necessidades na medida em que satisfazem as necessidades dos outros. É assim que a economia burguesa (tanto a economia política clássica quanto a teoria neoclássica moderna) compreende a produção de mercadorias.

Mas a *produção capitalista de mercadorias* (cuja generalização só ocorre historicamente sob condições capitalistas) está orientada para a valorização do valor. Nesse sentido, a satisfação das necessidades constitui apenas um subproduto, desde que coincida com a valorização do capital. Ou seja, a *finalidade* da produção capitalista é o mais-valor e não a satisfação das necessidades.

Note-se que, até agora, falamos apenas do *capital*, mas não dos *capitalistas*. Alguém que possui uma grande soma de valor ainda não é um capitalista. Isso só ocorre quando ele efetivamente emprega essa soma de valor como capital, ou seja, fazendo do movimento de autovalorização do capital um propósito subjetivo:

> é somente enquanto a apropriação crescente da riqueza abstrata é o único motivo de suas operações que ele funciona como capitalista ou capital personificado, dotado de vontade e consciência. Assim, *o valor de uso jamais pode ser considerado como finalidade imediata do capitalista. Tampouco pode sê-lo o lucro isolado, mas apenas o incessante movimento do lucro.*[4]

Uma pessoa só é "capitalista" se for "capital personificado", isto é, se suas ações seguirem a lógica do capital (valorização desmedida e interminável). Esse capitalista é, então, a "personificação de relações econômicas" ou a "máscara econômica"[5]. Ora, aqui ocorre algo similar ao que já foi constatado na análise das ações dos proprietários de mercadorias (ver seções 3.2 e 3.6): uma pessoa se comporta como proprietário ou capitalista na medida em que segue certa racionalidade, sendo esta um resultado das determinações formais pressupostas

---

[4] MEW, 23, p. 167, destaque meu [ed. bras.: *O capital*, Livro I, trad. Rubens Enderle, São Paulo, Boitempo, 2011, p. 229].
[5] MEW, 23, p. 100 [ed. bras.: *O capital*, Livro I, cit., p. 160].

no processo econômico (isto é, as determinações formais da mercadoria ou do capital). Ao agir desse modo, as pessoas reproduzem tais pressupostos. Como já destacado, na apresentação marxiana as determinações formais devem ser analisadas antes do comportamento efetivo das pessoas.

Embora um possuidor de dinheiro possa buscar outros objetivos que não apenas a valorização do capital, nesse caso ele não age mais exclusivamente como "capitalista". O fato de o capitalista individual tentar constantemente aumentar seu lucro não se deve a nenhuma característica psicológica – a "ganância", por exemplo –, mas sim a um comportamento *forçado* pela luta concorrencial entre capitalistas. O capitalista individual, se quiser continuar desempenhando esse papel, precisa de lucros crescentes não para satisfazer um aumento do seu consumo pessoal (que, no caso do grande capital, constitui uma fração minúscula do lucro total), mas principalmente para modernizar suas instalações de produção ou, então, produzir novos produtos quando não houver mais demanda pelos antigos. Se um capitalista renunciar à modernização ou à mudança, ele logo estará falido. Na seção 5.2 retornaremos a essas *leis coercitivas da concorrência*.

Ao longo do tempo, a aparência do capitalista passou por mudanças. O "empresário livre" do século XIX, que dirigia "sua" empresa e muitas vezes fundava uma dinastia familiar, foi substituído no século XX em grande parte, ou pelo menos nas grandes empresas, pelo "gerente", que normalmente possuía apenas uma pequena participação acionária na empresa. Entretanto, ambos são *capitalistas* no sentido marxiano, ou seja, personificações do capital: eles utilizam uma soma de valor como capital.

Se o capitalista apenas executa a lógica do capital, então não é ele, mas o capital, o valor que se valoriza, que atua enquanto "sujeito". Nesse contexto, Marx fala do capital como "sujeito automático"[6]. Isso deixa claro o absurdo societal que se criou: por um lado, o capital é um autômato, algo sem vida; por outro, enquanto "sujeito", é o fator determinante de todo o processo social.

Como "sujeito dominante"[7], o valor necessita de uma forma independente, o dinheiro. Esse é o ponto inicial e final do processo de valorização. Na

---

[6] MEW, 23, p. 169 [ed. bras.: *O capital*, Livro I, cit., p. 230].
[7] MEW, 23, p. 169 [ed. bras.: *O capital*, Livro I, cit., p. 230. No original, *übergreifend Subjekt*, traduzido na edição citada como "sujeito usurpador". O verbo *greifen* pode significar "apanhar", "agarrar", "estender a mão", casos que implicam um movimento de expansão. Junto com o advérbio *über* – em especial no sentido de "demasiadamente", "excessivamente" –, *übergreifend*

circulação simples, ele já era a forma independente de valor, embora inadequada. Como capital (para enfatizar uma vez mais: o capital não é, em si mesmo, nem dinheiro nem mercadoria, mas o movimento desmedido e interminável do lucro: D-M-D'), o valor não apenas possui uma forma *independente*; ele é, agora, valor *em processo*, "substância que move a si mesma"[8], um sujeito muito peculiar com capacidades extraordinárias:

> Na verdade, porém, o valor se torna, aqui, o sujeito de um processo em que ele, por debaixo de sua constante variação de forma, aparecendo ora como dinheiro, ora como mercadoria, altera sua própria grandeza [...]. Por ser valor, ele recebeu a *qualidade oculta* de adicionar valor.[9]

Parece que o valor é capaz de aumentar a si mesmo (não por acaso, alguns bancos utilizam como propaganda a frase: "Coloque seu dinheiro para trabalhar", um *slogan* que descreve exatamente essa aparência). Qual o pressuposto dessa "qualidade oculta"?

4.3. Relações de classe: o trabalhador "duplamente livre"

Até agora o capital foi caracterizado apenas formalmente: uma soma de valor que se valoriza, isto é, que realiza o movimento D-M-D'. Mas permanece a questão de como esse movimento é possível: *de onde vem, de fato, o mais-valor?*

No interior da circulação, a valorização só poderia ocorrer se a mercadoria M fosse comprada abaixo de seu valor, ou então vendida acima dele. Nesse caso, a soma do valor adiantado pode até aumentar, mas o lucro de um capitalista contrapõe-se à perda de igual magnitude do outro. Note-se que, na sociedade como um todo, a soma de valor não se alterou. Ela foi apenas distribuída, tal qual um simples roubo.

Com isso, o lucro capitalista seria explicado pela *violação* das leis da produção. Se, todavia, assumirmos as condições normais do modo de produção capitalista, então a "troca de equivalentes" passa a ser pressuposta: as mercadorias

---

sugere um movimento abrangente. Heinrich, aqui, está destacando a capacidade do capital de determinar os processos sociais e as ações dos sujeitos, razão pela qual preferi traduzir o termo por "sujeito dominante", já que "usurpador" remete a práticas violentas e/ou ilícitas, que também se aplicam ao capital, mas em outro nível de abstração (por exemplo, no âmbito da acumulação originária). (N. T.)

[8] MEW, 23, p. 169 [ed. bras.: *O capital*, Livro I, cit., p. 230].
[9] MEW, 23, p. 169, destaque meu [ed. bras.: *O capital*, Livro I, cit., p. 230].

trocadas umas pelas outras têm a mesma grandeza de valor, o que significa que o preço pago por elas constitui sua expressão adequada, e não algo conjuntural. Desse modo, as mercadorias são trocadas "por seus valores verdadeiros". Se o mais-valor é um fenômeno normal, e não apenas uma exceção, então sua existência deve ser explicada pressupondo-se a "troca de equivalentes" – essa é exatamente a ideia formulada por Marx.

A análise marxiana pode ser resumida do seguinte modo: se aceitarmos a troca de equivalentes, então o mais-valor não pode ser constituído na circulação, isto é, nem no primeiro ato de circulação (D-M) nem no segundo (M-D'). Uma mudança deve ocorrer entre eles. Fora da circulação, entretanto, apenas o valor de uso da mercadoria comprada é consumido. Consequentemente, o proprietário do dinheiro deve encontrar uma mercadoria no mercado *cujo valor de uso tenha a qualidade de ser fonte de valor*, de tal modo que seu consumo crie um valor maior do que seu custo.

Essa mercadoria específica existe: a *força de trabalho*. Ela se refere à *capacidade* dos seres humanos de realizar trabalho. Sob as condições da produção de mercadorias, esse dispêndio de trabalho pode se tornar fonte de valor. Se eu vender minha força de trabalho, cederei essa capacidade a outra pessoa por um período específico de tempo. A venda, no entanto, não abarca a pessoa (não me torno um escravo), tampouco o trabalho, pois este constitui apenas a *aplicação* da força de trabalho. O fato de que se vende apenas a capacidade de trabalhar – e não o trabalho – torna-se evidente, por exemplo, quando há uma falta temporária de matérias-primas, de tal modo que o proprietário do dinheiro não pode usar a força de trabalho comprada.

Ainda assim, encontrar no mercado a força de trabalho *como uma mercadoria* não é algo natural. Duas condições devem ser atendidas. Em primeiro lugar, são necessárias pessoas que se comportem como *proprietárias livres* de sua força de trabalho, ou seja, que estejam em condições de vendê-la. Ora, um escravo ou um camponês não podem fazer isso: aqueles que vendem sua força de trabalho devem ser *pessoas juridicamente livres*. Mas se essas pessoas forem detentoras dos meios de produção – e, assim, puderem produzir e vender mercadorias por conta própria, ou mesmo subsistirem a partir daquilo que produzem –, elas provavelmente não venderão sua força de trabalho. Isso só acontecerá, e aqui está a segunda condição, se não possuírem nenhum meio de produção, se, portanto, forem não apenas juridicamente livres, mas também *livres de propriedade material*. Nesse caso, elas são *forçadas* a vender sua força de trabalho, tratando-a como uma mercadoria. A existência desses trabalhadores e trabalhadoras, "livres" em um duplo sentido, é a precondição social indispensável da produção capitalista.

O modo de produção capitalista está, portanto, fundado em uma *relação de classe* muito específica: por um lado, uma *classe de proprietários* (detentores do dinheiro e dos meios de produção) e, por outro, *uma classe de trabalhadores e trabalhadoras despossuídos, mas legalmente livres*. É essa relação de classe que Marx tem em mente quando analisa não o capital, mas a *relação de capital*.

Quando Marx fala de "classes", está se referindo à posição social das pessoas dentro do processo de produção, sejam elas proprietárias dos meios de produção ou excluídas dessa propriedade. Isso não significa, no entanto, que exista algo como uma "consciência de classe" automática nos membros individuais de cada classe, tampouco um "comportamento de classe" comum. Nesse nível de apresentação, "classe" é, a princípio, uma categoria puramente *estrutural*. Se tal conceito reivindica maior abrangência, só o contexto concreto pode dizer. Quando a sociologia moderna – ao contrário de Marx – sustenta que a sociedade classista já não caracterizaria o capitalismo, sugere como evidência a ausência da citada consciência de classe, notadamente em razão das oportunidades de ascensão social ou da "individualização" da sociedade[10]. Trata-se, porém, de um critério que Marx não usa de forma alguma no conceito estrutural de classe que predomina em *O capital*. Note-se, no entanto, que o marxismo enquanto visão de mundo operou com frequência um curto-circuito similar, erroneamente deduzindo, a partir de uma situação social estruturalmente compartilhada, a existência de uma consciência – ou mesmo de uma ação – comum aos indivíduos. Como resultado, em vez de entender a "dominação de classe" como uma relação *estrutural*, ela foi concebida como uma *relação intencional*, na qual uma classe impõe sua vontade à outra.

A existência dessa relação de classe – proprietários de dinheiro e meios de produção, de um lado, e trabalhadores despossuídos, mas legalmente livres, do outro – não é de forma alguma "natural", mas o resultado de um determinado *desenvolvimento histórico* que, por sua vez, faz parte da *pré-história* do capitalismo. Para analisar as estruturas fundamentais do capitalismo, é suficiente pressupor tal resultado. Por isso o processo histórico do surgimento dos trabalhadores,

---

[10] Por exemplo, em Ulrich Beck, *Sociedade de risco: rumo a uma outra modernidade* (trad. Sebastião Nascimento, 2. ed., São Paulo, Editora 34, 2019).

que são "livres" em duplo sentido, só é delineado no fim do primeiro livro de *O capital*, sob o título "A assim chamada acumulação originária". Com o exemplo da Inglaterra, Marx mostra que esse processo foi extremamente violento e sangrento. Não se deu de modo algum "pelo mercado", mas por atuação ativa do Estado (esse processo já foi sugerido aqui nas seções 1.1 e 1.2). Entretanto, a "acumulação originária" não é um processo que ocorreu uma única vez: no curso da expansão mundial do capitalismo, processos semelhantes se desenvolvem permanentemente.

4.4. O valor da mercadoria força de trabalho, mais-valor e exploração

Para compreender o surgimento do mais-valor, apesar da troca de equivalentes, é necessário examinar mais detidamente a força de trabalho. Como toda mercadoria, ela possui valor de uso e valor. O *valor de uso* da força de trabalho consiste em seu emprego, ou seja, o trabalho em si, cujo dispêndio cria novo valor, que só pode ser estimado antes da troca. Em que medida o trabalho efetivamente criou valor só pode ser determinado pelas reduções ocorridas na troca (ver seção 3.3).

Marx considera que o *valor* da força de trabalho, tal como o valor de qualquer outra mercadoria, é "determinado pelo tempo de trabalho necessário para a produção – e, consequentemente, também para a reprodução – desse artigo específico"[11]. Todo indivíduo necessita de uma série de meios de subsistência (no sentido mais amplo, ou seja, não apenas alimentos, mas também roupas, acomodações etc.). Por isso Marx conclui: "o tempo de trabalho necessário à produção da força de trabalho corresponde ao tempo de trabalho necessário à produção desses meios de subsistência, ou, dito de outro modo, *o valor da força de trabalho é o valor dos meios de subsistência necessários à manutenção de seu possuidor*"[12].

Para que a relação de capital continue existindo, é necessário que a força de trabalho seja continuamente disponibilizada no mercado. Nesse sentido, o valor da força de trabalho também deve cobrir os custos de reprodução de toda a família do trabalhador, incluindo os custos com educação da próxima geração.

Se a família nuclear tradicional é a forma social dominante, na qual o homem é empregado como trabalhador assalariado e a mulher assume o trabalho reprodutivo, o valor do trabalho (masculino) deve cobrir os custos de reprodução.

---

[11] MEW, 23, p. 184 [ed. bras.: *O capital*, Livro I, cit., p. 245].
[12] MEW, 23, p. 185, destaque meu [ed. bras.: *O capital*, Livro I, cit., p. 245].

Quando, no entanto, tornou-se comum que ambos tenham um emprego remunerado, isso afetou o valor da força de trabalho. De um lado, os custos de reprodução aumentaram, já que parte do trabalho reprodutivo não é mais realizado em casa. Produtos e serviços passaram a ser comprados, ou então fornecidos pelo Estado, que, por sua vez, precisou ser financiado por meio de impostos mais altos. De outro lado, os custos de reprodução da família não precisaram mais ser cobertos pelo valor de apenas *uma* força de trabalho, mas pela soma do valor de *ambas*, de maneira que o valor da força de trabalho individual – apesar do aumento dos custos de reprodução – tendeu a cair.

Tal qual qualquer mercadoria (ver seção 3.7), as *variações no preço* da força de trabalho podem tanto ser expressão de mudança no valor quanto refletir situações (des)favoráveis à sua venda (escassez ou excedente momentâneo de força de trabalho, por exemplo). Tais *variações* podem derivar de duas fontes: alteração no valor ou na *abrangência* dos meios de subsistência. Esta última varia conforme o país e a época, dependendo do que se considera condições normais de vida em um determinado lugar e do que os trabalhadores e trabalhadoras conseguem exigir. Uma vez que os capitalistas não necessariamente aceitam essas reivindicações, a *luta de classes* também determina o valor da força de trabalho, impondo ou não certas exigências. Nesse contexto, Marx fala de um "elemento histórico e moral"[13] que, diferentemente do que ocorre com as outras mercadorias, é incorporado na determinação do valor da força de trabalho[14].

Ainda assim, há outra diferença, não aprofundada por Marx, entre a mercadoria força de trabalho e as demais. O valor destas últimas inclui o valor dos meios de produção consumidos em sua produção e o novo valor agregado pelo

---

[13] MEW, 23, p. 185 [ed. bras.: *O capital*, Livro I, cit., p. 246].

[14] Em *O capital*, Marx fala geralmente apenas do valor "da" força de trabalho, como se toda força de trabalho fosse igual. Isso ocorre porque sua análise mira, em primeiro lugar, as estruturas fundamentais do modo de produção capitalista – isto é, a possibilidade do mais-valor pressupondo-se a troca de equivalentes – e, nesse nível de abstração, as diferenças no valor da força de trabalho não desempenham papel algum. Para Marx, tais discrepâncias se baseiam, sobretudo, em diferentes custos de qualificação, de tal modo que o dispêndio de uma força de trabalho mais qualificada forma um valor maior (ver MEW 23, p. 211 [ed. bras.: *O capital*, Livro I, cit., p. 274-5]). No entanto, também se pode concluir, a partir do "elemento histórico e moral" enfatizado por Marx, que esse valor é determinado diferentemente não só em cada país, mas também no mesmo país, nos mais variados setores da classe trabalhadora (em virtude das diferenças nas organizações, reivindicações, tradições etc.). Nesse sentido, as relações assimétricas de gênero e a discriminação racial repercutem no valor da força de trabalho, uma vez que certas reivindicações não são atendidas.

trabalho. Esse não é o caso da força de trabalho: seu valor é determinado somente pelo valor dos meios de subsistência comprados no mercado. O trabalho reprodutivo realizado em casa, especialmente pelas mulheres (trabalho doméstico, criação dos filhos etc.), não está incluído nessa explicação do valor da força de trabalho. Por isso, algumas autoras feministas encontraram um "ponto cego" na crítica da economia política (ver o ensaio de Claudia von Werlhof)[15]. A determinação marxiana do valor da força de trabalho, porém, não está errada: embora desconsidere essa determinação específica, ela explica seu aparecimento no capitalismo, distinguindo-a do valor das outras mercadorias.

No capitalismo, a determinação particular do valor da mercadoria força de trabalho é *necessária*: se os trabalhadores e trabalhadoras não recebessem apenas o valor dos meios de subsistência que precisam comprar, não seriam mais desprovidos de propriedade e, no longo prazo, poderiam, ao menos parcialmente, se libertar da compulsão de vender sua força de trabalho. Ou seja, restringir tal valor aos custos de reprodução é uma necessidade funcional do capitalismo. Mas o sucesso dessa restrição não está de modo algum garantido *a priori*. É perfeitamente concebível que a classe trabalhadora organizada seja capaz de impor salários altos por meio de lutas trabalhistas. No entanto, veremos na seção 5.6 como essa limitação do valor da força de trabalho é imposta "por si mesma" no decorrer do processo de acumulação capitalista.

A diferença entre o valor (diário) da força de trabalho (ou seja, a soma do valor que a força de trabalho requer, em média, para sua reprodução cotidiana) e o novo valor que o trabalhador individual é capaz de produzir, em circunstâncias normais, constitui precisamente o mais-valor mencionado anteriormente na fórmula D-M-D'. O fato de que o valor diário da força de trabalho (o valor *necessário* à reprodução) é menor do que o potencialmente *criado* por meio de seu uso diário (isto é, pelo dispêndio de força de trabalho) constitui a base da "qualidade oculta" do valor de criar novo valor.

O valor (diário) da força de trabalho determina, assim, apenas uma parte do novo valor criado por seu uso (diário). Por exemplo: se dado valor é gerado em oito horas[16], pode ser formalmente dividido em valor da força de trabalho

---

[15] Claudia von Werlhof, "Frauenarbeit: der blinde Fleck in der Kritik der politischen Ökonomie", *Bëitrage zur feministischen Theorie und Praxis*, n. 1, 1978, p. 18-32.
[16] Como foi discutido no capítulo anterior, somente na troca é possível descobrir qual é a soma de valor efetivamente criada durante um dia de trabalho. No entanto, se uma mercadoria específica é, de modo geral, vendável, pode-se dizer que foi criada uma certa soma de valor, maior ou

e mais-valor. Assim, se o valor diário da força de trabalho representa três oitavos do valor criado ao longo de uma jornada de oito horas, o valor da força de trabalho corresponde às três primeiras horas, enquanto o valor excedente foi produzido nas cinco horas restantes. Marx chama essas três horas de tempo de trabalho "necessário" (referente à reprodução do valor da força de trabalho) e as demais de "tempo de mais-trabalho" (referente ao tempo gasto pelo trabalhador além de suas necessidades de reprodução). Já que, em nosso exemplo, os trabalhadores e trabalhadoras recebem como pagamento o valor produzido em três horas, Marx também chama o tempo de trabalho necessário de "trabalho remunerado" e o tempo de mais-trabalho que o capitalista recebe como mais-valor de "trabalho não pago".

Essa situação, na qual o trabalhador individual recebe do capitalista valor menor do que o produzido com seu trabalho, é definida por Marx como *"exploração"*.

Esse termo é mal interpretado de muitas maneiras. Não se refere a salários baixos ou a condições de trabalho notadamente ruins; tampouco diz respeito única e exclusivamente ao fato de que o produtor recebe apenas uma parte do valor recém-produzido que ele cria, independentemente de seu salário ser alto ou baixo ou de as condições de trabalho serem boas ou ruins.

A despeito da crença popular e da insistência de muitos "marxistas", a *exploração* não deve ser compreendida como uma categoria *moral*. Não é algo que foi tomado dos trabalhadores e "de fato" pertencia a eles; não é uma usurpação condenável do ponto de vista moral. No mesmo sentido, a questão acerca do trabalho "remunerado" e "não remunerado" não tem por objetivo que "todo" trabalho seja remunerado[17]. Ao contrário, Marx enfatiza que – segundo as leis da troca de mercadorias – o vendedor da força de trabalho recebe exatamente o valor de sua mercadoria. Isto é: que o comprador obtenha uma vantagem específica ao consumir o valor de uso da força de trabalho não toca ao vendedor. Marx faz uma comparação com o comerciante de petróleo: ele recebe o valor do petróleo, mas não recebe nada além disso pelo valor de uso dessa mercadoria[18].

---

menor. As observações a seguir se referem exatamente a essa eventual soma de valor. Quando se diz – agora e nas próximas seções – que alguém trabalha tantas horas e, assim, cria tanto valor, isso não significa uma recaída na teoria substancialista do valor (pré-monetária), mas apenas uma forma simplificada de falar.

[17] Uma demanda análoga foi formulada por Ferdinand Lassalle (1825-1864) e seus seguidores, sendo duramente criticada por Marx.

[18] MEW, 23, p. 208 [ed. bras.: *O capital*, Livro I, cit., p. 270].

Em outras palavras, a "exploração" e o "trabalho não pago" não decorrem da *violação* das leis da troca, mas de sua *realização*. Assim, se a exploração deve ser abolida, não será pela reforma das relações capitalistas, mas pela abolição desse modo de produção.

4.5. Valor do trabalho: uma "expressão imaginária"

A valorização do valor tem por fundamento a apropriação do "tempo de trabalho não pago": o capitalista não paga o valor do produto criado pelos trabalhadores, mas somente o valor da força de trabalho. Contudo, para a consciência cotidiana, o salário é considerado pagamento pelo trabalho realizado. Desse modo, a exploração – que, como vimos, constitui um estado normal da produção capitalista – não é perceptível. Ela parece ocorrer apenas quando o salário é "muito baixo". Desse modo, o salário perde sua vinculação com o *valor da força de trabalho*, cristalizando a aparência de que sua existência remete ao *valor do trabalho*.

Marx considera o termo "valor do trabalho" uma expressão "imaginária" e "irracional"[19]. O trabalho – mais precisamente: o trabalho abstrato – é substância e medida imanente do valor. O trabalho *cria* valor, mas não tem nenhum valor em si. Se alguém, por sua vez, aceita a noção "valor do trabalho" para, então, perguntar qual seria o valor da jornada de trabalho de oito horas, precisaria dizer que o dia de trabalho de oito horas tem o valor de oito horas de trabalho. Para Marx, isso é um "absurdo"[20].

Mas o "valor do trabalho" não é apenas absurdo. As "expressões imaginárias" – dentre elas, o "valor da terra" – "surgem [...] das próprias relações de produção. São categorias para as formas de manifestação de relações essenciais"[21]. A relação *essencial* remete ao valor da mercadoria força de trabalho, mas *aparece* no salário como valor do trabalho. Tais manifestações "se reproduzem de modo imediatamente espontâneo, como formas comuns e correntes de pensamento", enquanto a relação essencial "tem de ser primeiramente descoberta pela ciência"[22].

O "valor do trabalho" é uma concepção invertida que, no entanto, não provém de uma falsa consciência, mas das próprias relações sociais. Trata-se de uma

---

[19] MEW, 23, p. 559 e 561 [ed. bras.: *O capital*, Livro I, cit., p. 607 e 609].
[20] MEW, 23, p. 557 [ed. bras.: *O capital*, Livro I, cit., p. 605].
[21] MEW, 23, p. 559 [ed. bras.: *O capital*, Livro I, cit., p. 607. Na edição citada, *Erscheinungsformen wesentlicher Verhältnisse* é traduzido como "as formas em que se manifestam relações essenciais"].
[22] MEW, 23, p. 564 [ed. bras.: *O capital*, Livro I, cit., p. 612].

das "formas objetivas do pensamento" (ver seção 3.8, item f), responsável por estruturar a reflexão das pessoas que se encontram em tais condições. Do ponto de vista do trabalhador, tal categoria remete à jornada de trabalho de oito horas, cuja realização garante o recebimento do salário. Este, por sua vez, aparece como pagamento pelo trabalho realizado, uma aparência reforçada pelas formas usuais de salário: o "salário por tempo" (pagamento de acordo com as horas trabalhadas) e o "salário por peça" (pagamento de acordo com as peças entregues). No primeiro caso, parece que se paga pelo trabalho realizado durante uma determinada unidade de tempo e, no segundo, pela produção de um único item.

Note-se que o capitalista também está sujeito a tal aparência. É uma inversão "espontânea" à qual todos os envolvidos (assim como a maioria dos economistas) sucumbem. Se o salário é concebido como pagamento devido ao "valor do trabalho", todo trabalho aparece como trabalho remunerado. O mais-trabalho, isto é, o trabalho não pago, parece não existir. Essa inversão tem consequências de longo alcance:

> Sobre essa forma de manifestação, que torna invisível a relação efetiva e mostra precisamente o oposto dessa relação, repousam todas as representações jurídicas, tanto do trabalhador como do capitalista, todas as mistificações do modo de produção capitalista, todas as suas ilusões de liberdade, todas as tolices apologéticas da economia vulgar.[23]

A forma-salário constitui o fundamento de todas as outras "mistificações" da relação de capital, que, em última análise, levam à "fórmula trinitária" (ver capítulo 10). Mas, neste momento, devemos observar que, assim como a consciência espontânea de *todos* os membros da sociedade burguesa está subordinada ao caráter fetichista da mercadoria e do dinheiro (ver seção 3.8), *tanto* os trabalhadores *quanto* os capitalistas estão igualmente sujeitos à mistificação da forma-salário[24]. As inversões geradas pelo modo de produção capitalista não se detêm diante da classe dominante (sua compreensão das relações é, portanto,

---

[23] MEW, 23, p. 562, destaque meu [ed. bras.: *O capital*, Livro I, cit., p. 610. Na edição citada, "*Rechtsvorstellungen*" aparece como "noções jurídicas"].

[24] Marx fala de *fetichismo* apenas em relação à mercadoria, ao dinheiro e ao capital (ver seção 5.3, sobre o fetiche do capital). Nesses casos, uma determinada relação social aparece como uma propriedade material. Marx emprega o termo *mistificação* quando um determinado estado de coisas aparece necessariamente invertido: nos salários, o pagamento pelo valor da força de trabalho aparece como pagamento pelo valor do trabalho.

também limitada), nem a classe dominada e explorada desfruta de uma posição privilegiada a partir da qual é capaz de compreender essas inversões. O "ponto de vista da classe trabalhadora", frequentemente alardeado pelo marxismo tradicional, não ajuda em nada nesse caso.

5
O PROCESSO DE PRODUÇÃO CAPITALISTA

5.1. Capital constante e variável, taxa de mais-valor e jornada de trabalho

O terceiro capítulo apresentou o duplo caráter do trabalho representado nas mercadorias. De um lado, o trabalho concreto que produz valor de uso e, de outro, o trabalho abstrato que cria valor. De modo similar, o *processo de produção capitalista* também é dual. Ele se constitui enquanto unidade do *processo de trabalho* (a produção de determinado valor de uso) e do *processo de valorização* (a produção de mais-valor).

Independentemente de qualquer determinação social formal, é possível fazer uma distinção entre diferentes momentos do processo de trabalho: (i) a atividade orientada a um fim (o trabalho); (ii) o objeto de trabalho (que será modificado) e (iii) os meios de trabalho (com os quais essa alteração é possível). Trata-se, aqui, de uma dinâmica entre seres humanos e natureza. Esta é influenciada pela atividade daqueles, ao mesmo tempo que cada um de nós muda a si mesmo, desenvolvendo suas próprias capacidades. É importante notar, no entanto, que o processo de trabalho nunca existe puramente como tal. Pelo contrário, ele sempre ocorre no interior de uma configuração social formalmente determinada: por exemplo, enquanto processo de produção baseado no trabalho escravo, em servos feudais, artesãos independentes ou trabalhadores assalariados[1].

---

[1] Na "Introdução" de 1857, Marx ressalta que a categoria aparentemente simples de "trabalho", que parece expressar um estado de coisas presente em todas as sociedades, só se torna possível e "verdadeiro na prática" na economia capitalista. Somente nela as atividades individuais se desprendem das pessoas, de seus contextos sociais etc. Somente nela uma atividade específica deixa de ser dominante, de tal modo que toda e qualquer atividade passa a valer como meio de valorização para o capital e meio de subsistência para os trabalhadores assalariados. Apenas nesse momento podemos falar de "trabalho" em termos gerais (ver MEW, 42, p. 38 e seg. [ed. bras.: *Grundrisse*, trad. Mario Duayer e Nélio Schneider, São Paulo/Rio de Janeiro, Boitempo/Ed. UFRJ, 2011, p. 58]).

No capitalismo, o processo de trabalho possui duas particularidades: primeiro, ele se dá sob o controle do capitalista e, segundo, seu produto não pertence ao produtor imediato, mas é propriedade do capitalista. Este último compra a força de trabalho e os meios de produção (objetos de trabalho e meios para sua realização). Assim, o processo de trabalho abrange coisas que pertencem ao capitalista, inclusive o produto final. Nesse sentido, o valor de uso só foi produzido na medida em que representa valor e mais-valor.

Uma análise mais detalhada sobre essas questões exige a introdução de alguns conceitos fundamentais, cuja importância central se estende para além deste capítulo. A expressão D-M-D' foi descrita anteriormente como a "fórmula geral do capital". A valorização só é possível porque uma determinada mercadoria é comprada e consumida, a saber, a força de trabalho. Mas para "consumi-la" – ou seja, utilizá-la no processo de produção – também são necessários meios de produção (matérias-primas, máquinas etc.). Como resultado do processo de produção, é criada uma nova quantidade de mercadorias cujo valor é maior do que o do capital adiantado e que será vendida por D'.

No que se refere ao valor das mercadorias recém-produzidas, os meios de produção e a força de trabalho desempenham papéis muito diferentes. O valor dos meios de produção consumidos na produção está incluído no valor das novas mercadorias. Isso significa que, caso eles sejam integralmente consumidos (por exemplo, matérias-primas, energia etc.), seu valor será totalmente transferido. Mas se isso não ocorrer (notadamente com o uso de ferramentas ou máquinas), a transferência será parcial. Caso uma máquina tenha uma vida útil de dez anos, apenas um décimo de seu valor é transferido para a quantidade de mercadorias produzidas em um ano[2]. Em condições normais, a parte do capital disposta nos meios de produção não mudará de valor durante o processo produtivo, mas uma parte de seu valor constituirá uma parcela do valor das mercadorias produzidas – algo que Marx denomina *capital constante* (c).

A situação é diferente com a força de trabalho. Seu valor não é de forma alguma transferido para as mercadorias produzidas. Nele está incluído o valor

---

[2] A "vida útil" de uma máquina depende apenas parcialmente de seu desgaste físico. Se máquinas novas e aprimoradas chegarem logo ao mercado, a vida econômica dela será consideravelmente mais curta do que sua vida física. Os computadores, por exemplo, geralmente não são desativados por não funcionarem mais, mas porque dispositivos muito melhores estão disponíveis.

recém-criado por meio do "consumo" da força de trabalho, ou seja, mediante o seu dispêndio. Os diferentes papéis desempenhados pelos meios de produção e pela força de trabalho na formação do valor podem ser exemplificados do seguinte modo: se o valor dos meios de produção consumidos muda, o valor do produto se altera de maneira correspondente. Mas se o valor da força de trabalho se alterar, isso não terá nenhuma influência sobre o valor do produto. A quantidade de valor que um trabalhador agrega ao produto não depende do valor da força de trabalho, mas da validação do trabalho despendido enquanto trabalho abstrato formador de valor.

A diferença entre o valor recém-agregado e o valor da força de trabalho é precisamente o *mais-valor* (m). Em outras palavras: o valor recém-agregado é igual à soma do valor da força de trabalho e do mais-valor. A parte do capital utilizada para pagar salários é denominada por Marx *capital variável* (v), cujo valor se altera durante o processo de produção. Desse modo, os trabalhadores e trabalhadoras recebem v, mas produzem um novo valor[3] no montante de v + m. O valor da quantidade de mercadorias produzidas em um determinado período (um dia, ou até mesmo um ano) pode, portanto, ser descrito como:

$$c + v + m$$

sendo c o valor do capital constante *consumido*, ou seja, o valor das matérias-primas consumidas e o valor proporcional de ferramentas e máquinas, na medida em que foram utilizadas.

A valorização do capital resulta apenas de seu componente variável. O grau de valorização pode, portanto, ser medido pela relação entre mais-valor e capital variável: Marx se refere à razão m/v como *taxa de mais-valor*. Trata-se, igualmente, de uma medida da exploração da força de trabalho. Ela é geralmente expressa em termos percentuais: se, por exemplo, m = 40 e v = 40, não falamos de uma taxa de mais-valor de "1", mas de uma taxa de mais-valor de 100%. Do mesmo modo, se m = 20 e v = 40, a taxa de mais-valor é de 50% e assim por diante.

A taxa de mais-valor é uma categoria analítica que só pode ser formulada a partir de uma compreensão fundamentada do processo de valorização.

---

[3] Enfatizamos acima que o valor da força de trabalho não é transferido para o produto, mas cria um novo valor por meio do dispêndio da força de trabalho. Esse novo valor é expresso com a ajuda de v e m.

Nesse sentido, pressupõe-se que saibamos como ocorre a valorização. Mas, para a consciência prática dos capitalistas, ela é irrelevante: eles calculam que um adiantamento de capital no valor de c + v é necessário para obter um *lucro* de m, independentemente de como este é obtido (ou, conforme o caso, o lucro é considerado um "fruto do capital"). A medida de valorização do capitalista é a *taxa de lucro* m/(c + v). No entanto, o lucro e a taxa de lucro – que desempenham um papel decisivo na vida capitalista cotidiana – são tratados por Marx apenas no Livro III (ver capítulo 7). Como se vê, esse é mais um motivo, entre outros, para o leitor levar em consideração os três livros de *O capital*.

A duração da *jornada de trabalho* resulta da soma do tempo de trabalho necessário (no qual o valor da força de trabalho – v – é produzido) e do tempo de mais-trabalho (no qual o valor do mais-valor – m – é produzido). Se o valor da força de trabalho está dado em determinada sociedade, a extensão de tempo de trabalho necessário também é conhecida, ainda que o mesmo não possa ser dito acerca do tempo de mais-trabalho.

Em toda sociedade baseada na dominação de classes, pode-se fazer uma distinção entre o "tempo de trabalho necessário" (no qual são produzidos os produtos de que a classe explorada necessita para sua reprodução) e o "tempo de mais-trabalho" (no qual é produzido o mais-produto, ou seja, a parte do produto total apropriada pela classe dominante). Entretanto, Marx chama a atenção para uma diferença crucial entre sociedades pré-capitalistas e capitalistas:

> é evidente que em toda formação econômica da sociedade onde predomina não o valor de troca, mas o valor de uso do produto, o mais-trabalho é limitado por um círculo mais amplo ou mais estreito de necessidades [da classe dominante – M. H.], mas nenhum carecimento descomedido de mais-trabalho surge do próprio caráter da produção.[4]

Ao salientar que o modo de produção capitalista é caracterizado por um "carecimento descomedido de mais-trabalho", Marx não está de modo algum fazendo uma reprovação moral aos capitalistas individuais. Embora essa necessidade de mais-trabalho implique – precisamente porque não conhece limites – que o capital não tenha "a mínima consideração pela saúde e duração da vida

---

[4] MEW, 23, p. 250, destaque meu [ed. bras.: *O capital*, Livro I, trad. Rubens Enderle, São Paulo, Boitempo, 2011, p. 309].

do trabalhador"⁵ e, portanto, também aceite a destruição da força de trabalho, isso não constitui uma falha moral individual. Trata-se, precisamente, de uma consequência da lógica da produção capitalista de mercadorias.

Se o capitalista comprou a força de trabalho por seu valor diário, ele tem o direito de usá-la por tal período. Ainda assim, a duração da jornada de trabalho é indefinida: ela deve ser menor do que 24 horas, de modo que os trabalhadores tenham tempo suficiente para se regenerar física e mentalmente, mas não está claro quão menor deve ser. Se o capitalista tenta estender a jornada de trabalho, como qualquer comprador, ele está simplesmente tentando maximizar o valor de uso da mercadoria adquirida – assim como tentamos espremer até o último milímetro de pasta de dente de dentro do tubo. A concorrência entre os capitalistas obriga o capitalista individual a fazer amplo uso de seu direito de comprador, aproveitando ao máximo a mercadoria que adquiriu.

Os trabalhadores também se comportam de acordo com a lógica de compra e venda, mesmo quando tentam reduzir a jornada de trabalho. Ora, no dia seguinte eles precisam ter sua força de trabalho em condições normais para poder vendê-la novamente. Mas se a jornada for muito longa, isso não acontecerá. Ou seja, tanto o capitalista, em sua tentativa de prolongar a jornada de trabalho, quanto os trabalhadores, em sua tentativa de reduzi-la, podem, portanto, invocar igualmente as leis da troca de mercadorias. Uma vez que um limite para tal jornada não pode ser derivado dessas leis, isso significa que:

> tem-se aqui, portanto, uma antinomia, um direito contra outro direito, ambos igualmente apoiados na lei da troca de mercadorias. Entre direitos iguais, quem decide é a força. E assim a regulamentação da jornada de trabalho se apresenta, na história da produção capitalista, como uma luta em torno dos limites da jornada de trabalho – uma luta entre o conjunto dos capitalistas, *i.e.*, a classe capitalista, e o conjunto dos trabalhadores, *i.e.*, a classe trabalhadora.⁶

Nos lugares em que os trabalhadores não estão em condição de oferecer resistência suficiente ao capital, e há oferta excessiva para repor a força de trabalho destruída, o capital vai estender as horas de trabalho para além de todos os limites físicos. No século XIX, a luta pela regulamentação da jornada de trabalho – descrita por Marx detalhadamente em *O capital* – levou a uma

---

⁵ MEW, 23, p. 285 [ed. bras.: *O capital*, Livro I, cit., p. 342].
⁶ MEW, 23, p. 250 [ed. bras.: *O capital*, Livro I, cit., p. 309].

limitação legal do tempo de trabalho diário, primeiro na Inglaterra e depois em outros países. Voltaremos a falar sobre o papel especial do Estado nesse processo no capítulo 11.

5.2. Mais-valor absoluto e relativo, leis coercitivas da concorrência

O capital – valor que se valoriza – não conhece nenhum limite interno à valorização. Essa é a razão pela qual nenhum grau de valorização, uma vez alcançado, apresenta-se como suficiente. Se assumirmos a taxa de mais-valor m/v como a medida de valorização, duas possibilidades básicas para aumentar a valorização do capital se apresentam. Marx as descreve com os termos "produção de mais-valor absoluto" e "produção de mais-valor relativo" (no capítulo 7, em que é analisada a taxa de lucro enquanto medida de valorização, outras perspectivas serão apresentadas).

Para determinado valor da força de trabalho, m/v aumenta se m for ampliado. O mais-valor produzido por um trabalhador individual pode ser incrementado com a dilatação do tempo de mais-trabalho. Este, por sua vez, pode ser maior com o prolongamento da jornada de trabalho. Marx descreve esse processo como produção de *mais-valor absoluto*.

Com o estabelecimento (legal) de uma jornada de trabalho padrão, a produção de mais-valor absoluto ainda não chegou ao seu limite. O prolongamento de tal jornada ocorre não apenas quando o número de horas diárias trabalhadas é aumentado, mas também quando o tempo é utilizado de modo mais eficiente: pode-se diminuir os intervalos ou deixar de contar a preparação para o trabalho como tempo de trabalho etc. Além disso, aumentar a intensidade (ou seja, acelerar o processo de trabalho) tem o mesmo efeito de estender a jornada. Quando esta é mais intensa, obtém-se um produto de maior valor do que aquele produzido durante uma jornada padrão. Não por acaso, conflitos sobre a utilização do tempo de trabalho e sua intensificação ainda fazem parte da vida cotidiana das empresas.

No entanto, o tempo de mais-trabalho também pode ser aumentado sem nenhuma alteração da jornada ou utilização mais eficaz do tempo de trabalho. Isso ocorre quando o tempo de trabalho necessário é reduzido, ou seja, quando o valor da força de trabalho diminui. Se, no caso de uma jornada de oito horas, eram necessárias quatro horas para produzir o valor diário da força de trabalho, então restavam quatro horas de trabalho excedente. Se agora três horas são suficientes para produzir o valor da força de trabalho, restam cinco horas extras. Marx descreve o aumento do mais-valor e da taxa de mais-valor por meio de uma diminuição no tempo de trabalho necessário como produção de *mais-valor relativo*.

O tempo de trabalho necessário deve ser suficiente para produzir o valor dos meios de subsistência exigidos pela força de trabalho para sua própria reprodução. Se o valor de tal força deve ser pago integralmente (um pressuposto nas relações capitalistas "usuais"), a redução no tempo de trabalho necessário só é possível se a quantidade de meios de subsistência considerada suficiente for menor (ou seja, o padrão de vida "normal" da classe trabalhadora diminui, o que é particularmente difícil de implementar de modo contínuo, ocorrendo, na melhor das hipóteses, de forma apenas pontual) ou – e esse é o caso típico – se o valor dos meios de subsistência for barateado.

Esse último caso se dá quando a força produtiva do trabalho aumenta nos setores que produzem meios de subsistência (sempre entendidos no sentido mais amplo, ou seja, não apenas alimentos), ou quando a produtividade sobe nos setores que fornecem matérias-primas ou máquinas necessárias à produção dos meios de subsistência. Com meios de produção mais econômicos, o valor dos alimentos produzidos também cai. A produção de mais-valor relativo implica, por meio do aumento na força produtiva do trabalho, redução no valor dos meios de subsistência e, portanto, diminuição no valor da força de trabalho.

A ampliação do tempo de trabalho e o aumento da força produtiva constituem as duas formas fundamentais de aumentar a valorização do capital. No entanto, tais possibilidades só podem ser realizadas por *ação* dos capitalistas individuais. Ora, é bastante plausível que os capitalistas tenham interesse em estender a jornada de trabalho: para um determinado valor da força de trabalho, cada hora prolongada eleva diretamente o mais-valor que o capitalista individual recebe. A situação é diferente com o aumento da força produtiva do trabalho. Se, por exemplo, um produtor de mesas aumenta sua força produtiva, as mesas se tornam mais baratas. No entanto, a redução do valor da força de trabalho só ocorre na medida em que o valor das mesas constitui um componente do valor da força de trabalho. O efeito é, na verdade, mínimo e geralmente vagaroso. Essa vantagem pequena e incerta não é suficiente enquanto *motivo individual* para aumentar a força produtiva.

Algo completamente diferente motiva os capitalistas individuais a aumentar a produtividade. A medida a partir da qual o tempo de trabalho gasto individualmente vale como formador de valor depende, entre outras coisas, de o "tempo de trabalho socialmente necessário" (isto é, o tempo de trabalho necessário para um determinado nível socialmente normal de produtividade e intensidade de trabalho; ver seção 3.1) ser gasto ou não na produção de uma mercadoria. Se são necessárias dez horas para a produção de uma mesa, mas um produtor específico consegue produzi-la economizando duas horas, então ele produziu em oito horas o mesmo valor que os outros produzem em dez horas. Consequentemente, seu produto pode ser vendido como se necessitasse de dez horas de trabalho.

Isso ocorre quando um capitalista é o primeiro a aumentar a força produtiva do trabalho em um determinado processo de produção. Vamos supor que o capital constante (c) no valor de 200 seja consumido na produção de um computador. Além disso, é necessária uma jornada de oito horas de trabalho direto para montar o equipamento. O valor diário da força de trabalho é 80, a taxa de mais-valor é 100%, de modo que o mais-valor diário produzido pela força de trabalho também é 80. O valor do produto é então:

$$c + v + m = 200 + 80 + 80 = 360$$

Suponhamos agora que esse capitalista (no início o único) consiga reduzir o tempo de trabalho necessário para quatro horas. O valor do computador se baseia nas condições sociais médias e, portanto, permanece em 360. No entanto, nosso astuto capitalista não precisa mais gastar um capital variável de 80, mas apenas de 40. Assim, seus custos são apenas:

$$200 \text{ (capital constante)} + 40 \text{ (capital variável)} = 240$$

Se ele vender o produto por 360, ficará com um mais-valor de 120. Desse modo, além do mais-valor socialmente convencional de 80 por computador, nosso capitalista obtém um mais-valor extra de 40, além de uma taxa de mais-valor de 300%, em vez de 100%. É esse *mais-valor extra* ou *lucro extra* (ver o comentário sobre lucro na seção 5.1) – e não o futuro barateamento da força de trabalho – que serve de motivação para o capitalista aumentar a força produtiva do trabalho.

Note-se que o capitalista continua obtendo mais-valor extra enquanto o novo método de produção ainda não é generalizado. Mas se este prevalecer, isso significa que o tempo de trabalho socialmente necessário para a produção do computador diminuiu. Se todas as outras variáveis permanecem iguais nesse período (valor da força de trabalho, dos elementos do capital constante etc.), o novo valor será:

$$c + v + m = 200 + 40 + 40 = 280$$

Isso significa que o mais-valor extra desaparece para o nosso capitalista, e sua taxa de mais-valor volta a ser de 100%.

Mas vamos retomar o capitalista inicial, responsável por introduzir o aumento de produtividade. Ele já não precisa da mesma quantidade de tempo de trabalho direto para produzir uma massa equivalente de produtos. Pode continuar a produzir a mesma quantidade que antes, mas com menos força de trabalho, ou produzir um número maior de produtos com a mesma quantidade de tempo de trabalho e força de trabalho. Em geral, a primeira possibilidade não é realista para o capitalista, pois o aumento da força produtiva normalmente só é possível quando o volume de produção aumenta simultaneamente (voltaremos a essa conexão na próxima seção). Ainda assim, podemos supor que o aumento da força produtiva é acompanhado de um aumento no número de produtos. O meio mais simples de vender a maior quantidade de produtos consiste em reduzir o preço: nesse caso, o produto individual é vendido abaixo de seu valor anterior. Mesmo que o nosso capitalista opte por isso, ele não precisa renunciar ao mais-valor extra. Se, pelo exemplo acima, ele vender o computador (cujo custo é 240) por 350, em vez de 360, obterá um mais-valor total de 110. Trata-se, efetivamente, de um mais-valor extra de 30, em comparação com o mais-valor usual de 80. Entretanto, o maior volume de vendas significa – na ausência de uma demanda maior – que os outros capitalistas que oferecem o mesmo produto podem vender menos e, em casos extremos, ir à falência. Se quiserem defender sua participação no mercado, também terão de vender a um preço mais baixo. Caso seu processo de produção permaneça inalterado, haverá uma redução do mais-valor. Isso significa que os outros capitalistas não têm escolha, a não ser aumentar a força produtiva do trabalho e, assim, reduzir seus custos, com a expectativa de acompanhar a concorrência.

A concorrência obriga os capitalistas a seguir o aumento da força produtiva iniciado por um deles, mesmo que não estejam individualmente interessados em uma valorização cada vez maior do capital. As *leis imanentes do capital*, como a tendência a prolongar a jornada de trabalho e desenvolver a força produtiva, são independentes da vontade dos capitalistas individuais. Impõem-se enquanto *leis coercitivas da concorrência*. Na medida em que todo capitalista está ciente dessa restrição, ele normalmente não espera até que ela lhe seja imposta pelos demais. Pelo contrário. Ele tenta ser o primeiro a aumentar a força produtiva para, desse modo, conseguir ao menos uma parte do mais-valor extra, em vez de sempre limitar as perdas. Consequentemente, todo capitalista pressiona os demais da mesma forma que é pressionado por eles. E todos agem seguindo uma "coação objetiva" cega. Não importa quão frugal um capitalista possa ser como pessoa – se ele quiser continuar sendo um capitalista, não poderá escapar da busca por lucros cada vez maiores.

5.3. Os métodos para a produção do mais-valor relativo: cooperação, divisão do trabalho, maquinaria

A produção capitalista começa quando um grande número de trabalhadores atua em conjunto, sob o comando de um capitalista, para produzir o mesmo tipo de mercadoria. Um proprietário de dinheiro que consegue empregar apenas um ou dois trabalhadores, mas, para garantir seu próprio sustento, ainda precisa trabalhar no processo de produção, não é ainda um capitalista em sentido estrito, mas sim um "pequeno mestre". Ele só pode ser considerado um capitalista ao agir como capital personificado, ou seja, quando dedicar todo o seu tempo à organização e ao controle do processo de produção capitalista e à venda dos produtos.

A cooperação de muitos trabalhadores provoca, mesmo sem uma mudança nas condições técnicas de produção, uma redução no valor dos produtos. Existem duas razões para isso. Por um lado, muitos meios de produção são utilizados em conjunto, de modo que contribuem com uma parcela menor do valor para o produto (cem trabalhadores podem produzir dez vezes mais do que dez trabalhadores, mas não precisam, por exemplo, de dez vezes mais prédios etc.). Por outro, uma nova força pode surgir da interação de muitos trabalhadores: um tronco de árvore robusto não pode ser movido por um único trabalhador, não importa quanto tempo ele tenha disponível, mas quatro trabalhadores podem movê-lo imediatamente. Dispostas em fileira, dez pessoas podem transportar cargas mais rapidamente do que uma pessoa que percorra o caminho sozinha etc.

Um aumento adicional na força produtiva pode ser obtido com a *divisão do trabalho*. Nesse caso, um processo de trabalho complexo é dividido em um grande número de subfunções simples. Em geral, elas podem ser executadas com mais agilidade individualmente do que como parte do processo geral. Com a prática e a experiência adequadas, além do apoio de ferramentas especiais adaptadas para essas subfunções, o trabalhador especializado pode se tornar ainda mais rápido. O aspecto negativo é que o trabalhador individual, além de se tornar amplamente dependente, pode ter problemas físicos e psíquicos decorrentes do esforço unilateral. Uma empresa cujo processo de produção se baseia na ampla divisão de trabalho, mas que não usa nenhuma ou apenas algumas máquinas, é chamada de *manufatura*.

No início do século XX, a divisão do trabalho foi levada ao extremo com o taylorismo (assim chamado em homenagem ao engenheiro Frederick W. Taylor). Ele decompôs os movimentos do processo de trabalho em seus menores elementos para, em seguida, atribuí-los a cada trabalhador. O objetivo era minimizar o desperdício de tempo e controlar as pausas. Esses conceitos foram aplicados principalmente na produção em linha de montagem. Entretanto, essa divisão extrema do trabalho não trouxe apenas vantagens para a exploração do capital. Especialmente no caso de produtos complexos, nos quais era essencial garantir uma alta qualidade, a divisão excessiva se mostrou um obstáculo, pois havia muito desperdício. Logo, no decorrer do desenvolvimento do processo de produção capitalista no século XX, observou-se, alternadamente, tanto a disseminação quanto a redução do taylorismo.

O aumento decisivo da força produtiva do trabalho é obtido por meio do uso de *máquinas*. É importante notar, no entanto, que uma máquina não é simplesmente uma grande ferramenta. O essencial é que uma ferramenta, qualquer que seja, não se restrinja a algo nas mãos de uma única pessoa: o que importa é que ela se constitua enquanto ferramenta de um mecanismo. Ora, o número de ferramentas que podem ser operadas simultaneamente por uma máquina está livre das limitações humanas. Por isso mesmo, um aumento adicional na força produtiva pode ser obtido quando distintas máquinas são combinadas em um *sistema de máquinas*: uma empresa baseada na produção mecanizada é chamada de *fábrica*.

A principal tarefa das pessoas na fábrica, além das atividades individuais que ainda não são mecanizadas, é monitorar as máquinas, consertá-las, fazer a manutenção e corrigir eventuais falhas. Note-se que o uso de computadores não muda isso fundamentalmente. Embora um grande número de tarefas de monitoramento e controle seja realizado por máquinas, as tecnologias de controle também devem ser monitoradas. No mais, a programação de cada um desses equipamentos necessita ser constantemente atualizada.

A divisão do trabalho em uma *manufatura* pressupõe habilidade manual dos trabalhadores. Nesse caso, o capital continua dependente da habilidade subjetiva, mesmo que ela seja reduzida a uma "habilidade especializada". Mas o cenário muda na *fábrica* baseada na produção mecanizada:

> Esse princípio subjetivo da divisão deixa de existir na produção mecanizada. O processo total é aqui considerado objetivamente, por si mesmo, e analisado em suas fases constitutivas, e o problema de executar cada processo parcial e de combinar os diversos processos parciais é solucionado mediante a aplicação técnica da mecânica, da química etc.[7]

Com a produção mecânica, o capital pode, portanto, se desvincular amplamente das habilidades especiais dos trabalhadores individuais. Eles não são mais reduzidos à função de um trabalhador parcial, mas – em um sistema de máquinas desenvolvido e em bom funcionamento – a meros apêndices. A dominação do capital sobre os trabalhadores está agora materializada, por assim dizer, no sistema de máquinas:

> Toda produção capitalista, por ser não apenas processo de trabalho, mas, ao mesmo tempo, processo de valorização do capital, tem em comum o fato de que não é o trabalhador quem emprega as condições de trabalho, mas, ao contrário, são estas últimas que empregam o trabalhador; porém, somente com a maquinaria essa inversão adquire uma realidade tecnicamente tangível. Transformado num autômato, o próprio meio de trabalho se confronta, durante o processo de trabalho, com o trabalhador como capital, como trabalho morto a dominar e sugar a força de trabalho viva.[8]

A cooperação, a divisão do trabalho e a maquinaria aumentam a força produtiva do trabalho: com a mesma quantidade de trabalho pode-se produzir um número maior de produtos, o que diminui o valor do produto individual. Sob as condições de produção capitalista, entretanto, a *força produtiva do trabalho* aumentada aparece como *força produtiva do capital*. Isso já acontece na cooperação simples: uma vez que os trabalhadores não possuem a força produtiva

---

[7] MEW, 23, p. 401 [ed. bras.: *O capital*, Livro I, cit., p. 454].
[8] MEW, 23, p. 446 [ed. bras.: *O capital*, Livro I, cit., p. 495].

adicional decorrente de sua cooperação enquanto agentes isolados, mas apenas cooperam sob o comando do capital, essa força parece pertencer ao capital.

Essa impressão é ainda mais forte na manufatura e na fábrica. A força de trabalho individual é reduzida a uma função parcial que, em geral, é completamente inútil fora desses ambientes. O fato de os trabalhadores e trabalhadoras poderem fazer qualquer coisa com suas habilidades parece ser um resultado derivado do capital. Assim, podemos caracterizar o *fetiche do capital* como a aparência de que o capital constitui um poder dotado de força produtiva própria. Da mesma forma que o fetiche da mercadoria, o fetiche do capital não pode ser reduzido à falsa consciência ou ao mero erro. Ao contrário, ele tem fundamento material na organização capitalista do processo de produção:

> As potências intelectuais da produção, ampliando sua escala por um lado, desaparecem por muitos outros lados. O que os trabalhadores parciais perdem concentra-se defronte a eles no capital. É um produto da divisão manufatureira do trabalho opor-lhes as potências intelectuais do processo material de produção como propriedade alheia e como poder que os domina. Esse processo de cisão começa na cooperação simples, em que o capitalista representa diante dos trabalhadores individuais a unidade e a vontade do corpo social de trabalho. Ele se desenvolve na manufatura, que mutila o trabalhador, fazendo dele um trabalhador parcial, e se consuma na grande indústria, que separa do trabalho a ciência como potência autônoma de produção e a obriga a servir ao capital.[9]

O aumento da força produtiva mediante a introdução da maquinaria distingue-se de maneira fundamental do aumento da força produtiva decorrente da cooperação ou da divisão do trabalho. A introdução de máquinas custa algo ao capitalista e, como ela é usada no processo capitalista de produção, seu valor é transferido para o produto. Isso significa que, em vez de baratear o produto, o uso de máquinas leva, inicialmente, ao seu encarecimento. Em geral, o barateamento só ocorre quando esse aumento é compensado pela redução do tempo de trabalho imediato.

---

[9] MEW, 23, p. 382 [ed. bras.: *O capital*, Livro I, cit., p. 435]. A importância cada vez maior do conhecimento e da ciência para a produção capitalista não é de forma alguma um fenômeno novo, como sugere o discurso em voga sobre a transição de uma "sociedade industrial para uma sociedade do conhecimento". E isso certamente não questiona – como às vezes se sugere – a determinação capitalista da forma de produção.

Vamos supor que a produção de um determinado produto consuma 50 matérias-primas e 8 horas de trabalho, o que, em condições normais, deve produzir um valor de 80. Então, o valor do produto será:

50 (matérias-primas) + 80 (tempo de trabalho) = 130

Vejamos o que ocorre quando o produto é produzido com a ajuda de uma máquina. Esta tem valor de 20 mil e é utilizada para produzir mil unidades antes de se desgastar. Isso significa que um valor de 20 é transferido para cada unidade. Inicialmente, o produto individual produzido mecanicamente torna-se 20 unidades de valor mais caro. Se 3 horas de trabalho forem economizadas, de modo que apenas 5 horas sejam necessárias, e não 8, então o valor do produto é:

50 (matérias-primas) + 20 (máquina) + 50 (tempo de trabalho) = 120

O produto ficou 10 unidades de valor mais barato. Isso significa que as 20 unidades de valor, resultantes do uso da maquinaria, foram mais do que compensadas pela redução de 3 horas de trabalho. Nesse cenário, se apenas uma hora de trabalho tivesse sido economizada, o valor do produto teria aumentado, isto é, a máquina não teria contribuído para o aumento da força produtiva e para o barateamento do produto.

No entanto, para o uso capitalista da maquinaria não é suficiente obter um produto mais barato. O capitalista não está interessado no *valor*, mas no mais-valor (ou lucro; ver o comentário na seção 5.1). Conforme explicamos anteriormente, o capitalista incrementa a força produtiva com o objetivo de diminuir os custos individuais, deixando-os abaixo da média social. É isso que garantirá a ele não apenas o mais-valor usual (lucro), mas um mais-valor extra (lucro extra). Vamos supor agora, retomando o exemplo acima, que a taxa de mais-valor seja de 100%. Uma pessoa que trabalha 8 horas e cria um valor de 80 recebe 40 como salário. Os 40 restantes constituem o mais-valor do capitalista. Portanto, antes da introdução da máquina, nosso capitalista tem custos de:

50 (matérias-primas) + 40 (salários por 8 horas) = 90.

Após a introdução da máquina, ele teria custos de:

50 (matérias-primas) + 20 (máquina) + 25 (salários por 5 horas) = 95.

Embora a máquina reduza o *gasto total* de trabalho necessário para o produto, ela não seria instalada, porque não reduz também os *custos* do capitalista. Isso só acontece se for economizado mais em salários (por produto) do que a máquina transfere em valor para o produto individual. Se, em nosso exemplo, o valor transferido da máquina for 20, então mais de 4 horas de trabalho devem ser economizadas para que ela seja vantajosa para o capitalista. Em outras palavras: o *capital constante adicional* (c), que é gasto no produto individual durante a produção mecânica, deve ser menor do que o *capital variável* (v), que é diminuído por meio da redução do tempo de trabalho. Desse modo, o capitalista não utilizará arbitrariamente uma grande quantidade de capital constante adicional por unidade, mas gastará o máximo que puder para economizar capital variável.

A introdução ou não de uma máquina (que transfere um determinado valor ao produto individual) depende, portanto, de quanto capital variável pode ser economizado por ela. Mesmo assim, ainda é necessário considerar, além das horas de trabalho poupadas, o nível dos salários. Em nosso exemplo, os trabalhadores e as trabalhadoras recebiam um salário de 40 por uma jornada de trabalho de 8 horas, ou seja, um salário de 5 por hora de trabalho. Três horas de trabalho economizadas resultam em uma economia de capital variável de 15, de modo que a introdução da máquina não foi vantajosa para o capitalista. Entretanto, se os salários fossem mais altos, por exemplo, 8 por hora de trabalho, as 3 horas de trabalho economizadas totalizariam 24. Com esse nível salarial, o capital variável economizado teria mais do que compensado o capital constante adicional (20 em nosso exemplo). Além disso, os custos do capitalista teriam diminuído. A mesma máquina que, em um contexto de salários baixos, não traz economia de custos e, portanto, não é empregada, pode ser vantajosa diante de um nível salarial mais alto e, por isso, ser empregada.

5.4. O potencial destrutivo do desenvolvimento capitalista das forças produtivas

O processo de trabalho cooperativo exige coordenação. No processo de produção capitalista, essa função é assumida pelo capitalista. A administração deste, no entanto, não apenas cumpre funções técnico-organizacionais, mas também organiza a exploração e, portanto, é condicionada pela oposição entre o explorador e o explorado. Por isso Marx conclui que a administração capitalista é "despótica em sua forma"[10]. Quando há um grande número de trabalhadores e trabalhadoras, são necessários – à semelhança dos militares – oficiais superiores e suboficiais industriais capazes de comandar em nome do capital.

No século XX, a forma da relação de dominação empresarial passou por transformações decisivas. O despotismo capitalista foi restringido, de um lado, por regulamentações legais e, de outro, por processos de negociação sindical. Na última década em particular, houve até mesmo certa tendência, em vários setores, a fortalecer a autonomia dos empregados sobre o processo de trabalho. Ainda assim, o objetivo da produção capitalista – a valorização do capital e a produção de mais-valor – não foi questionado por nenhuma dessas mudanças: tratava-se apenas de alcançar tal propósito por outras vias. Além disso, muitas vezes mostrou-se mais proveitoso, principalmente no caso dos empregos qualificados, motivar os empregados a contribuir voluntariamente com sua própria experiência e potencial de desempenho para o processo de trabalho, notadamente por meio de um maior grau de autonomia, ao invés de forçá-los a isso por pressão e controle constantes. Entretanto, as consequências dessa autonomia são geralmente tão destrutivas para os empregados quanto as antigas formas despóticas, exceto pelo fato de que essa destruição é agora auto-organizada[11].

As tendências de crescimento na produtividade – que são destrutivas para a força de trabalho – são imediatamente visíveis na tendência de extensão e, mais recentemente, de "flexibilização" do tempo de trabalho. Embora um aumento da força produtiva signifique que a mesma quantidade de produtos pode ser fabricada em menos tempo, isso não leva a uma redução do tempo de trabalho sob condições capitalistas. Especialmente nos casos que envolvem uso de maquinaria, o resultado tende a ser um prolongamento do tempo de trabalho, bem como a organização do trabalho em turnos e períodos noturnos, a fim de garantir que as máquinas funcionem o maior tempo possível.

Há vários motivos para isso. Enquanto a nova máquina não tiver se difundido na sociedade, o capitalista que a utiliza obtém um mais-valor extra. Este será

---

[10] MEW, 23, p. 351 [ed. bras.: *O capital*, Livro I, cit., p. 407].
[11] Sobre as tendências mais recentes das empresas, ver Harald Wolf, *Arbeit und Autonomie. Ein Versuch über Widersprüche und Metamorphosen Kapitalistischer Produktion* (Munique, Westfälisches Dampfboot, 1999) e Wilfried Glißmann e Klaus Peters, *Mehr Druck durch mehr Freiheit. Die neue Autonomie in der Arbeit und ihren Folgen* (Hamburgo, VSA, 2001).

ainda maior quanto mais produtos forem produzidos e vendidos nessa situação excepcional. Se, mais adiante, o uso da máquina constituir parte das condições médias de produção, os longos períodos de funcionamento da máquina ainda serão uma vantagem. É importante observar, no entanto, que o tempo de uso lucrativo da máquina depende não apenas de seu desgaste físico, mas também da disponibilidade ou não de uma máquina nova e melhor no mercado. Quanto mais rápido uma máquina transferir seu valor para os produtos que ela ajuda a produzir, menor será o risco de ela ser substituída por outra antes de ter transferido seu valor total. Não por acaso, se o prolongamento do tempo de trabalho atinge seu limite por causa de restrições legais, ou negociações coletivas, geralmente o capitalista tenta impor uma intensificação do trabalho, por exemplo, aumentando a velocidade das máquinas.

Uma vez que o processo de produção está desvinculado das limitações da força de trabalho individual e, enquanto processo objetivo, torna-se objeto de análise científica, a "indústria moderna jamais considera nem trata como definitiva a forma existente de um processo de produção. Sua base técnica é, por isso, revolucionária, ao passo que a de todos os modos de produção anteriores era essencialmente conservadora"[12]. Se a base técnica da produção é constantemente revolucionada, a força produtiva do trabalho é ampliada infinitamente. O único propósito aqui é aumentar os lucros. No decorrer desse processo, são feitos grandes investimentos para comprar novas máquinas ou construir fábricas inteiras. Se essas decisões forem adequadas para tornar o produto mais barato, serão consideradas necessárias. Já os investimentos para tornar as condições de trabalho mais agradáveis para os funcionários, ou simplesmente minimizar os riscos à saúde e de acidentes, representam deduções nos lucros e, consequentemente, são evitados. Ainda hoje, pode-se observar a seguinte situação em muitos setores:

> a economia nos meios sociais de produção, que no sistema de fábrica atingiu pela primeira vez sua maturidade, transforma-se, nas mãos do capital, em roubo sistemático das condições de vida do operário durante o trabalho: roubo de espaço, ar, luz e meios de proteção pessoal contra as circunstâncias do processo de produção.[13]

A coerção legal ou a resistência decisiva dos funcionários é constantemente necessária para impor até mesmo as melhorias mais simples nas condições de

---

[12] MEW, 23, p. 510-1 [ed. bras.: *O capital*, Livro I, cit., p. 557].
[13] MEW, 23, p. 449 [ed. bras.: *O capital*, Livro I, cit., p. 498].

trabalho. Daí a atualidade do raciocínio de Marx: "O que poderia caracterizar melhor o modo de produção capitalista do que a necessidade de lhe impor as mais simples providências de higiene e saúde por meio da coação legal do Estado?"[14].

O único objetivo da produção capitalista é a produção constante de mais-valor. A concorrência força o capitalista individual a fazer da busca de um mais-valor cada vez maior o objetivo de suas ações, sob pena de sua própria destruição. Tal como a força de trabalho, a *natureza* constitui apenas um meio para se atingir esse objetivo. Em termos de lógica interna, o capital é tão indiferente à destruição das bases naturais da vida (por escoamento de resíduos, fumaça de escapamento, destruição e envenenamento de regiões inteiras) quanto à destruição da força de trabalho individual. Hoje, um modo de produção industrial baseado na queima de combustíveis fósseis é mantido e expandido em todo o mundo, mesmo sendo bastante previsível a devastação ambiental local e global causada pelas mudanças climáticas[15].

Esse potencial destrutivo do desenvolvimento da força produtiva capitalista só pode ser contido "de fora", pela resistência dos trabalhadores e trabalhadoras, ou pelo poder do Estado. Se essas barreiras não existirem ou perderem sua força, o potencial destrutivo volta imediatamente à tona, já que é imanente ao modo de produção capitalista. Daí a atualidade, uma vez mais, da reflexão marxiana: a "produção capitalista só desenvolve a técnica e a combinação do processo de produção social na medida em que solapa os mananciais de toda a riqueza: a terra e o trabalhador"[16].

Diante da extensão da destruição ambiental e dos riscos à saúde decorrentes do modo de produção industrial, desenvolveu-se um debate acalorado no último terço do século XX em torno da questão: a devastação é inerente às condições materiais da produção *industrial* ou é provocada pelas condições *capitalistas*?

Não há nenhuma discussão explícita sobre essa questão em Marx. No entanto, ele enfatiza a necessidade de uma distinção "entre a maior produtividade que resulta do desenvolvimento do processo social de produção e aquela que resulta da exploração capitalista desse desenvolvimento"[17]. Por isso Marx foi frequentemente acusado de ter uma visão positiva do processo de produção

---

[14] MEW, 23, p. 505 [ed. bras.: *O capital*, Livro I, cit., p. 552].
[15] Ver Elmar Altvater, *Der Preis des Wohlstands* (Munique, Westfälisches Dampfboot, 1992).
[16] MEW, 23, p. 529-30 [ed. bras.: *O capital*, Livro I, cit., p. 574].
[17] MEW, 23, p. 445 [ed. bras.: *O capital*, Livro I, cit., p. 494].

industrial "em si" e de criticar somente seu invólucro capitalista. Essa também era a posição do marxismo-leninismo. Assim, os métodos de produção capitalista eram, às vezes, copiados de forma totalmente acrítica na União Soviética[18].

Hoje está muito mais claro do que na época de Marx que nem todo processo industrial de produção precisa simplesmente ser separado de sua aplicação capitalista para desenvolver, de modo repentino, efeitos puramente benéficos. Algumas linhas de desenvolvimento da industrialização não são destrutivas apenas por seu uso capitalista: se a energia nuclear fosse empregada em uma sociedade socialista, os riscos também seriam enormes e o uso generalizado de combustíveis fósseis também levaria à mudança climática. O potencial destrutivo do capital não se manifesta somente no *modo de aplicação* de uma tecnologia, mas também na *escolha* de determinados *caminhos de desenvolvimento* técnico-industrial.

5.5. Subsunção formal e real, fordismo, trabalho produtivo e improdutivo

Marx se refere à *subsunção formal do trabalho ao capital* quando um processo de trabalho, tal como existe, está subordinado ao capital. A única diferença em relação à situação pré-capitalista é que o trabalhador ou a trabalhadora, ao invés de trabalhar para si mesmo, agora trabalha para um capitalista. A relação capitalista de coerção se manifesta precisamente no fato de que o trabalhador trabalha mais tempo do que o necessário para sua autopreservação, e que o capitalista se apropria do mais-produto criado no processo. Com base na subsunção formal, somente a produção de mais-valor absoluto é possível.

Já na *subsunção real do trabalho ao capital*, o processo de trabalho se modifica para aumentar a força produtiva. Sob o comando do capital, observa-se uma diferença não apenas formal em relação ao processo de trabalho pré-capitalista, mas também em termos reais, ou seja, referente à organização geral e estrutura: o modo de produção capitalista cria a forma material de produção que lhe corresponde. A subsunção real só é possível com base na subsunção formal, o que permite, por sua vez, a produção de mais-valor relativo.

Até agora, ao considerar o mais-valor relativo, presumimos que a quantidade dos meios de subsistência necessários para reproduzir a força de trabalho (ou a família trabalhadora) permanece inalterada, isto é, o padrão de vida da classe

---

[18] Uma crítica a essa interpretação de Marx pode ser encontrada em Kurt Jacobs, "Landwirtschaft und Ökologie im 'Kapital'", *Prokla*, n. 108, 1997, p. 433-50.

trabalhadora não se altera. Mas esse não é necessariamente o caso. Vamos supor uma jornada laboral de oito horas e uma taxa de mais-valor de 100%. A jornada se divide em quatro horas de tempo de trabalho necessário, com as quais se garante a reprodução do valor da força de trabalho, e quatro horas de tempo de mais-trabalho, nas quais o mais-valor é produzido. Vamos pressupor ainda que a expressão monetária do valor criado em oito horas seja, em condições normais, de 160 euros. Consequentemente, a força de trabalho e o mais-valor produzido possuem, ambos, o valor diário de 80 euros.

Agora digamos que a força de trabalho produtiva duplique em todos os ramos da economia[19]. Isso significa que todos os bens podem ser produzidos na metade do tempo de trabalho anterior, de tal modo que seu valor é reduzido pela metade. O valor diário da força de trabalho passa a ser produzido em 2 horas, e não mais em 4, caindo de 80 para 40 euros. Restam, assim, mais 2 horas para o mais-trabalho, que passa a ser de 6 horas, fazendo com que o mais-valor aumente de 80 para 120 euros. Embora o valor da força de trabalho tenha sido reduzido à metade, agora é possível comprar, com 40 euros, a mesma quantidade de meios de subsistência que antes custavam 80 euros, o que possibilita a manutenção do padrão de vida da família trabalhadora.

Vamos supor ainda que os trabalhadores consigam – por exemplo, graças a lutas trabalhistas ou escassez de força de trabalho – receber como salário não apenas o valor criado em 2 horas, mas em 3 horas, ou seja, 60 euros, em vez de 40 euros. Também nesse caso, o valor da força de trabalho teria caído (de 80 para 60 euros), o mais-trabalho teria aumentado em uma hora (de 4 para 5 horas, resultando em um mais-valor de 100 euros), mas o padrão de vida da família trabalhadora teria igualmente aumentado. Isso ocorre porque, uma vez que o valor dos meios de subsistência caiu pela metade em virtude da duplicação da força produtiva, a família do trabalhador tem à sua disposição não apenas metade, mas três quartos do salário anterior. Se essa família pode comprar hoje a mesma quantidade de insumos por 40 euros que comprava por 80 euros no passado – mas agora tem 60 euros à sua disposição –, então ela pode aumentar em 50% a quantidade de meios de subsistência. Expresso nos termos de hoje: os *salários nominais* (ou seja, os salários expressos em dinheiro) caíram 25% (de

---

[19] Esse enorme aumento é pressuposto apenas para simplificar os cálculos a seguir. Entretanto, se compararmos épocas com várias décadas de diferença, é bem possível que a força produtiva tenha dobrado.

80 para 60 euros), mas os *salários reais* (ou seja, os salários expressos em poder de compra) aumentaram 50%.

Como efeito do crescimento da força produtiva, a *elevação do padrão de vida da classe trabalhadora* acompanhou o *aumento do mais-valor apropriado pelo capitalista*. Um declínio no valor da força de trabalho simultâneo a um aumento do mais-valor produzido pela força de trabalho individual significa que a taxa de mais-valor s/v e, com ela, a exploração da força de trabalho, aumentou. O *aumento da exploração* (ou seja, uma parte maior da jornada de trabalho dedicada ao mais-trabalho) e um *aumento no padrão de vida da classe trabalhadora* não são, portanto, mutuamente excludentes.

Por fim, também pode haver uma redução da jornada de trabalho. Vamos supor que o tempo de trabalho diário seja reduzido de 8 horas para 7,5 horas. Se a força de trabalho ainda recebe 60 euros (o valor criado em 3 horas), restam 4,5 horas de tempo de mais-trabalho (meia hora a mais do que antes do aumento da força produtiva), resultando em um mais-valor de 90 euros (10 euros a mais do que antes do aumento da força produtiva)[20]. Esse último exemplo corresponde – não em termos das relações quantitativas exatas, mas tendencialmente – ao desenvolvimento dos países capitalistas avançados. O fato de a classe trabalhadora nesses países ter, hoje, um padrão de vida mais alto e jornadas de trabalho mais curtas do que há cinquenta ou cem anos, não significa de forma alguma – como se afirma repetidamente – que a exploração tenha diminuído ou mesmo desaparecido.

Ora, o capítulo anterior já enfatizou que a exploração não se refere a uma situação particularmente ruim e miserável, mas ao fato de que os trabalhadores e as trabalhadoras criam um valor maior do que recebem na forma de salários. O grau de exploração não é medido pelo padrão de vida, mas pela taxa de mais-valor. Como demonstrado, é perfeitamente possível que um aumento no padrão de vida e uma redução do tempo de trabalho andem de mãos dadas com um aumento no mais-valor e na taxa de mais-valor.

No entanto, a dinâmica que acabamos de esboçar, baseada na produção de mais-valor relativo – (i) desenvolvimento técnico acelerado, (ii) incremento do padrão de vida da classe trabalhadora e (iii) aumento simultâneo dos lucros –,

---

[20] As reduções no tempo de trabalho geralmente levam a uma intensificação do trabalho (um produto de maior valor é produzido no mesmo tempo), o que favoreceria um aumento do mais--valor. No entanto, isso não é levado em conta no cálculo do nosso exemplo.

possui um pré-requisito que ainda não foi abordado: a maior parte dos meios de subsistência que vai para o consumo das famílias da classe trabalhadora deve ser produzida de maneira capitalista. Enquanto essas famílias produzirem grande parte de seus alimentos, ou os obtiverem de pequenos agricultores e artesãos, o aumento da força produtiva nas empresas capitalistas levará a um mais-valor de curto prazo, mas sem grandes impactos no valor da força de trabalho.

Foi somente no decorrer do século XX que a maioria dos bens consumidos pelas famílias da classe trabalhadora foi, de fato, produzida sob condições capitalistas. O assim chamado fordismo desempenhou um papel decisivo nesse processo: com base na decomposição taylorista do processo de trabalho, Henry Ford conseguiu, por volta de 1914-1915, produzir em suas fábricas de automóveis o Modelo T como um produto de massa padronizado na linha de montagem, reduzindo consideravelmente o custo do produto e, assim, transformando-o em um bem de consumo para amplas camadas da população. Ao mesmo tempo, Ford aumentou os salários muito acima da média da época, com o objetivo de reduzir a rotatividade da força de trabalho. Após a Segunda Guerra Mundial, o fordismo se difundiu nos Estados Unidos e na Europa Ocidental: de um lado, o taylorismo e a produção em linha de montagem tornaram os bens de consumo de massa (carros, geladeiras, máquinas de lavar, televisores etc.) cada vez mais baratos, enquanto, de outro, os salários reais aumentaram. Como o valor da força de trabalho caiu, apesar do aumento dos salários reais, os lucros aumentaram. A produção em massa padronizada, a expansão do consumo em massa e o aumento dos lucros andaram de mãos dadas por quase duas décadas e constituíram uma base importante, se não a única, do "milagre econômico" do pós-guerra.

Voltemos agora a alguns conceitos igualmente importantes. A finalidade do processo de trabalho, considerado independentemente de sua determinação econômica formal, consiste na produção de um determinado valor de uso. Do ponto de vista do processo de trabalho, o trabalho que cria esse valor de uso (ou está envolvido na sua criação) é trabalho produtivo. O objetivo do processo de produção capitalista é a produção de mais-valor. A partir dessa perspectiva, somente o trabalho que produz mais-valor é considerado *trabalho produtivo*. Quando esse conceito vier a ser mencionado a seguir, a menos que seja dito o contrário, fazemos referência sempre ao trabalho produtivo em sentido capitalista.

O fato de um tipo específico de dispêndio de trabalho ser considerado ou não trabalho produtivo, no sentido capitalista, *não* depende do caráter concreto do trabalho, mas das circunstâncias econômicas nas quais ele ocorre. Se faço uma pizza que eu mesmo como ou sirvo aos meus amigos, criei um valor de uso, mas não uma mercadoria (a pizza não é vendida). Isso significa que não produzi nenhum valor ou mais-valor: meu trabalho foi improdutivo no sentido capitalista. Se, por outro lado, eu vender a pizza em um festival de rua, produzi mercadoria e valor, mas nenhum mais-valor: meu trabalho, portanto, ainda é improdutivo. Se, agora, estou empregado como cozinheiro em um restaurante administrado de modo capitalista e faço uma pizza que é consumida por clientes que pagam por ela, então produzi não apenas valor, mas também mais-valor: nesse sentido, meu trabalho foi "produtivo".

O caráter produtivo ou não do meu trabalho não depende do valor de uso produzido, mas do fato de eu produzir bens que também contenham mais-valor. Já apontamos na seção 3.1 que não apenas os produtos materiais, mas também os serviços, na medida em que são vendidos, são mercadorias. Em um teatro capitalista, os atores são, portanto, tão "trabalhadores produtivos" quanto os metalúrgicos. Para o caráter de mercadoria de um objeto, também é irrelevante se ele é "realmente" útil e necessário para a reprodução da sociedade: um iate de luxo, um filme publicitário ou mesmo um tanque de guerra, se encontram compradores, são mercadorias. E se forem produzidos sob condições capitalistas, o trabalho despendido em sua produção é "trabalho produtivo".

Para realizar o trabalho produtivo no sentido capitalista, tenho de ser um trabalhador assalariado. Entretanto, o inverso não é verdadeiro. Nem todo trabalhador assalariado é automaticamente um "trabalhador produtivo". Continuemos com o exemplo da pizza utilizado há pouco: se eu for cozinheiro em um restaurante administrado por capitalistas, meu trabalho é produtivo. Mas vamos supor que o dono do restaurante queira me contratar como cozinheiro particular, de modo que passo a trabalhar em sua casa. Ainda que eu continue sendo um trabalhador assalariado, já não produzo mais mercadorias, apenas valores de uso: a pizza que passo a preparar não é vendida, mas consumida por ele e seus amigos: não produzo nem valor nem mais-valor, portanto sou um trabalhador assalariado "improdutivo".

Aqui o sentido da distinção entre trabalho produtivo e improdutivo torna-se claro: se eu trabalhar como cozinheiro em um restaurante, o dono precisa pagar meu salário e os insumos com os quais trabalho, da mesma forma que faria se eu fosse seu cozinheiro particular. No entanto, o dinheiro que ele gasta na administração do restaurante é apenas *adiantado*. Se tudo correr bem, esse dinheiro retorna para o proprietário do restaurante, acrescido de mais-valor. O dinheiro pago a mim enquanto cozinheiro particular, por sua vez, é *gasto*. O proprietário do restaurante recebe um valor de uso em troca, mas não dinheiro. Para poder se dar ao luxo de contratar um cozinheiro particular, o proprietário do restaurante precisa do mais-valor produzido pelo cozinheiro no restaurante. Isso significa que a quantidade de trabalho improdutivo que o dono do restaurante pode pagar é limitada pela quantidade de mais-valor produzida pelos trabalhadores produtivos de seu estabelecimento.

5.6. Acumulação, exército industrial de reserva, pauperização

Se, ao fim do processo de produção capitalista, o produto for vendido com sucesso, o capitalista obtém não apenas a soma de capital originalmente adiantada, mas também um mais-valor adicional. Esse é o objetivo da produção capitalista. Entretanto, o mais-valor não se destina ao consumo do capitalista – caso em que a finalidade da produção é obter uma massa de valores de uso que podem ser comprados com o mais-valor –, mas à valorização ulterior do capital: o movimento do capital é um *fim em si mesmo* (ver seção 4.2). Ao final do processo de valorização D-M-D', o dinheiro é novamente adiantado sob a forma de capital, não só a soma inicial de valor D, mas a soma de valor *aumentada* pelo mais-valor (descontado o gasto de consumo do capitalista), que, por sua vez, deve produzir outro aumento de mais-valor. A transformação do mais-valor em capital é denominada de *acumulação*.

A concorrência obriga o capitalista individual a acumular. Ele precisa participar da corrida por um aumento constante da força produtiva para que possa acompanhar a concorrência de preços. Mas o aumento da força produtiva pela introdução de novas máquinas é, em geral, caro. Muitas vezes, não é suficiente investir a mesma soma de valor em outras máquinas: é necessário investir uma soma de valor ainda maior. Isso significa que a acumulação se impõe efetivamente ao capitalista individual.

Ainda assim, a magnitude dessa acumulação pode ser muito diferente para cada capitalista. No caso de grandes investimentos, quando instalações inteiras de produção precisam ser renovadas, o mais-valor produzido anteriormente pode não bastar. Nessas circunstâncias, o volume da acumulação pode ser aumentado mediante empréstimo. Mas também é possível que nem todo o mais-valor seja necessário para a acumulação e, nesse cenário, o que restou pode ser investido como capital portador de juros em bancos, ou até mesmo no mercado financeiro. Em ambos os casos, a taxa de juros se torna um fator decisivo. Entretanto, a análise do capital portador de juros, do crédito etc. ainda requer várias etapas intermediárias, razão pela qual não é analisada por Marx até o Livro III de *O capital* (ver capítulo 8). Sua apresentação do processo de acumulação no Livro I (base da presente seção) está, portanto, longe de ser completa – o que, por sua vez, atesta a necessidade de lermos todo *O capital*.

No início deste capítulo, introduzimos a distinção entre *capital constante* c (a parte do capital que é adiantada para máquinas, matérias-primas etc.) e *capital variável* v (adiantado para salários). A relação entre o capital constante e o capital variável (c/v) é designada por Marx como *composição de valor* do capital. Já a relação entre a massa de meios de produção e a massa de trabalho é denominada *composição técnica* do capital. Na medida em que a composição do valor é determinada pela composição técnica, Marx a chama de *composição orgânica* do capital[21]. Esta, portanto, só leva em conta as mudanças na composição do valor que resultam de alterações nas condições técnicas (por exemplo, porque uma máquina nova e mais cara é utilizada), mas não aquelas decorrentes apenas de mudanças no valor dos meios de produção utilizados. Se, por exemplo, o carvão se tornar mais caro, o capital constante (c) em uma siderúrgica aumentará e, portanto, c/v também aumentará, sem que nada tenha mudado nas condições de produção. Nesse caso, a composição de valor teria aumentado, mas não a composição orgânica. Quando, a seguir, falarmos sobre a composição do capital, estaremos nos referindo sempre à composição do valor, e não à composição orgânica[22].

Se o capital é acumulado sob condições invariáveis – isto é, com uma composição de valor constante, valor constante da força de trabalho e duração constante da jornada laboral –, a demanda por força de trabalho cresce tão fortemente quanto o capital. Por exemplo, se tanto mais-valor é transformado em capital que a soma do valor avançado como capital aumenta 20%, então serão necessários mais 20% de força de trabalho. Em um primeiro momento,

---

[21] MEW, 23, p. 640 [ed. bras.: *O capital*, Livro I, cit., p. 689].

[22] Note-se que a análise da composição orgânica encontra dificuldades, especialmente quando se fala da composição média do *capital global* de uma sociedade, pois as transformações técnicas em um setor alteram o valor de seu produto e, portanto, levam a mudanças na composição do valor em todos os outros setores que utilizam esse produto. Isso significa que as mudanças na composição orgânica já não podem mais ser claramente distinguidas das mudanças na composição do valor (ver Michael Heinrich, *Die Wissenschaft vom Wert*, Munique, Westfälisches Dampfboot, 1999, p. 315 e seg.).

o aumento da demanda por força de trabalho melhora as condições sob as quais ela é vendida, de modo que seu preço pode subir acima de seu valor. No entanto, isso reduz o mais-valor, o que desacelera tanto a acumulação quanto a demanda por força de trabalho e, portanto, os aumentos salariais.

A elevação dos salários também tem consequências para a introdução de máquinas que economizam trabalho. Conforme explicamos na seção 5.3, um capitalista só introduzirá uma máquina se o aumento nos custos de produção (como resultado do valor transferido da máquina para o produto) for menor do que a redução dos custos do capital variável. No entanto, essa economia depende do nível dos salários. Portanto, no caso da existência de salários altos, são introduzidas máquinas que, diante de salários baixos, não trariam nenhuma vantagem de custo. Assim, o aumento dos salários leva a uma introdução acelerada de máquinas que economizam trabalho. O processo de acumulação típico não ocorre em condições constantes, mas com uma composição de valor crescente do capital: consequentemente, mesmo no caso de um processo de acumulação contínuo, a demanda por força de trabalho e o aumento dos salários podem ser limitados. Vemos aqui o que já foi mencionado na seção 4.4: o próprio processo de acumulação capitalista garante que o salário permaneça limitado, em média, ao valor da força de trabalho, e que esse valor, embora historicamente variável, nunca possa subir tanto a ponto de prejudicar seriamente a valorização do capital.

A quantidade de trabalhadores e trabalhadoras que estão dispostos (ou são obrigados) a vender sua força de trabalho, mas não conseguem encontrar um comprador, constitui aquilo que Marx chama de *exército industrial de reserva*. Sua extensão depende de dois efeitos opostos. Por um lado, ocorre a acumulação de capital e, portanto, uma extensão da produção, algo que – em um nível constante de composição de valor – exige mais força de trabalho (efeito de emprego da acumulação). Por outro, um aumento na força produtiva do trabalho, que se expressa em uma composição de valor crescente, leva – em um nível constante de produção – a uma menor necessidade de força de trabalho (efeito de redundância da força de trabalho decorrente do aumento da força produtiva). O aumento ou a diminuição da demanda por força de trabalho depende de qual desses efeitos é preponderante.

Supondo que a força produtiva do trabalho duplique, então apenas metade da força de trabalho é necessária para produzir uma determinada quantidade de produto. Se tanto mais-valor é convertido em capital a ponto de a produção dobrar, o número de trabalhadores empregados permanecerá o mesmo. No entanto, se menos capital é acumulado, a quantidade produzida ainda aumentará, mas com um contingente menor de força de trabalho.

Marx assumiu que o capital tende a produzir um "exército industrial de reserva" cada vez maior. Com um número aproximadamente constante de trabalhadores, isso só é possível se o "efeito de redundância" do aumento da força produtiva superar o "efeito de emprego" da acumulação. Ao analisar um capital individual, geralmente não é possível prever qual efeito será preponderante. Entretanto, Marx argumentou que há duas possibilidades de crescimento para os capitais individuais. Uma ocorre em consequência da transformação do mais-valor em capital, chamada *concentração de capital*. A outra, em virtude da união de diferentes capitais individuais (seja uma fusão "pacífica", seja uma aquisição "hostil"), denominada *centralização de capital*[23]. No caso da centralização, o capital individual cresce consideravelmente, o que em geral também se expressa na revolução técnica acelerada (o capital aumentado tem mais possibilidades de investimento à sua disposição, pode adquirir máquinas para as quais os meios do capital menor não eram suficientes etc.), sem um crescimento no capital total. A esse respeito, a centralização leva repetidamente a aumentos no poder produtivo com efeitos significativos de redundância, sem que estes sejam compensados por efeitos de emprego devidos à acumulação. Embora essa consideração seja bastante plausível, a ocorrência de efeitos de emprego ou redundância na economia como um todo depende, assim, tanto da frequência desses processos de centralização como da relação entre os efeitos de redundância resultantes e os efeitos de emprego dos capitais restantes.

O *aumento tendencial* do exército industrial de reserva – tal como conjecturado por Marx – não pode ser estritamente comprovado. Ainda assim, está claro que, no capitalismo, ele não pode desaparecer no longo prazo. O capitalismo com pleno emprego é sempre uma exceção: o pleno emprego possibilita aos trabalhadores e trabalhadoras exercerem pressão por salários mais altos, o que leva a uma desaceleração no processo de acumulação e/ou ao aumento do uso de máquinas que, consequentemente, economizam trabalho – uma dinâmica que implica a (re)criação de um exército industrial de reserva.

---

[23] Essa terminologia marxiana difere daquela usada atualmente: "concentração" se refere, hoje, ao processo que Marx define como "centralização": a diminuição do número de capitais individuais.

Para os capitalistas individuais, a existência desse exército industrial de reserva oferece uma dupla vantagem. Por um lado, os trabalhadores "desempregados" pressionam para baixo os salários dos "empregados" e, por outro, eles representam realmente uma "reserva" para expansões repentinas da acumulação: uma rápida expansão da produção, devida, por exemplo, a novas oportunidades de vendas no exterior, não é possível quando há pleno emprego. Por esse motivo, os apelos aos empresários para que façam algo para reduzir o desemprego são sempre infundados. A crítica que acusa o capitalismo de produzir desemprego também erra o alvo[24]: o único objetivo do capital é a valorização, e não a criação de pleno emprego nem uma vida boa para a maioria da população.

Após a análise do exército industrial de reserva, o capítulo 23 do Livro I contém várias afirmações que foram interpretadas como uma "teoria da pauperização". Especialmente na década de 1920, essa teoria da pauperização foi compreendida também como uma teoria da revolução: sob o capitalismo, as massas empobrecem, de modo que inevitavelmente perceberiam que não têm alternativa senão a abolição revolucionária do capitalismo. No entanto, o exemplo do fascismo alemão (dentre outros) mostra que os setores mais "empobrecidos" da população não se movem automaticamente para a esquerda. Eles podem se voltar até mesmo para movimentos de direita, nacionalistas e fascistas.

Na época do "milagre econômico" – nos anos 1960 e início dos anos 1970 –, os defensores do capitalismo argumentavam que a "teoria da pauperização" era obviamente refutada pelo pleno emprego e pelo aumento constante do padrão de vida dos trabalhadores. Essa "prova" foi transformada então em uma tese fundamental contra a crítica de Marx à economia: a falsa previsão acerca das consequências do desenvolvimento do capitalismo deixaria claro que a análise marxiana estava completamente equivocada.

Os marxistas não aceitaram essa análise e fizeram uma distinção – não encontrada em Marx – entre "pauperização absoluta" (o padrão de vida da classe trabalhadora cai em termos absolutos) e "pauperização relativa" (o padrão de vida pode aumentar, mas a participação da classe trabalhadora na riqueza da sociedade diminui em relação aos capitalistas). Marx já havia defendido uma

---

[24] Robert Kurz também faz essa acusação. Diante do desemprego em massa e da miséria em massa, ele chega à conclusão de que "o sistema capitalista global [...] fracassou completamente" (Robert Kurz, *Schwarzbuch des Kapitalismus*, Frankfurt, Eichborn, 1999, p. 699). Mas só é possível fracassar em relação a metas efetivamente postas.

teoria absoluta da pauperização em 1848, no *Manifesto Comunista*[25]. Mas no Livro I de *O capital*, publicado dezenove anos depois, isso não é mencionado. Aqui ele deixa claro que é precisamente a produção de mais-valor relativo (que, no máximo, pode ser entendido como "pauperização relativa") a responsável por permitir um aumento no padrão de vida da classe trabalhadora (ver seção 5.5).

Ainda assim, é importante atentar para uma passagem muito discutida do capítulo 23 do Livro I. Nela, a principal preocupação de Marx não é de modo algum a distribuição específica da renda. Fazendo referência à sua análise anterior da produção de mais-valor relativo, Marx escreve:

> no interior do sistema capitalista, todos os métodos para aumentar a força produtiva social do trabalho aplicam-se à custa do trabalhador individual; todos os meios para o desenvolvimento da produção se convertem em meios de dominação e exploração do produtor, mutilam o trabalhador, fazendo dele um ser parcial, degradam-no à condição de um apêndice da máquina, aniquilam o conteúdo de seu trabalho ao transformá-lo num suplício, alienam ao trabalhador as potências espirituais do processo de trabalho na mesma medida em que a tal processo se incorpora a ciência como potência autônoma, desfiguram as condições nas quais ele trabalha, submetem-no, durante o processo de trabalho, ao despotismo mais mesquinho e odioso, transformam seu tempo de vida em tempo de trabalho, arrastam sua mulher e seu filho sob a roda do carro de Jagrená do capital [referência a um culto indiano, no qual os fiéis se jogavam sob as rodas de uma carruagem com a imagem do deus – M. H.]. Mas todos os métodos de produção do mais-valor são, ao mesmo tempo, métodos de acumulação, e toda expansão da acumulação se torna, em contrapartida, um meio para o desenvolvimento desses métodos. Segue-se, portanto, que à medida que o capital é acumulado, a situação do trabalhador, seja sua remuneração alta ou baixa, tem de piorar.[26]

Como se vê, a última frase da citação deixa claro que a análise marxiana não recai primordialmente sobre a renda ou possíveis padrões de vida. A "piora"

---

[25] MEW, 4, p. 473 [ed. bras.: *Manifesto Comunista*, trad. Álvaro Pina e Ivana Jinkings, São Paulo, Boitempo, 2010, p. 50. A passagem a que Heinrich se refere é esta: "O operário moderno [...], longe de se elevar com o progresso da indústria, desce cada vez mais, caindo abaixo das condições de sua própria classe. O trabalhador torna-se um indigente, e o pauperismo cresce ainda mais rapidamente do que a população e a riqueza"].

[26] MEW, 23, p. 674-5 [ed. bras.: *O capital*, Livro I, cit., p. 720-1].

da situação dos trabalhadores refere-se à totalidade de suas condições de vida e trabalho, o que também fica explícito na seguinte afirmação: "a acumulação de riqueza num polo é, ao mesmo tempo, a acumulação de miséria, o suplício do trabalho, a escravidão, a ignorância, a brutalização e a degradação moral no polo oposto"[27].

A crítica de Marx ao capitalismo *não* se reduz à distribuição de renda ou riqueza. Essa distribuição pode ser alterada dentro do capitalismo até certo ponto, e é do interesse do capital que os trabalhadores e as trabalhadoras não se afundem na pobreza total, porque a qualidade de seu trabalho também seria impactada. Os desempregados, os membros do "exército industrial de reserva", não podem simplesmente vegetar, porque sua força de trabalho, da qual o capital necessita em caso de um novo surto de acumulação, não seria mais utilizável (ver seção 1.1, item f).

O que Marx critica não é uma distribuição específica de bens ou renda, mas as condições "miseráveis" de trabalho e vida em um sentido abrangente, caracterizadas como "agonia do trabalho", "ignorância", "brutalização" etc. Em sua análise do processo de produção e acumulação capitalista, Marx tenta demonstrar que essas condições de vida não são de forma alguma doenças infantis do capitalismo. Pelo contrário, as condições permanecem "miseráveis", apesar de todas as mudanças em sua forma concreta. Como o único objetivo desse processo é a valorização e seu constante aprimoramento, e uma vez que o homem e a natureza são meramente instrumentos para essa valorização, esse processo tem uma destrutividade imanente e continua reproduzindo as condições miseráveis repetidas vezes, em formas sempre novas, mesmo quando o padrão de vida aumenta.

Marx não faz uma reprovação moral dos capitalistas individuais como resultado de sua análise, mas simplesmente conclui: se alguém está realmente interessado em mudar essas condições, não resta alternativa senão a *abolição do capitalismo*. A *crítica* de Marx não consiste em uma recriminação moralista, mas em demonstrar como o capitalismo realmente funciona.

---

[27] MEW, 23, p. 675 [ed. bras.: *O capital*, Livro I, cit., p. 721].

6
A CIRCULAÇÃO DO CAPITAL

Em seu processo de valorização, o capital assume alternadamente as formas de mercadoria e dinheiro. Como já pode ser visto na "fórmula geral do capital" (D-M-D'), esse processo engloba atos de produção e circulação. O capítulo anterior tratou apenas do processo de produção, apresentado por Marx no Livro I de *O capital*. A investigação do processo de circulação é realizada no Livro II. Neste capítulo serão explicados, adicionalmente, alguns conceitos fundamentais para a compreensão do conteúdo do Livro III.

6.1. O ciclo do capital: custos de circulação, capital industrial e capital comercial

A fórmula D-M-D' descreve abstratamente o *ciclo* do capital. Este se divide em três estágios.

– *Primeiro estágio*: o capitalista aparece no mercado de mercadorias como um comprador e converte seu *capital monetário* D em mercadoria M. Como já visto, o dinheiro é a forma independente de valor. O capital monetário, por sua vez, é a forma-dinheiro do capital. O que torna esse ato de compra um momento na circulação do capital é o contexto no qual ele sucede: o capitalista compra uma mercadoria para produzir novas mercadorias, que serão vendidas com lucro. Isso é possível graças ao conteúdo material especial da mercadoria comprada: o capitalista compra meios de produção (Mp) e força de trabalho (T), ou seja, transforma o capital monetário (D) em *capital produtivo* (P).

– *Segundo estágio*: o processo de circulação é interrompido e o capital produtivo (P) é consumido no processo de produção. É importante notar que meios de produção e força de trabalho não constituem, por si sós, capital produtivo. Independentemente da forma social específica, esses elementos são sempre fatores do processo de produção. Constituem capital produtivo apenas no *interior do processo de produção capitalista*. Como já sabemos, o resultado desse processo é uma nova quantidade de mercadorias: enquanto forma de existência do capital valorizado, essa nova quantidade de mercadorias recebe o nome de *capital-mercadoria* (M'). São não apenas mercadorias qualitativamente distintas da quantidade original de mercadorias (M) (meios de produção e força de trabalho), mas também devem possuir, no caso de venda, um valor mais alto.

– *Terceiro estágio*: o processo de circulação é continuado no momento em que o capitalista entra no mercado como vendedor. Ele, então, vende a nova quantidade de mercadorias M' por D', ou seja, o capital-mercadoria é novamente transformado em capital monetário. Este é, agora, capital monetário valorizado, acrescido de mais-valor.

Assim, o movimento detalhado da circulação (os pontos indicam que o processo de circulação é interrompido pelo processo de produção) apresenta-se do seguinte modo:

$$D - M \begin{smallmatrix} \nearrow Mp \\ \\ \searrow T \end{smallmatrix} \ldots P \ldots M' - D'$$

Nesse ciclo, o capital assume sucessivamente as formas de capital monetário, capital produtivo e capital-mercadoria. Essas formas não constituem tipos autônomos do capital, mas fases individuais do ciclo do capital.

O tempo que o capital gasta no processo de produção é denominado *tempo de produção*. Já o tempo decorrido no processo de circulação – seja na forma de capital monetário, buscando vendedores de mercadorias, seja na de capital-mercadoria, procurando compradores – chama-se *tempo de circulação*. O tempo de produção é maior do que o tempo de trabalho propriamente dito: se as máquinas permanecerem ociosas durante a noite, ou se os suprimentos forem mantidos em estoque, o capital ainda estará localizado no processo de produção, mesmo que temporariamente fora do tempo de trabalho. Uma vez que apenas nesse período se produz valor e mais-valor, os capitalistas tentam reduzir ao mínimo possível o tempo de produção e de circulação que, eventualmente, ultrapassem o tempo de trabalho.

Durante a circulação surgem os *custos de circulação*. No entanto, é necessário fazer uma distinção entre (i) os custos das atividades produtivas, que aumentam o valor de uso e o valor do produto, ou seja, a continuidade do processo de produção durante a circulação, e (ii) os *custos puros da circulação*, que não agregam nada ao valor de uso e, consequentemente, não aumentam o valor do produto, pois se originam apenas da *mudança de forma* do dinheiro em mercadoria ou da mercadoria em dinheiro. Os primeiros incluem principalmente os custos de transporte. Ora, um item só tem valor de uso para mim se estiver disponível no local onde eu quiser consumi-lo. Por exemplo, o transporte de uma bicicleta da fábrica até o consumidor é tão necessário para o valor de uso desse bem quanto a montagem dos pneus e, assim, ambos contribuem para seu valor.

Em contraste, a simples mudança de forma da mercadoria e do dinheiro não tem nenhuma relação com o valor de uso da mercadoria e, portanto, com o valor. Os agentes da circulação (por exemplo, caixas) podem também ser trabalhadores assalariados que, como todos os outros, realizam mais-trabalho, na medida em que trabalham, digamos, oito horas, enquanto seu salário constitui uma soma de valor que, em circunstâncias normais, é produzida em quatro horas. Entretanto, esses agentes não produzem nenhum valor ou mais-valor. Seu trabalho é necessário sob as condições capitalistas, mas é "improdutivo". O salário desse trabalho (e o valor dos meios de produção consumidos por ele) constitui, na verdade, uma dedução do mais-valor produzido pelos trabalhadores produtivos. O fato de os trabalhadores improdutivos realizarem mais-trabalho e, portanto, também serem explorados, não contribui para a criação de mais-valor. Ainda assim, a redução dos gastos com esse tipo de trabalho reduz a dedução do mais-valor.

Essa circunstância se aplica, de modo geral, aos custos de circulação propriamente ditos, pois eles também operam uma redução do mais-valor. Caso diminuam, o mais-valor restante aumenta. Isso cria a aparência de que a valorização do capital não resulta apenas da exploração da força de trabalho no processo de produção, mas, independentemente disso, também do processo de circulação. O *fetiche do capital*, já mencionado na análise do processo de produção (ver seção 5.3), é ainda mais reforçado no processo de circulação.

O capital que passa pelas três formas de capital monetário, capital produtivo e capital-mercadoria é descrito por Marx como *capital industrial*. Com isso não se procura destacar uma particularidade *material* (o uso de grandes instalações de produção, por exemplo), mas uma característica distintiva da *perspectiva do valor*: "O capital industrial é o único modo de existência do capital em que este último tem como função não apenas a apropriação de mais-valor ou de mais-produto, mas também sua criação"[1].

O capital industrial, nesse sentido, também inclui o capital que é investido em empresas de serviços. A única diferença aqui é que o produto final (seja uma apresentação teatral ou um transporte) não é uma coisa tangível que possa atuar como capital-mercadoria independente. Nesse caso, ele só pode ser consumido simultaneamente ao seu processo de produção, de modo que seu circuito apresenta a seguinte forma:

$$D - M \begin{smallmatrix} \nearrow Mp \\ \\ \searrow T \end{smallmatrix} \ldots\ldots P - D'$$

Mas o valor de tal serviço, como o valor de qualquer outra mercadoria produzida de modo capitalista, é determinado pela soma do valor dos meios de produção (c) consumidos e o valor recém-criado pelo gasto de força de trabalho (v + m). Note-se, no entanto, que o capital comercial puro e o capital portador de juros não pertencem ao capital industrial. Embora ambos se apropriem de parte do mais-valor, não faz parte de sua função produzi-lo.

O *capital comercial* está relacionado apenas com a compra e venda de mercadorias. Os trabalhadores e trabalhadoras empregados por ele não produzem mais-valor[2]: o capitalista industrial economiza os gastos com esse trabalho improdutivo (ou seja, os custos reais de circulação) e, adicionalmente, reduz o tempo de circulação de seu próprio capital ao vender não para consumidores, mas para comerciantes. Ao fazer isso, ele vende as mercadorias *abaixo* de seu valor ao comerciante, que então as revende por seu valor propriamente dito. Dessa forma, o capitalista industrial compartilha com o capitalista comercial o mais-valor produzido com seu capital.

---

[1] MEW, 24, p. 61 [ed. bras.: *O capital*, Livro II, trad. Rubens Enderle, São Paulo, Boitempo, 2014, p. 134].

[2] As funções do capital comercial puro não incluem o transporte, que, por sua vez, constitui outra esfera do capital industrial. Mas essas distinções são conceituais. Na realidade, é possível que um determinado capital combine a função de transporte e venda: nesse caso, parte do capital adiantado é capital industrial e, portanto, criador de valor e mais-valor, enquanto outra parte é capital comercial, que não cria nem valor nem mais-valor.

6.2. A rotação do capital: capital fixo e circulante

Se a circulação do capital não for considerada isoladamente, mas no interior de um processo periódico, então estamos diante da *rotação* do capital. O *tempo de rotação* constitui a soma do tempo de produção e circulação, isto é, o tempo pelo qual um capitalista deve adiantar capital, até recuperá-lo valorizado.

Alguns dos meios de produção, como edifícios e máquinas, só se desgastam após vários períodos de produção. De acordo com seu desgaste médio, eles transferem apenas parte de seu valor para o valor dos produtos. Se, por exemplo, uma máquina pode ser usada por vinte períodos de produção, ela transfere, a cada período, 1/20 de seu valor para o produto. Embora o valor dessa máquina já entre parcialmente em circulação, a máquina permanece fixa, em sua forma natural, na esfera de produção. Os componentes do capital constante com essa característica são chamados de *capital fixo*. A ele contrapõe-se o capital *líquido* ou *circulante*: componentes do capital que são consumidos materialmente durante um período de produção, ou seja, cuja forma natural desaparece. O capital circulante inclui as partes não fixas do capital constante, ou seja, matérias-primas e materiais auxiliares, energia etc., bem como o capital variável.

A diferença entre capital fixo e circulante não é material (o que ocorre entre coisas móveis e imóveis, por exemplo), mas uma diferença na *circulação de valor*, que, por sua vez, é de enorme importância prática para o capitalista. Em condições normais, o valor do capital circulante é substituído geralmente após um único giro, razão pela qual deve ser imediatamente adiantado para o próximo período de produção. Mas o valor do capital fixo só é totalmente transferido para o produto no decorrer de vários períodos de produção e, portanto, apenas uma parte dele é devolvida após um único giro. Esses refluxos não são necessários imediatamente, mas somente quando os elementos materiais do capital fixo precisam ser, de fato, substituídos (por exemplo, quando uma nova máquina é comprada). Nesse caso, o valor total do capital fixo deve ser adiantado de uma só vez. Até lá, os refluxos do capital fixo constituem um *fundo de amortização*.

O capital fixo e o capital circulante – bem como o capital constante e o capital variável – são distinções do capital produtivo, ou seja, do valor do capital transformado em meios de produção e força de trabalho. A distinção entre capital constante e variável refere-se à *formação do valor*: o capital constante (c) simplesmente transfere seu valor para o produto, enquanto o capital variável cria um novo valor no montante de v + m. A distinção entre capital fixo e circulante, por outro lado, refere-se à *circulação do valor*, momento no qual o valor do capital correspondente retorna ao capitalista.

A distinção entre capital constante e variável pressupõe uma série de conhecimentos *teóricos* acerca do processo de formação de valor (sobre a conexão entre valor e trabalho, a diferença entre trabalho e força de trabalho, o caráter "imaginário" da expressão "salários" como pagamento pelo trabalho etc.). Tais compreensões, no entanto, não são esperadas na consciência cotidiana espontânea, nem mesmo na do capitalista (ver capítulo 10 sobre consciência cotidiana). Em virtude de seu significado *prático*, a distinção entre capital fixo e circulante é imediatamente óbvia para o capitalista, formando a base de seus cálculos. Ao combinar o capital variável com uma parte do capital constante para formar o capital circulante, essa distinção obscurece ainda mais a diferença entre capital constante e variável.

6.3. A reprodução do capital social total

Os ciclos dos capitais individuais estão entrelaçados uns com os outros e se pressupõem mutuamente. Isso significa que o ciclo de um capital necessita que ele encontre no mercado os produtos de outros capitais, ou seja, os meios de produção e de subsistência que a força de trabalho por ele empregada possa consumir. Se o capital individual produz mercadorias, ele depende que essas mercadorias entrem de algum modo na circulação de outros capitais. A reprodução de um capital individual não pode, portanto, ser considerada isoladamente. Ela só é possível como parte da reprodução do *capital social total*. Este, por sua vez, é formado pela totalidade dos capitais individuais.

Para que o capital social total possa se reproduzir, o produto total deve ter uma determinada proporção *material*: por um lado, devem ser produzidos tantos meios de produção quanto o total de capitais individuais necessitarem e, por outro, tantos meios de subsistência quanto as famílias trabalhadoras e os capitalistas consumirem. Entretanto, como os meios de produção e de subsistência não são simplesmente distribuídos, mas trocados, as partes materialmente determinadas do produto social total também devem ter certa proporcionalidade na *grandeza de valor*, de modo que os meios de produção e subsistência também possam ser pagos.

Podemos visualizar com clareza essa proporção usando um exemplo extremamente simplificado. Vamos supor uma economia na qual existam apenas trabalhadores e capitalistas e toda a produção seja organizada de forma capitalista. Desconsideraremos também o capital fixo, o que significa assumir que todo o capital constante é usado no período considerado – digamos, um ano – e transfere integralmente seu valor para o produto.

Existem milhares de ramos diferentes nessa economia (indústria siderúrgica, química, de vestuário, além de produtores de alimentos etc.), e esses ramos podem ser subdivididos em um grande número de subindústrias. Para nossos propósitos, faremos apenas uma distinção entre dois grandes setores de produção: o Setor I deve produzir os meios de produção e o Setor II, os meios de consumo no sentido mais amplo. A diferença entre esses setores está na utilização dos produtos: aqueles oriundos do Setor I vão para outros processos de produção, enquanto os que procedem do Setor II vão para o consumo das famílias dos trabalhadores e dos capitalistas. Vários produtos – por exemplo, carros – são adequados para ambos os usos. Em nossa visão simplificada, presumimos que os carros usados como meios de produção são produzidos no Setor I e os carros utilizados para consumo privado, no Setor II.

Para que o capital total seja capaz de se reproduzir, os produtos dos dois setores não devem estar em relação arbitrária de quantidade e valor. Inicialmente, examinaremos a proporção necessária pressupondo a *reprodução simples*, o que significa que desconsideramos a acumulação e, portanto, assumiremos que todo o mais-valor flui para o consumo dos capitalistas.

Se c_I e v_I são capital constante e capital variável no Setor I e m_I é o mais-valor produzido nesse mesmo setor (e, analogamente, c_{II}, v_{II} e m_{II} no Setor II), então aplica-se ao valor total do produto:

$$\text{no Setor I: } c_I + v_I + m_I$$
$$\text{no Setor II: } c_{II} + v_{II} + m_{II}$$

O produto do Setor I consiste, materialmente, em meios de produção. Se a reprodução simples deve ser possível, então esse produto precisa substituir os meios de produção consumidos em ambos os setores. A seguinte relação de valor deve, portanto, ser aplicada:

$$(1) \; c_I + v_I + m_I = c_I + c_{II}$$

O produto do Setor II consiste em meios de consumo. Ele deve cobrir o consumo dos trabalhadores e capitalistas em ambos os departamentos. Consequentemente, temos:

$$(2)\ c_{II} + v_{II} + m_{II} = v_I + v_{II} + m_I + m_{II}$$

De ambas as equações segue-se (subtraídos os membros idênticos em ambos os lados da equação):

$$(3)\ c_{II} = v_I + m_I$$

Isso significa que o valor do capital constante consumido no Setor II deve ser igual ao valor do capital variável e do mais-valor do Setor I. No entanto, os capitais individuais planejam sua produção independentemente uns dos outros, de modo que as condições que acabamos de esboçar só podem ser atendidas por acaso. Normalmente, haverá sempre uma certa desproporção entre os setores individuais.

Mas se levarmos em consideração a *reprodução ampliada*, ou seja, se presumirmos a acumulação – a transformação de parte do mais-valor em novo capital –, podemos, em princípio, fazer as mesmas considerações: o produto do Setor I deve ser suficiente não apenas para substituir os meios de produção usados nos Setores I e II, mas também para produzir mais meios de produção para, assim, possibilitar a acumulação em ambos os setores. O mesmo se aplica ao Setor II: não só ele deve produzir a mesma quantidade de meios de subsistência que os trabalhadores e capitalistas consomem, como também deve produzi-los em quantidade maior, de tal modo que possa atender ao consumo da força de trabalho adicional empregada.

Para que a acumulação seja possível, ambos os setores devem produzir mais do que foi consumido anteriormente. Assim, a acumulação de um capital individual pressupõe a acumulação de outros capitais individuais, e isso em dois aspectos: por um lado, o capital individual disposto a acumular deve encontrar mais produtos no mercado do que antes; por outro, a própria acumulação produz uma quantidade maior de mercadorias, as quais só podem ser vendidas se outros capitais individuais também acumularem. Aqui também as proporções corretas são mantidas apenas por acaso – as desproporções entre os setores são a regra, não a exceção.

Na história dos debates marxistas, os *esquemas de reprodução* que acabamos de explicar desempenharam um importante papel no início do século XX: eles foram usados para discutir se era possível um capitalismo sem crises – pelo menos em princípio – e quais as perspectivas de desenvolvimento do capitalismo em países de escasso avanço capitalista, como a Rússia[3]. Esses debates, no entanto, atribuíram muito poder explicativo a esses esquemas. Embora ofereçam uma visão geral da produção e da circulação capitalistas, estão longe de ser uma descrição exata da reprodução capitalista, tal como ela existe na realidade empírica. Ao contrário, a unidade do processo de produção e de circulação, apresentada nos esquemas de reprodução, constitui a base inicial sobre a qual outras categorias, como lucro, juros, lucro da empresa, capital acionário etc. – estas sim capazes de expressar relações sociais mais concretas – podem ser adequadamente desenvolvidas.

---

[3] Ver Roman Rosdolsky, "Der Streit um die Marxschen Reproduktionsschemata", em *Zur Entstehungsgeschichte des Marxschen "Kapital": Der Rohentwurf des Kapital 1857-1858* (Frankfurt, Europäische Verlagsanst, 1968); John Milios e Georg Economakis, "Zur Entwicklung der Krisentheorie aus dem Kontext der Reproduktionsschemata: von Tugan-Baranovskij zu Bucharin", em *Beiträge zur Marx-Engels-Forschung* (Hamburgo, Neue Folge, 2003), p. 160-84.

7
Lucro, lucro médio e a "lei da queda tendencial da taxa de lucro"

Nos capítulos 7 a 10 abordaremos tópicos do Livro III de *O capital*. É somente nesse momento que encontramos categorias responsáveis por expressar o caráter "empírico" das relações capitalistas, ou seja, a maneira pela qual o modo de produção capitalista se apresenta à percepção. Marx descreveu a relação entre os três livros da seguinte forma:

> No Livro I, investigamos os modos de manifestação que o *processo de produção* capitalista, considerado em si mesmo, apresenta como processo direto de produção [...]. Mas o processo direito de produção não esgota a biografia do capital. Ele é complementado, no mundo real, pelo *processo de circulação*, que constitui o objeto das investigações do Livro II. Neste último, [...] mostramos que o processo de produção capitalista, considerado como um todo, consiste na unidade de processo de produção e processo de circulação. Neste Livro III, nosso objetivo não poderia ser o de desenvolver reflexões gerais sobre essa unidade. Trata-se, antes, de descobrir e expor as formas concretas que brotam do *processo de movimento do capital considerado como um todo*. [...] Assim, as configurações do capital, tal como as desenvolvemos neste livro, aproximam-se passo a passo da forma em que se apresentam na superfície da sociedade, na ação recíproca dos diferentes capitais, na concorrência e no senso comum dos próprios agentes da produção.[1]

7.1. Preço de custo, lucro e taxa de lucro – categorias e mistificações cotidianas

O valor de toda mercadoria produzida de forma capitalista pode ser representado como $c + v + m$, em que c é o valor dos meios de produção utilizados e $v + m$

---

[1] MEW, 25, p. 33, destaques no original [ed. bras.: *O capital*, Livro III, trad. Rubens Enderle, São Paulo, Boitempo, 2017, p. 53].

o valor recém-criado pelo dispêndio de trabalho vivo. A quantidade c + v é essencial para o capitalista: ela é a responsável por indicar quanto a mercadoria custa. Marx denomina essa quantidade de *preço de custo* da mercadoria.

Para a formação do valor da mercadoria, c e v desempenham papéis completamente distintos: o valor dos meios de produção consumidos é transferido para o produto, enquanto o valor da força de trabalho não tem nada a ver com o valor do produto. O novo valor que este recebe tem como pressuposto o dispêndio da força de trabalho. Matematicamente, esse novo valor é igual a v + m (ver seção 5.1).

No entanto, os diferentes papéis desempenhados por c e v não são imediatamente perceptíveis: na forma salário, todo trabalho aparece como trabalho pago. O valor do trabalho no produto final parece ser pago com v, assim como a contribuição de valor dos meios de produção consumidos é paga com c. Desse modo, não se percebe nenhuma diferença fundamental entre os dois componentes do capital, a não ser aquela entre o capital fixo e o circulante. Ainda assim, essa diferença não se refere à formação de valor, mas ao tempo de retorno do valor (ver seção 6.2).

O mais-valor m é, inicialmente, apenas um excedente do valor da mercadoria sobre seu preço de custo, ou seja, sobre o valor do capital gasto em sua produção. O capitalista percebe que esse mais-valor tem sua origem nos processos produtivos que ocorrem com o capital. Entretanto, como ele não vê nenhuma diferença – no que diz respeito à criação de valor – na contribuição das partes individuais do capital, esse excedente parece emanar igualmente de todas as partes: do capital constante e do variável, do capital fixo e do circulante[2].

O mais-valor como fruto do capital total adiantado constitui o *lucro*. A magnitude do lucro não é definida a partir do valor da força de trabalho, mas em virtude do valor do capital total adiantado. Note-se, no entanto, que "lucro" não é apenas um outro termo para mais-valor: ele está associado a uma representação completamente diferente, que "mistifica" as condições reais. O mais-valor é o excedente do novo valor criado pelo trabalho vivo sobre o valor da força de trabalho. Assim, o dispêndio de trabalho vivo é, sob condições capitalistas, a causa do mais-valor. O lucro, ao contrário, é o excedente do valor da mercadoria sobre a parte do capital adiantando, que foi consumido durante

---

[2] A causa que origina esse excedente de capital é objeto de interpretações amplamente divergentes tanto na economia política clássica quanto na teoria econômica contemporânea.

o processo de produção. Note-se: o capital aparece aqui como a causa do lucro. Marx resume a diferença entre mais-valor e lucro da seguinte forma:

> No mais-valor está revelada a relação entre capital e trabalho. Na relação entre capital e lucro, [...] se dá *o capital como relação consigo mesmo*, uma relação em que ele, como soma originário de valor, diferencia-se de um novo valor posto por ele mesmo. Que ele cria esse novo valor durante seu movimento no processo de produção e no processo de circulação é algo de que se tem consciência. Mas o modo como isso ocorre é algo mistificado e aparenta provir de qualidades ocultas que lhe são próprias.[3]

A mistificação das relações atuais engendrada pelo lucro tem, como pressuposto, uma mistificação anterior, qual seja, o salário como pagamento pelo trabalho: somente porque o salário aparece como pagamento – não pelo valor da força de trabalho, mas pelo valor do trabalho – o mais-valor pode aparecer como lucro, isto é, como fruto do capital.

No entanto, o mais-valor – na figura de lucro – não é apenas uma representação que mistifica as relações sociais. Essa representação tem relevância prática, pois o capitalista só está interessado no lucro enquanto excedente do valor da mercadoria sobre o capital necessário para sua produção. A medida de valorização para ele não é, portanto, a taxa de mais-valor m/v, mas a *taxa de lucro* m/(c+v). O que lhe interessa, a cada capital adiantado, é a obtenção da maior taxa de lucro possível: esta é a variável decisiva para as ações práticas dos capitalistas.

A taxa de lucro pode ser elevada – se todas as variáveis permanecerem iguais – pelo aumento da taxa de mais-valor (ver capítulo 5). Mas mesmo se esta permanecer a mesma, ou eventualmente cair, ainda assim seria possível aumentar a taxa de lucro. Há, basicamente, três maneiras de fazer isso:

1) *Economia no emprego de capital constante*. Nesse caso, os elementos do capital constante são utilizados com mais parcimônia. Essa economia pode ser obtida com a *expansão da escala de produção*: produzir em dobro não exige, necessariamente, o dobro de energia, de instalações etc. Isso é particularmente verdadeiro se a expansão da produção for obtida com a ampliação do tempo de trabalho: em uma operação de dois turnos, é possível produzir o dobro do que se produz em uma operação de um turno com o mesmo maquinário e os mesmos prédios. Apenas as matérias-primas

---

[3] MEW, 25, p. 58, destaques no original [ed. bras.: *O capital*, Livro III, cit., p. 73-4].

precisam ser duplicadas. Se a taxa de mais-valor permanece a mesma, o mais-valor e o capital variável dobram. Ainda assim, o capital constante aumenta muito menos do que o dobro, de modo que a taxa de lucro aumenta consideravelmente. Por isso o capitalista também pode se dar ao luxo de pagar horas extras e bônus por trabalho noturno. Embora isso reduza um pouco a taxa de mais-valor, a taxa de lucro se mantém elevada em virtude da enorme economia de capital constante.

Caso o *volume de produção permaneça o mesmo,* essa economia pode ser obtida graças ao uso mais racional de matérias-primas e energia, mas também à custa dos trabalhadores e trabalhadoras, gastando-se menos com medidas de segurança ou, por exemplo, desenvolvendo-se processos de trabalho nocivos à saúde.

A economia na utilização de capital constante já foi mencionada na seção 5.3, mas apenas como um fator que torna o produto mais barato. Agora fica claro que ela aumenta, simultaneamente, a taxa de lucro.

2) *Economia na produção de capital constante.* Se o valor dos elementos do capital constante diminui, seu valor também diminui sem que seja necessário mudar nada no modo de produção concreto. O aumento da taxa de lucro em uma esfera deve--se, então, ao aumento do poder produtivo em outra esfera.

3) *Aceleração da rotação do capital.* Se um capital gira duas vezes por ano, é produzido duas vezes mais-valor do que com um capital que, sob condições idênticas, gira apenas uma vez. A taxa de lucro do primeiro capital seria, comparativamente, duas vezes maior. Toda aceleração do giro do capital aumenta a taxa de lucro.

7.2. Lucro médio e preço de produção

Dos métodos descritos acima para aumentar a taxa de lucro mantendo-se uma taxa de mais-valor constante, torna-se claro que: dois capitais que produzem com a mesma taxa de mais-valor têm taxas de lucro diferentes, caso apresentem uma *composição diferente de valor* c/v com um tempo de rotação igual ou caso apresentem *tempos de rotação distintos* com uma mesma composição de valor.

Vamos ilustrar isso com um exemplo: suponhamos que a taxa de mais-valor seja uniformemente de 100% e que o capital fixo não seja utilizado. No mais, os dois capitais A e B devem ter o mesmo tempo de rotação (um ano). Para o capital A, sendo $c = 90$ e $v = 10$; para o capital B, sendo $c = 60$ e $v = 40$. O capital A produz um mais-valor $m = 10$, sua taxa de lucro é $10/(90+10) = 10\%$. Já o capital B produz um mais-valor $m = 40$, portanto sua taxa de lucro é

40/(60+40) = 40%. Assim, composições de valor desiguais levam a taxas de lucro desiguais: quanto maior a composição de valor, menor a taxa de lucro.

Consideremos agora um capital C, que tem a mesma composição de valor que o capital A, mas gira duas vezes por ano. Seu mais-valor é, portanto, 2 × 10 = 20. Isso leva a uma taxa de lucro de 20/(90+10) = 20%, superior à taxa de lucro de 10% obtida pelo capital A. Isso significa que, quanto menor o tempo de giro, maior a taxa de lucro (anual).

No entanto, os capitalistas não podem simplesmente escolher a composição do valor e o tempo de rotação do capital. Pelo contrário, eles estão sujeitos às circunstâncias específicas de cada setor: uma siderúrgica, por exemplo, usa consideravelmente mais capital constante em relação ao capital variável do que a indústria têxtil. Se as mercadorias fossem "vendidas pelo seu valor", ou seja, se os preços normais das mercadorias constituíssem uma expressão adequada do valor das mercadorias, as taxas de lucro deveriam ser muito diferentes nos setores individuais, mesmo que a taxa de mais-valor – ou seja, a exploração da força de trabalho – fosse a mesma em todos os lugares.

Mas o único objetivo do capital é a valorização. O único interesse dos proprietários de capital, na medida em que se comportam como capitalistas, ou seja, como capital personificado (ver seção 4.1), é conseguir a maior valorização possível de seu capital adiantado. Se diferentes setores oferecem diferentes taxas de lucro, os proprietários transferirão seu capital para os setores que proporcionem os rendimentos mais elevados. Se esse movimento for possível (não sendo impedido por restrições legais, por exemplo), mais e mais capital fluirá para esses setores. Isso leva a um aumento na oferta de mercadorias nos setores com alta taxa de lucro e, consequentemente, a uma diminuição naqueles com baixa taxa de lucro. Em virtude da concorrência entre os capitalistas, por um lado, o aumento da oferta nos setores com taxas de lucro originalmente altas levará à queda dos preços de venda e, por fim, à queda das taxas de lucro; por outro lado, a diminuição da oferta nos setores com taxas de lucro originalmente baixas levará ao aumento dos preços e, por fim, ao aumento das taxas de lucro. Desse modo, as diferentes taxas de lucro acabam se nivelando em uma *taxa de lucro média* ou *geral*.

A concorrência entre os capitalistas e a busca pela maior taxa de lucro possível levam, portanto, a dois resultados: (i) os preços não apenas são acidentais e temporários, como são *expressões inadequadas do valor*; (ii) com base nesses preços, surge uma taxa média de lucro tendencialmente igual para todos os capitais. Os preços com os quais se obtém essa taxa média de lucro são denominados por Marx *preços de produção*.

O lucro médio que um capital realiza é igual ao preço de custo da mercadoria (o custo dos meios de produção mais os salários por unidade de mercadoria), multiplicado pela taxa média de lucro. Os preços de produção, por sua vez, são a soma do preço de custo e do lucro médio[4]. Se o gasto for de 100 euros com os meios de produção, 20 euros com os salários, e a taxa média de lucro for de 10%, o preço de custo das mercadorias será de 120 euros, o lucro médio ficará em 12 euros e o preço de produção chegará a 132 euros.

Para o capitalista individual, esse lucro médio aparece como uma margem de lucro sobre o preço de custo. Para ele, o nível do seu lucro individual parece depender de duas variáveis: o preço de venda "estabelecido pelo mercado", ou seja, o preço pelo qual ele pode vender sua mercadoria; e o nível do preço de custo. Se ele puder reduzir o preço de custo, por exemplo, aumentando o uso de maquinário e reduzindo o uso de força de trabalho (ver seção 5.2 sobre a produção de mais-valor relativo), ele pode obter um lucro maior do que o lucro médio – um lucro extra – e, ainda assim, vender sua mercadoria pelo preço de mercado.

O lucro efetivo do capital – que pode se desviar do lucro médio – parece depender, portanto, tanto de condições objetivas (os preços no mercado) quanto da habilidade subjetiva do capitalista de produzir a um preço de custo baixo. Consequentemente, não é perceptível que o lucro tem como pressuposto a apropriação do mais-trabalho. Pelo contrário: se o capitalista individual consegue produzir utilizando menos trabalho, seu lucro geralmente aumenta.

Na verdade, porém, o lucro médio também depende do mais-valor: mas não daquele decorrente do capital *individual*, mas do mais-valor produzido na economia como um todo, ou seja, do mais-valor do *capital social total*. A equalização das taxas de lucro em uma taxa geral de lucro não significa outra coisa senão uma redistribuição do mais-valor da sociedade. Se as mercadorias fossem trocadas por seus valores, cada capitalista receberia o mais-valor produzido com a ajuda de seu capital individual, de tal modo que as taxas de lucro dos capitais individuais seriam muito diferentes. Mas se as mercadorias são trocadas pelo preço de produção, então, em média, cada capitalista recebe um lucro proporcional à magnitude de seu capital adiantado, ou seja, cada capital realiza a

---

[4] Para simplificar o cálculo, novamente não levaremos em conta o capital fixo e pressuporemos uma rotatividade de um ano.

mesma taxa de lucro. Com relação ao lucro médio, os capitalistas se comportam como os acionistas de uma sociedade anônima: a porcentagem de lucro é a mesma para todos e a participação de cada um no lucro da empresa é proporcional ao tamanho de seu investimento.

No Livro III de *O capital*, Marx delineou um método simples de conversão *quantitativa* para passar de um sistema de valores (o que significa que, para os vários setores existentes, c, v e m estão dados e devem ser iguais para todos os capitais em um mesmo setor) para um sistema de preços de produção. Entretanto, esse método de cálculo se mostrou equivocado. Marx percebeu que ele continha erros[5], mas subestimou seus efeitos. O "problema da transformação" – ou seja, a questão de como (e se de fato) as grandezas de valor podem ser transformadas em preços de produção – tem sido objeto de intenso debate nos últimos cem anos[6]. No âmbito de uma teoria *monetária* do valor, no entanto, é impossível qualquer procedimento de conversão de valores em preços de produção[7]. Sua "transformação" é, antes, um desenvolvimento *conceitual* da determinação formal da mercadoria.

Só é possível falar de *troca de valores* quando o único momento determinante da troca é a relação do trabalho despendido individualmente com o trabalho total da sociedade. Para que o trabalho individualmente despendido se mostre formador de valor, as três reduções mencionadas anteriormente (ver seção 3.3) devem ser realizadas na troca. A mercadoria analisada aqui (ou seja, tal como é descrita no capítulo 3) é, de fato, uma mercadoria produzida de forma capitalista, ainda que sua análise abstraia o capital. Nesse contexto, os conceitos de valor, grandeza do valor, dinheiro etc. constituem o pressuposto categorial para a descrição do processo de produção e circulação do capital (ver capítulos 5 e 6). Esta análise, no entanto, ainda não diz respeito ao capital individual existente empiricamente. O estudo deste só é possível após a apresentação do capital enquanto unidade do processo de produção e circulação.

---

[5] MEW, 25, p. 174 [ed. bras.: *O capital*, Livro III, cit., p. 199].

[6] Trato em detalhes desse debate em Michael Heinrich, *Die Wissenschaft vom Wert* (Munique, Westfälisches Dampfboot, 1999), p. 267 e seg.

[7] O grande interesse de Marx por um procedimento de conversão quantitativa é expressão de suas ambivalências (ver seção 3.3). Em alguns pontos, suas considerações continuam presas à teoria não monetária do valor do período clássico, que ele já havia superado. Se o valor está fixado na mercadoria individual, independentemente da troca (o que também era a concepção predominante no marxismo tradicional), somente então surge, de fato, um "problema de transformação" quantitativa.

É importante ressaltar que a transição *do valor e do mais-valor para o preço de produção e o lucro médio* não constitui uma sequência histórica, ou mesmo temporal, mas uma passagem entre diferentes *níveis de apresentação*. No nível do valor e do mais-valor, a socialização capitalista da troca ainda é abstrata, já que é determinada apenas pela relação entre o trabalho individualmente despendido e o trabalho total. Já no nível do preço de produção e do lucro médio, a troca é determinada pela relação entre capital individual e capital social total. Isso deixa claro que a troca não diz respeito apenas à socialização dos produtores de mercadorias, mas à socialização dos produtores *capitalistas* de mercadorias[8].

7.3. A "lei da queda tendencial da taxa de lucro" – uma crítica

No fim dos séculos XVIII e XIX, era um fato empírico indiscutível que a taxa média de lucro caía tendencialmente nos países economicamente avançados. O que se discutia eram as causas dessa queda, que podiam ser muito diferentes: por exemplo, o aumento dos salários ou mesmo o preço das matérias-primas. No entanto, essas causas são de natureza acidental e temporária: os salários podem voltar a cair e as matérias-primas podem ficar mais baratas, de modo que a taxa de lucro volte a subir.

O que Marx queria mostrar com o título "A lei da queda tendencial da taxa de lucro" era que, independentemente de tais causas temporárias, há uma tendência de queda que surge da "própria essência do modo de produção capitalista"[9]. Ou seja: prescindindo de todo o tipo de circunstâncias particulares, supõe-se que as propriedades gerais do desenvolvimento capitalista levam a uma queda tendencial da taxa de lucro. Se Marx conseguiu fornecer tal prova foi, e continua sendo, objeto de um debate extremamente controverso.

No início deste capítulo, demonstramos que a taxa de lucro pode aumentar graças à economia de capital constante ou então à aceleração do giro do capital. Mas a fonte real de exploração está na exploração da força de trabalho. No

---

[8] Nesse sentido, o processo de concorrência descrito acima não implica uma transição temporal de um *sistema de valores* para um *sistema de preços de produção* (já que não existe um capitalismo que respeite uma troca por seus próprios valores), mas sim uma transição de um sistema de preços com taxas de lucro desiguais para um sistema de preços com taxas de lucro (tendencialmente) iguais. Aumento da força produtiva, mudanças na demanda etc. levam repetidamente a mudanças nos preços e taxas de lucro, que, por sua vez, se manifestam de formas diferentes em cada um dos setores. Por isso o processo de equalização mediado pela concorrência ocorre repetidas vezes.

[9] MEW, 25, p. 223 [ed. bras.: *O capital*, Livro III, cit., p. 251].

capítulo 5, deixamos claro que há duas maneiras básicas de aumentar essa exploração: prolongar o tempo de trabalho ("produção de mais-valor absoluto"), e reduzir o valor da força de trabalho pelo aumento da força produtiva ("produção de mais-valor relativo"). No entanto, o prolongamento do tempo de trabalho só é possível até certo ponto, razão pela qual a produção de "mais-valor relativo" constitui o método típico de aumentar a exploração, notadamente por meio do uso de máquinas cada vez mais eficazes. Ou seja: revolução constante da produção e substituição crescente do trabalho humano vivo por máquinas novas e mais eficientes – esse é o quadro geral apresentado pelo modo de produção capitalista desde o fim do século XVIII. Isso significa que um desenvolvimento tão acelerado da força produtiva nunca foi observado em nenhum modo de produção anterior ao capitalismo.

Já na seção 5.2 demonstramos que os capitalistas individuais procuram incrementar a força produtiva para, assim, obter um mais-valor extra (ou, como podemos dizer agora, um *lucro extra acima do lucro médio*). Como vimos, esse lucro extra desaparece quando o aumento da força produtiva se generaliza. Assim, o valor ou o preço de produção das mercadorias cai. Se essas mercadorias são consumidas pelas famílias da classe trabalhadora, o valor da força de trabalho também decresce, de modo que, como resultado, a taxa de mais-valor aumenta.

Marx quer provar, agora, que a taxa média de lucro cai como resultado desse modo de aumentar a força produtiva, que é típico do capitalismo: por causa da busca constante por lucros extras, a generalização das novas condições de produção deve resultar não apenas em um valor (ou preço de produção) mais baixo das mercadorias, mas também – pelas costas e contra a vontade dos capitalistas individuais – em uma taxa média de lucro inferior. Para Marx, a queda tendencial da taxa de lucro e o desenvolvimento capitalista da força produtiva são dois lados da mesma moeda. Se a análise marxiana pudesse provar essa conexão de forma conclusiva, ela teria, de fato, demonstrado que esse processo faz parte da "essência" do capitalismo. Marx conseguiu isso? Vamos analisar seu argumento com mais detalhes.

Se a taxa média de lucro cai, as taxas de lucro de todos os capitais individuais não precisam necessariamente cair. Basta que isso aconteça com a maioria ou os maiores capitais. Se a queda na taxa de lucro é, efetivamente, uma tendência típica, então também deveria ser possível demonstrá-la no caso de um capital individual típico. Os argumentos de Marx se referem precisamente a essa situação. Assim como Marx, permaneceremos no nível do valor (os preços de produção acarretam complicações adicionais), desconsiderando o capital fixo e supondo um tempo de rotação constante de um ano. O produto, então, tem o valor $c + v + m$ e a taxa de lucro é $m/(c+v)$.

Conforme discutimos no capítulo 5, um aumento na força produtiva, derivado da utilização de maquinaria, resulta em um incremento tanto na taxa de mais-valor m/v quanto na composição de valor do capital c/v. O desenvolvimento quantitativo dessas duas variáveis é decisivo para o movimento da taxa de lucro. Se, na fórmula anterior, dividirmos o numerador e o denominador por v (estamos apenas abreviando a fração por v, não alterando, portanto, o valor numérico da fração), obteremos a seguinte expressão para a taxa de lucro:

$$\frac{m}{c+v} = \frac{m/v}{c/v + v/v} = \frac{m/v}{c/v + 1}$$

Aqui é possível ver que a taxa de lucro é determinada pela taxa de mais-valor e pela composição do valor.

Marx baseia sua justificativa para a queda tendencial da taxa de lucro no aumento de c/v. Se m/v permanecesse inalterado, então o aumento em c/v levaria automaticamente a uma queda na taxa de lucro (não se alterando o numerador de nossa fração, o denominador cresce, reduzindo assim o valor da fração). No entanto, Marx afirma que a taxa de lucro cairia mesmo que a taxa de mais-valor aumentasse.

Se tanto a taxa de mais-valor m/v quanto a composição do capital c/v subirem, a taxa de lucro só cairá se $c/v + 1$ (o denominador) aumentar *mais rapidamente* do que m/v (o numerador). Para provar que a taxa de lucro inevitavelmente cai, não basta demonstrar que c/v aumenta. Em vez disso, é preciso demonstrar que c/v *aumenta até certo ponto*, ou seja, até o momento em que a condição mencionada acima seja atendida. E aqui reside a dificuldade fundamental para qualquer tentativa de provar a "lei da queda tendencial da taxa de lucro": não é possível fazer uma afirmação geral sobre a *extensão do aumento* de c/v. Em uma situação *x*, determinado aumento da força produtiva pode ser obtido por meio de uma pequena quantidade adicional de capital constante: c/v então aumenta apenas ligeiramente, o que pode resultar no aumento da taxa de lucro, e não em sua queda em consequência do aumento da taxa de mais-valor. Mas em uma situação *y*, uma grande quantidade de capital constante adicional pode ser necessária para o mesmo aumento percentual da força produtiva: c/v então aumenta acentuadamente e a taxa de lucro pode cair.

É importante notar que Marx também não tenta provar diretamente que c/v sempre aumenta a tal ponto que a taxa de lucro cai. Em vez disso, ele parte da quantidade de mais-valor (*a massa de mais-valor*). O mais-valor total de um capital resulta do mais-valor médio *per capita* multiplicado pelo número N de trabalhadores, em que o mais-valor médio *per capita* é igual à taxa de mais-valor m/v multiplicada pelo salário médio *per capita* v_c. Portanto, o mais-valor total será:

$$m = m/v \times v_c \times N$$

Se o número da força de trabalho diminui, o mais-valor produzido também diminui. Entretanto, se a taxa de mais-valor aumentar ao mesmo tempo, a queda no número de trabalhadores pode ser compensada, de tal modo que a mesma quantidade de mais-valor é produzida. Ainda assim, isso só pode ocorrer dentro de certos limites, porque o mais-valor *per capita* não pode aumentar arbitrariamente. Isso pode ser demonstrado por meio de um exemplo simples[10]. Vamos supor que 24 trabalhadores façam 2 horas de mais-trabalho todos os dias, o que resulta em um total de 48 horas de mais-trabalho. Se o número de trabalhadores cair para 2, esses trabalhadores não poderão fazer 48 horas de mais-trabalho por dia, independentemente de quão alta seja a taxa de mais-valor. Esse resultado pode ser generalizado: se o número de trabalhadores empregados diminuir o suficiente, em algum momento o mais-valor produzido por eles diminuirá, não importando quanto a taxa de mais-valor aumente.

Com esse raciocínio, Marx acreditava ter demonstrado de maneira suficiente a lei da queda tendencial da taxa de lucro. Mas isso não é verdade. Uma massa decrescente de mais-valor m só indica – com segurança – uma queda na taxa de lucro quando o capital total c + v necessário para a produção desse mais-valor também não cair, mas pelo menos permanecer constante. É isso

---

[10] Ver MEW, 25, p. 257 e seg. [ed. bras.: *O capital*, Livro III, cit. p. 287. Heinrich se refere ao seguinte exemplo dado por Marx: "Dois trabalhadores que trabalham 12 horas diárias não podem fornecer a mesma massa de mais-valor que 24 trabalhadores que trabalham apenas 2 horas cada, ainda que pudessem viver de ar e, portanto, não tivessem de trabalhar um só minuto para si mesmos. Por isso, a compensação do menor número de trabalhadores pelo aumento do grau de exploração do trabalho encontra certos limites insuperáveis; ela pode, portanto, frear a queda da taxa de lucro, mas não a anular"].

que Marx pressupõe tacitamente. Ainda assim, essa suposição não deixa de ser problemática. Se, para continuarmos com nosso exemplo, apenas 2 trabalhadores forem empregados, em vez de 24, consequentemente menos salários serão pagos. Caso o valor da força de trabalho permaneça o mesmo, o capital variável seria reduzido a 1/12 do valor anterior. Entretanto, como a taxa de mais-valor aumenta enormemente, o valor da força de trabalho também diminui drasticamente, de modo que muito menos do que 1/12 do capital variável anterior teria de ser gasto com os 2 trabalhadores restantes. Para manter o volume do capital total, não basta, portanto, que o capital constante c aumente; ao contrário, ele deve aumentar em uma determinada medida, a depender de quanto o capital variável diminuir. Ora, não é possível responder, em nível geral, se isso ocorre ou não: não é possível saber se o aumento da força produtiva foi obtido com muito ou pouco capital constante adicional.

Se o capital constante não aumentar o suficiente para compensar a redução do capital variável, o capital total adiantado deve cair. Nesse caso, temos uma massa de mais-valor decrescente, com capital em queda. Isso significa que a queda da taxa de lucro depende de quem baixar mais rápido: a massa de mais-valor ou o capital adiantado. Se a massa de mais-valor baixar mais rapidamente, a taxa de lucro cairá; se o capital adiantado decrescer mais rapidamente, a taxa de lucro aumentará, apesar da massa menor de mais-valor.

Ao contrário de Marx, não podemos assumir uma "lei da queda tendencial da taxa de lucro". Isso não implica que a taxa de lucro não possa cair. Ela pode efetivamente cair, mas também pode subir. Em suma: uma *tendência* permanente de queda da taxa de lucro não pode ser justificada no nível geral em que Marx argumenta em *O capital*[11].

A pergunta principal, portanto, é se a crítica de Marx realmente perde vigor quando prescindimos da "lei da queda tendencial da taxa de lucro". Muitos marxistas viam essa "lei" como o fundamento da teoria da crise e, por isso, ela foi discutida com tanta veemência. Mas veremos no capítulo 9 que a teoria marxiana da crise não depende de forma alguma dessa "lei".

Para Marx, no entanto, a lei da queda tendencial da taxa de lucro expressava algo mais geral:

---

[11] Uma discussão com as interpretações que defendem a "lei" de Marx, bem como um exame de outros aspectos dessa "lei", pode ser encontrada em Michael Heinrich, *Die Wissenschaft vom Wert*, cit., p. 327 e seg.

o modo de produção capitalista encontra no desenvolvimento das forças produtivas uma barreira que não tem nenhuma relação com a produção da riqueza como tal – essa barreira peculiar atesta a estreiteza e o caráter meramente histórico e transitório do modo de produção capitalista.[12]

A natureza limitada do modo de produção capitalista já se manifesta no fato de que o desenvolvimento das forças produtivas e a produção de riqueza estão subordinados à valorização do valor, um objetivo tacanho que desencadeia uma profusão de forças destrutivas contra o homem e a natureza. A expressão do valor em termos de taxa de lucro pode até mesmo aumentar ou diminuir, mas isso não altera o caráter fundamentalmente obtuso do modo de produção capitalista.

---

[12] MEW, 25, p. 33 [ed. bras.: *O capital*, Livro III, cit., p. 282].

8
Juros, crédito e "capital fictício"

8.1. Capital portador de juros, juros e lucro empresarial – a consumação do fetichismo do capital

Desde que o dinheiro existe, é provável que tenha sido emprestado a juros. O capital portador de juros já existia muito antes de toda a economia ser organizada de forma capitalista. É encontrado nas mais diversas formações sociais, tanto na antiga sociedade escravagista quanto na sociedade feudal medieval. Nas sociedades pré-burguesas, os príncipes e reis se endividavam para financiar seu consumo de luxo ou guerras. As dívidas e os juros resultantes, por sua vez, eram pagos com impostos e conquistas territoriais. Nesse contexto, camponeses e artesãos necessitados também se endividavam. Eles pagavam suas dívidas com trabalho, algo que com frequência – em razão da miséria e das altas taxas de juros, na casa dos 20% ou 30% – tornava-se impossível e acarretava a perda de casas e fazendas. Isso significa que a expropriação pelo "usurário" era um fenômeno generalizado: o credor era visto como um "sugador de sangue", e o resultado foi um sentimento de ódio ao usurário.

Em condições capitalistas, o empréstimo de dinheiro ocorre sob situações completamente diferentes. Uma soma de dinheiro não apenas pode ser transformada em capital, como também se pode esperar que esse capital produza um lucro médio. Nesse cenário, o dinheiro não constitui apenas uma expressão independente de valor – tal como na circulação simples – e, portanto, trocável por qualquer mercadoria. O dinheiro, agora, é *capital potencial*.

"Nessa qualidade de capital potencial, de meio para a produção de lucro, ele se torna mercadoria, mas uma mercadoria *sui generis*. Em outras palavras, o capital como tal torna-se mercadoria."[1] A venda dessa mercadoria peculiar tem

---

[1] MEW, 25, p. 351 [ed. bras.: *O capital*, Livro III, trad. Rubens Enderle, São Paulo, Boitempo, 2017, p. 385-6. Na edição citada, *mögliches Kapital* aparece como "capital possível"].

uma forma especial: o dinheiro é emprestado. O que é "vendido" é sua capacidade (sob condições capitalistas) de gerar lucro em um determinado período de tempo. O "preço" dessa mercadoria peculiar são os *juros*. Estes, por sua vez, são pagos com o lucro obtido com a ajuda do dinheiro.

Mesmo aqueles que não são capitalistas – por exemplo, os trabalhadores assalariados – também tomam dinheiro emprestado – seja por uma emergência, seja para financiar uma compra etc. – e devem pagar a dívida com seu salário. Esses "empréstimos ao consumidor" são significativos e desempenham um papel importante no curso do processo de acumulação, pois ajudam a estabilizar a demanda por mercadorias. No entanto, a novidade no capitalismo é que grande parte dos empréstimos serve para *enriquecer os devedores*: eles tomam dinheiro emprestado *para usá-lo como capital*. Essa forma de crédito, que ocorria apenas excepcionalmente nas sociedades pré-burguesas, é a forma de crédito típica das empresas capitalistas e domina as demais. Portanto, a forma específica de circulação do *capital portador de juros* moderno é:

$$D–D–M–D'–D''$$

O capital portador de juros moderno (que é o único capital do qual falarei a seguir, razão pela qual deixarei de lado o adjetivo "moderno") *é adiantado duas vezes*: primeiro, por seu proprietário ao capitalista industrial; este, em seguida, financia o processo de produção com o qual espera obter lucro. Esse processo é seguido por um *duplo retorno*: para o capitalista industrial e, em seguida, deste último para o proprietário do dinheiro. O primeiro retorno (se a utilização do dinheiro foi bem-sucedida) contém um lucro, enquanto o segundo contém juros, que são pagos com parte desse lucro.

O fato de os juros serem pagos com o lucro, no entanto, não diz nada sobre o nível da taxa de juros. Em condições capitalistas "normais", essa taxa estará acima de zero (caso contrário, os proprietários de dinheiro não emprestariam seu dinheiro), mas abaixo do lucro médio (caso contrário, os capitalistas industriais não procurariam capital adicional)[2]. O nível da taxa de juros depende da

---

[2] Em circunstâncias anormais – por exemplo, em tempos de crise aguda –, os capitalistas também procuram empréstimos. No entanto, o objetivo aqui não é obter lucros adicionais, mas cumprir obrigações de pagamento e, assim, evitar a falência. Em tais situações, a taxa de juros pode ser maior do que a taxa média de lucro.

oferta e da demanda. Isso significa que não existe uma taxa de juros "natural", tampouco uma relação "evidente" entre taxa de juros e taxa média de lucro[3].

Marx chama o capitalista que possui o capital portador de juros de *capitalista monetário* e aquele que toma emprestado esse capital de *capitalista funcionante*, em cujas mãos o capital portador de juros se torna um *capital funcionante* no processo de reprodução. Esse capital gera um determinado lucro, o lucro bruto, que pode estar acima ou abaixo do lucro médio. Os juros são pagos a partir dessa quantia: o que resta é o *lucro empresarial*, que é transferido para o capitalista funcionante.

A divisão do lucro bruto em juros e lucro empresarial é, inicialmente, apenas uma divisão *quantitativa*. No entanto, essa divisão quantitativa se transforma em uma divisão *qualitativa* que mesmo aqueles capitalistas que não tomam capital emprestado levam em consideração.

O capitalista monetário é o proprietário do capital portador de juros. Ao ceder a outro a disposição de sua propriedade, ele recebe juros. Os *juros*, portanto, parecem ser mero fruto da *propriedade* do capital, isto é, do capital existente fora do processo de produção. Em contraste, o *lucro empresarial* parece ser resultado do capital *funcionante* no processo de produção. Juros e lucro empresarial, portanto, parecem ser variáveis *qualitativamente* distintas, provenientes de fontes diferentes. Essa aparência é reforçada pelo fato de a taxa de juros existente no mercado surgir independentemente do capitalista individual. O mesmo não ocorre com a taxa de lucro – e, do mesmo modo, com o lucro empresarial enquanto excedente sobre os juros –, já que, nesse caso, ela pode ser influenciada por medidas tomadas pelo capitalista funcionante (economia de meios de produção, redução do tempo de giro etc.; ver seção 7.2).

A distinção entre juros e lucro empresarial, portanto, também é relevante para o capitalista que não utiliza capital emprestado: ele tem a opção de emprestar seu capital e, na condição de proprietário, receber apenas os juros ou então utilizá-lo por conta própria. Ainda assim, o resultado desse processo aparece, para todos os efeitos, como lucro empresarial, e não como lucro total, já que ele teria obtido juros de qualquer forma. Se a classe capitalista em seu conjunto não pode escolher de que maneira utilizará seu capital – sem

---

[3] De fato, encontramos não apenas *uma* taxa de juros, mas diferentes taxas de juros, dependendo da duração do crédito. Essas taxas de juros se movem dentro de determinada margem, por exemplo, entre 4% e 6%. Quando falamos de taxas de juros subindo ou descendo, queremos dizer que toda essa faixa está mudando, tornando-se mais estreita ou mais larga.

capitalistas funcionantes, nenhum juro seria pago –, o capitalista individual definitivamente tem essa escolha.

Os juros são uma expressão da valorização do capital, isto é, da exploração da força de trabalho. Entretanto, o capital só se opõe ao trabalho assalariado dentro do processo de exploração. No capital portador de juros não há mais nenhum sinal desse antagonismo, porque o capital portador de juros é propriedade de um capitalista que se encontra fora do processo de produção. O capitalista que empresta dinheiro não enfrenta os trabalhadores assalariados, mas o capitalista funcionante. Os juros expressam a capacidade do capital de se apropriar dos produtos do trabalho alheio, mas essa capacidade aparece como algo inerente ao capital ausente do processo de produção e independentemente da determinação capitalista desse processo.

É importante notar que mesmo o capitalista funcionante não parece estar em oposição aos trabalhadores assalariados. O lucro empresarial que o capitalista ativo obtém parece não ter relação com a propriedade do capital (que é paga com juros). Pelo contrário, parece constituir o resultado do capital funcionante no processo de produção, que, por sua vez, parece não ter nenhuma determinação capitalista, mas ser antes um mero processo de trabalho. Assim, o capitalista funcionante recebe o lucro empresarial não como proprietário, mas como um *trabalhador* particular: um trabalhador responsável pela supervisão e gerenciamento geral do processo de trabalho. Desse modo, trabalho de exploração e trabalho explorado são considerados, igualmente, trabalho. O resultado geral é: a "forma social do capital recai sobre os juros, porém expressa numa forma neutra e indiferente; a função econômica do capital recai sobre o ganho empresarial, porém abstraída do específico caráter capitalista dessa função"[4].

O que há de especial no capital portador de juros não é, propriamente, os juros – estes são apenas uma expressão específica da valorização do capital –, mas a forma aparentemente não mediada dessa valorização D-D': o dinheiro parece se multiplicar por si só. Por isso Marx descreve o capital portador de juros como a "forma mais fetichista"[5] da relação de capital (ver seção 5.3 para uma análise do fetiche do capital que emerge do processo de produção capitalista): "A relação social é consumada como relação de uma coisa, o dinheiro, consigo

---

[4] MEW, 25, p. 396 [ed. bras.: *O capital*, Livro III, cit., p. 432].
[5] MEW, 25, p. 404 [ed. bras.: *O capital*, Livro III, cit., p. 441].

mesma. [...] criar valor torna-se uma qualidade do dinheiro tanto quanto dar peras é uma qualidade da pereira"[6].

Essa "forma mais fetichista" da relação de capital foi historicamente acompanhada de uma série de críticas superficiais que, em sua totalidade, se resumem a criticar não a relação de capital em si, mas apenas a existência dos juros, desconsiderando, assim, a conexão entre juros e relação de capital. Por um lado, a cobrança de juros foi contraposta ao capital "produtivo" e criticada moralmente enquanto uma forma de renda que não se baseia no esforço próprio. Por outro, a existência de juros foi declarada a raiz de todo o mal na sociedade: todos eram subjugados para, em última instância, pagar juros aos donos do dinheiro.

8.2. Dinheiro creditício, bancos e "capital fictício"

Na seção anterior, analisamos as determinações formais que caracterizam o capital portador de juros em oposição ao capital industrial, bem como as representações invertidas daí resultantes. Agora devemos analisar as instituições historicamente variáveis que fazem a mediação do movimento do capital portador de juros: os bancos e os mercados de capitais[7].

Os *bancos* são intermediários no mercado de crédito. Aceitam depósitos de detentores de dinheiro e emprestam dinheiro. A taxa de juros que os bancos pagam sobre os depósitos é menor do que a taxa de juros que eles cobram sobre os empréstimos. A diferença resultante é a receita dos bancos. O que resta dessa receita, após a dedução dos custos, constitui precisamente o lucro bancário[8].

No entanto, os bancos não são um intermediário passivo que apenas transfere dinheiro de uma mão para outra. Eles também "criam" dinheiro – *dinheiro creditício*.

O dinheiro creditício é uma *promessa de pagamento* que desempenha, ela mesma, funções monetárias. Cria-se dinheiro creditício, por exemplo, quando A toma

---

[6] MEW, 25, p. 405 [ed. bras.: *O capital*, Livro III, cit., p. 442].

[7] No âmbito do presente trabalho, só podemos considerar a dimensão mais básica desses conceitos fundamentais. Uma introdução detalhada pode ser encontrada em Michael Krätke, "Sitchworte: 'Bank', 'Banknote', 'Börse'", em Wolfgang Fritz Haug (coord.), *Historisch-kritisches Wörterbuch des Marxismus*, v. 2 (Hamburgo, Berliner Instituts für kritische Theorie, 1995), p. 1-22, 22-7 e 290-302; e Makoto Itoh e Costas Lapavitsas, *Political Economy of Money and Finance* (Londres, Palgrave, 1999).

[8] Outras fontes de renda dos bancos são as taxas (por exemplo, pela administração da conta) e comissões (para intermediar a compra e venda de ações e títulos).

emprestado cem euros de B e assina uma nota promissória que permanece com B (se essa nota possuir uma data de pagamento fixa e prazo relativamente curto, ela é chamada de *letra de câmbio*). Note-se: a nota promissória é uma promessa de pagamento feita por A. Se B decide comprar mercadorias de C e C aceita a nota promissória como pagamento, a promessa de pagamento de A funciona como dinheiro. Além dos cem euros originais (o "dinheiro efetivo" com o qual A pode fazer compras), há também cem euros em *dinheiro creditício* (com o qual B faz compras) na circulação. Esse dinheiro creditício surgiu "do nada" quando o empréstimo foi concedido e, do mesmo modo, desaparece novamente quando a promessa de pagamento é honrada. Nesse caso, a nota promissória é eliminada.

Em regra, não são as promessas de pagamento de pessoas físicas que circulam, mas aquelas provenientes de bancos ou instituições semelhantes, tais como empresas de cartões de crédito. Se eu pagar determinada compra com cartão de crédito, ou mesmo com cheque, o vendedor não recebe nenhum dinheiro efetivo de mim, mas apenas uma promessa de pagamento – ou seja, a garantia de que ele receberá dinheiro do banco ou da empresa responsável mediante a apresentação do canhoto ou comprovante de venda. Entretanto, não sou eu quem garante essa promessa, mas o banco[9].

O dinheiro creditício (ou *moeda escritural*, termo comumente usado hoje) surge toda vez que faço um depósito no banco: se deposito cem euros em dinheiro na minha conta, essa quantia estará no caixa do banco (e poderá ser usada para um empréstimo, por exemplo). Ao mesmo tempo, o saldo da minha conta, ao qual posso ter acesso por cheque ou transferência bancária, aumenta cem euros. Ou seja: além dos cem euros em dinheiro que saíram do meu bolso para o caixa do banco, cem euros em dinheiro creditício ou moeda escritural foram adicionados à minha conta.

Se o vendedor, a quem eu paguei com cheque, depositar o valor em sua conta, o dinheiro creditício terá sido simplesmente transferido de uma conta para outra e poderá continuar funcionando como dinheiro. Somente se o vendedor descontar o cheque em dinheiro (ou seja, exigir "dinheiro efetivo" do caixa do banco) é que o dinheiro creditício será eliminado. Na verdade, o banco (para além das regulamentações legais) precisa manter como reserva de caixa apenas

---

[9] Normalmente, o banco ou a empresa do cartão de crédito só garante o pagamento até um determinado valor, mas o vendedor pode se certificar de que o cheque ou o cartão de crédito é válido fazendo uma consulta simples.

uma parte – tanto quanto for exigido em média – dos cem euros em dinheiro que depositei, podendo dispor do restante. No entanto, como a maioria dos pagamentos é processada sem uma transferência efetiva de dinheiro entre contas (e os empréstimos normalmente não são pagos em dinheiro, mas com dinheiro creditício), a soma de dinheiro que um banco deve manter constitui apenas uma pequena fração do dinheiro creditício que ele cria.

Os bancos não dependem apenas dos depósitos dos proprietários de dinheiro para conceder empréstimos. Eles também podem tomar empréstimos do banco central do Estado. O banco central é a única autoridade que tem permissão para imprimir papel-moeda. Isso significa que, em uma economia na qual o dinheiro já não está associado a uma mercadoria específica, o banco central tem a faculdade de "criar" dinheiro efetivo ("real", aqui, em oposição ao dinheiro creditício, que é a mera promessa de pagamento), sem que haja qualquer limite formal para tanto.

Enquanto o sistema monetário ainda estava vinculado a uma mercadoria-dinheiro (por exemplo, o ouro), as cédulas não eram dinheiro efetivo, mas apenas representantes, razão pela qual sua emissão era limitada por uma série de regulamentações – em especial, a emissão de notas tinha de ser coberta por reservas de ouro do banco central. Se houvesse necessidade de trocar cédulas por ouro, as reservas em ouro diminuíam e o banco central emitia um número menor de cédulas.

Tal situação se agravava especialmente em períodos de crise: a diminuição da quantidade de ouro era acompanhada de uma demanda maior de crédito, o que intensificava a busca por cédulas, ainda que estas não pudessem ser emitidas devido à crescente falta de cobertura. É possível dizer, portanto, que a mercadoria-dinheiro provou ser um obstáculo evitável à reprodução capitalista. Uma vez que o sistema monetário atual não está mais vinculado a qualquer mercadoria (ver a conclusão da seção 3.7), essa barreira não existe mais. Isso permite ao sistema bancário reagir de forma mais flexível às crises do que antes – no entanto, isso não significa que as crises em si possam ser evitadas (ver capítulo 9). Assim, contrariamente à crença de Marx de que era inevitável a existência de uma mercadoria-dinheiro no capitalismo, fica claro que um sistema monetário vinculado a essa premissa não faz parte do modo de produção capitalista "em sua média ideal"[10].

---

[10] Michael Heinrich, *Die Wissenschaft vom Wert* (Munique, Westfälisches Dampfboot, 1999), p. 302 e seg.

No *mercado de capitais*, tomadores de empréstimos e detentores de dinheiro estabelecem uma relação direta de crédito. Os primeiros, principalmente grandes empresas e governos, obtêm financiamento diretamente dos segundos e prometem, além do pagamento de juros anuais fixos, a devolução da quantia em uma data previamente estipulada. Em troca, os detentores de dinheiro recebem um *título*, no qual essas condições são estabelecidas (devido à taxa de juros fixa, esses títulos são chamados de *títulos de renda fixa*). Como o empréstimo é feito sem o envolvimento de instituições bancárias[11], as partes podem dividir a diferença de juros entre a taxa dos depósitos e a taxa dos bancos: a taxa de juros dos títulos é, normalmente, mais baixa do que a taxa de juros dos empréstimos oferecidos pelos bancos, mas mais alta do que a taxa de juros dos depósitos bancários. No entanto, o credor assume totalmente o ônus do risco: se a empresa para a qual emprestou dinheiro for à falência, ele perderá seu dinheiro. Por esse motivo, geralmente apenas as grandes empresas, que todos supõem ser solventes, estão em condições de emitir títulos. Por outro lado, se uma empresa ou pessoa física que toma emprestado de um banco for à falência, isso reduzirá os lucros do banco, mas não afetará os depósitos, desde que o próprio banco não quebre.

As empresas podem captar recursos no mercado de capitais não apenas por meio de títulos, mas também pela emissão de *ações*. Nesse caso, o acionista adquire uma participação na empresa e torna-se coproprietário dela. À semelhança dos títulos de renda fixa, as ações representam uma *reivindicação jurídica*: o acionista tem direito a voto nas assembleias e a uma parte do lucro distribuído (o *dividendo*) – ambos na proporção de sua participação no número total de ações da empresa. No entanto, não há direito a reembolso do preço das ações pela empresa e o valor do lucro distribuído não é fixo, mas depende do crescimento do negócio.

Títulos de renda fixa e ações podem ser vendidos no mercado de capitais[12]. Eles têm um *preço*, isto é, uma *cotação* (suas variações podem ser encontradas na seção de negócios dos principais jornais). No entanto, esses títulos não têm

---

[11] Os bancos atuam apenas como intermediários dessas compras e, por isso, recebem uma comissão.

[12] Utilizo "mercado de capitais" como uma expressão genérica para o mercado de títulos e ações. Note-se, no entanto, que o termo "mercado financeiro" também é usado com frequência. Além disso, nos séculos XIX e XX, era comum a referência à "bolsa de valores". Por fim, às vezes também é feita uma distinção entre mercado de capitais (títulos de longo prazo) e mercado monetário (títulos de curto prazo).

valor. Trata-se apenas de *reivindicações jurídicas* de valores (juros e dividendos), os quais são, posteriormente, vendidos. Finalizado esse processo, a empresa não paga mais juros ou dividendos para a pessoa A, mas para a pessoa B. No entanto, na vida cotidiana, assim como na teoria econômica predominante, não há nenhuma distinção entre preço e valor: a cotação é considerada o "valor" da ação ou do título de renda fixa.

Quanto o proprietário de um *título de renda fixa* recebe ao vendê-lo (a cotação) depende principalmente da taxa de juros atual do mercado. Vamos supor que A comprou um título da empresa Y no ano passado. Ele pagou mil euros por ele e, em troca, adquiriu o direito de receber cinquenta euros de juros da empresa Y por dez anos, além da devolução dos mil euros originais. Em outras palavras, A recebeu um título de valor nominal de mil euros com taxa de juros de 5% (com base no valor nominal). Se, no ano que vem, a taxa de juros subir para 7%, isso significa que a empresa pagará setenta euros de pagamento anual de juros para os novos títulos de mil euros. Caso A tente vender seu título nesse momento, não encontrará ninguém que pague mil euros por ele, já que seus juros estão fixados em cinquenta euros – A terá de se contentar com menos de mil euros, se quiser vendê-lo. A cotação do título cai abaixo do valor nominal à medida que as taxas de juros aumentam. Se as taxas de juros caírem, a cotação aumentará[13].

Situação semelhante pode ser observada na venda de *ações*, já que as cotações também mudam constantemente. Essa variação depende não apenas do dividendo atual, mas também, e principalmente, do *lucro futuro* da empresa. Na verdade, o dividendo desempenha um papel secundário, pois somente uma pequena parte do lucro é distribuída aos acionistas – a maior parte é investida. Ainda assim, a magnitude do lucro futuro nunca é certa. Trata-se, efetivamente, de uma *expectativa*. Se a expectativa de lucro aumenta, a cotação das ações também aumenta. Mas caso haja uma grande incerteza acerca do desempenho da empresa, a cotação das ações cai. Nesse sentido, a evolução da cotação não reflete o desenvolvimento atual dos negócios, mas a *expectativa de desenvolvimento futuro*.

A circulação de títulos e ações representa uma duplicação similar àquela observada no dinheiro creditício: lá, a promessa de pagamento circula ao lado do dinheiro efetivo; aqui, de um lado, o *capital efetivo* fluiu do proprietário do dinheiro para o empresário e é utilizado por ele e, de outro, a *reivindicação*

---

[13] O aumento ou diminuição da cotação também depende do prazo de vencimento do título (o período até o pagamento) e da avaliação de risco do devedor (solvência futura).

jurídica de pagamento de juros ou dividendos é negociada e circula com cotações de mercado variáveis.

Essas reivindicações, títulos e ações são designados por Marx como *capital fictício*, notadamente em virtude de sua específica "determinação do valor" (ou seja, a determinação das cotações que acabamos de descrever). No entanto, isso não significa que essas reivindicações não possam ser, em princípio, realizadas. A questão é que o capital efetivo, originalmente nas mãos dos proprietários na forma-dinheiro, é adiantado por eles apenas uma vez, no momento em que compram ações e títulos. Depois disso, esse capital fica nas mãos dos empresários e é novamente adiantado por eles. Esses papéis – sejam ações ou empréstimos – representam meras reivindicações jurídicas de pagamento: seu "valor" (a cotação de mercado) não tem nada a ver com a soma de valor originalmente paga por esses direitos (esse valor pode existir, por exemplo, na forma de capital produtivo, em uma empresa, ou de título do governo, emitido pelo Estado). O "valor" dos papéis negociados é, na verdade, aritmético: no caso de títulos de renda fixa, ele tem como base a comparação entre taxa de juros do título e taxa de juros do mercado; no caso das ações, a expectativa de lucro[14]. Em que medida esse "valor" é estável, ocasionando pagamentos correspondentes em longo prazo, depende, como enfatizado, dos lucros reais das respectivas empresas.

Assim como as expectativas de lucro, as cotações das ações também podem mudar rapidamente. Por isso, em um dia qualquer de negociação em bolsa, bilhões de euros em valor de mercado (ou seja, bilhões de euros em capital fictício) podem desaparecer se houver uma queda drástica na cotação das ações; inversamente, bilhões de euros podem ser criados se os preços subirem vertiginosamente. Note-se, porém, que essas somas não são reservas destruídas ou recém-criadas que poderiam ser mais bem utilizadas: trata-se, na verdade, de avaliações aritméticas de papéis. Ainda assim, essas alterações nas cotações não são processos insignificantes. Se ações e títulos forem utilizados como garantia de empréstimos, eles serão desvalorizados pela queda das cotações. Nesse caso, o tomador do empréstimo deverá fornecer mais garantias ou pagar o empréstimo.

---

[14] Nos mercados de capitais são negociados não apenas títulos de renda fixa e ações, mas também uma série de outros papéis que, do mesmo modo, são apenas reivindicações jurídicas sobre ações ou títulos. Em outras palavras, direitos sobre direitos. As "inovações" que ocorreram nos mercados financeiros internacionais nas últimas décadas (sobretudo os chamados derivativos) consistem basicamente em novas formas de direitos negociáveis, ou seja, novas formas de capital fictício.

Se não puder fazer isso, vai à falência. O mesmo ocorre com o banco: em situações de múltiplas inadimplências, ele corre o risco de falir.

Expectativas tendem a se intensificar durante um período de tempo: se as cotações das ações sobem, muias pessoas querem aproveitar a oportunidade. Isso significa mais demanda, o que leva a um aumento ainda maior das cotações, atraindo outros investidores, e assim por diante. A mesma espiral é observada do lado oposto: se a cotação cai, as pessoas tendem a se desfazer de suas ações, o que aumenta a oferta e diminui ainda mais o valor dos papéis. O resultado são oscilações bruscas – um mercado em alta (preços em alta proeminente) é seguido de um mercado em baixa (preços em queda vertiginosa).

8.3. O sistema de crédito como instância de controle da economia capitalista

Bancos e mercados de capitais formam um *sistema de crédito*. O movimento do capital portador de juros, que é mediado por esse sistema, não é algo meramente secundário, uma "superestrutura" que paira sobre o capital industrial. Como ficará claro a seguir, é possível dizer que o capital portador de juros surge da circulação do capital industrial, ainda que esta não possa ocorrer sem crédito.

No capítulo 3, enfatizamos que a teoria do valor de Marx é uma teoria monetária do valor: a mercadoria e o valor não podem existir e não podem ser apreendidos conceitualmente sem referência ao dinheiro. O mesmo pode ser dito acerca da relação entre capital e crédito. No marxismo tradicional, no entanto, predominavam tanto uma teoria pré-monetária do valor quanto uma teoria do capital que reduziam o crédito a um suplemento que não era fundamentalmente necessário para a compreensão e a existência do capital.

Na circulação do capital industrial, são criados vários fundos nos quais o capital fica temporariamente "ocioso": isso ocorre quando, após a venda de mercadorias, o capital adiantado retorna ao empresário, mas ainda não pode ser imediatamente usado para um novo fluxo de investimento. Os mais importantes são os *fundos de acumulação* (mais-valor que deve ser investido, mas somente em uma data posterior) e os *fundos de amortização* (formados pelos componentes do valor que refluem do capital fixo – ver seção 6.2). Até que sejam empenhados, esses fundos podem ser utilizados como capital portador de juros. Em vez de esperar que esses fundos se completem, parte da acumulação, bem como a renovação do capital fixo, podem ser financiadas com um empréstimo. Desse modo, os refluxos subsequentes não serão destinados a fundos de acumulação ou amortização, mas serão aproveitados para pagar juros e honrar o empréstimo.

Por fim, a circulação do mais-valor (ou seja, a parte do produto social total cujo valor corresponde ao mais-valor social total) não é possível sem a existência de reservas ou a concessão de crédito: desconsiderando o capital fixo, os capitalistas de um único país adiantam capital com um valor c + v no decorrer de um ano, mas produzem produtos com um valor de c + v + m. A questão, portanto, é saber de onde deve vir o dinheiro para pagar os produtos que compreendem o valor de m. Uma possibilidade consiste no fato de uma parte dos capitalistas possuir um fundo de reserva, além do capital adiantado para a produção. Eles poderiam comprar uma parte de m e os capitalistas que venderam essa parte poderiam, por sua vez, usar esse dinheiro para comprar mercadorias do primeiro grupo de capitalistas, de modo que, ao fim do processo, todos os produtos sejam vendidos e as reservas retornem aos seus proprietários originais. No entanto, um fundo de reserva que existe apenas para facilitar a circulação implica perder a chance de valorizar essa soma. Se os capitalistas seguirem a máxima da maior valorização possível do capital, eles não possuirão essa reserva, mas financiarão as compras correspondentes por meio de empréstimos de curto prazo.

Portanto, tanto a existência de capital ocioso quanto a demanda por crédito constituem corolários da circulação do capital. Com o crescimento do capital social total, o volume de crédito também aumentará. Isso significa que o mero aumento nas transações de crédito não representa, por si só, um sinal de crise ou de desenvolvimento capitalista instável (como sugeriu Robert Kurz, por exemplo)[15].

Um sistema de crédito desenvolvido permite ao *capital individual*, por um lado, dispensar a formação de reservas e emprestar capital ocioso e, por outro, acumular muito mais do que apenas os lucros obtidos no período anterior. Assim, para uma empresa capitalista, um certo montante de dívidas não significa de forma alguma uma "insanidade" ou mesmo um sinal de fraqueza. Nas sociedades pré-capitalistas, os produtores se endividavam em geral por situações de emergência e tinham problemas para pagar os juros. Em condições capitalistas, os empréstimos são usados principalmente para financiar a acumulação adicional: o objetivo dos empréstimos é aumentar a taxa de lucro em relação ao capital individual.

---

[15] Robert Kurz, "Die Himmelfahrt des Geldes", *Krisis*, n. 16/17, 1995, p. 21-76.

Vamos supor que a taxa média de lucro seja de 8% e a taxa de juros do mercado esteja na casa dos 5%. Se um capitalista investe um milhão de euros, pode esperar um lucro de 80 mil euros. Mas caso ele obtenha mais um milhão de euros em crédito, e esse montante traga igualmente um lucro médio, então nosso capitalista receberá 80 mil euros adicionais, dos quais terá de pagar 50 mil euros de juros ao proprietário do dinheiro. Seu lucro total é então: 80 mil euros + 30 mil euros = 110 mil euros; seu patrimônio líquido (aquele um milhão de euros iniciais), graças ao crédito, não rendeu apenas o lucro médio de 8%, mas 11%. Esse aumento na taxa de lucro constitui o principal motivo para a tomada de empréstimos. Se as expectativas não forem atendidas – seja porque o negócio fracassou, seja porque a situação econômica geral se deteriorou –, a taxa de lucro real obtida pode ser menor do que a taxa de juros. Nesse caso, o capital emprestado não traria nenhum lucro adicional, mas uma perda, isto é, a diferença entre juros e lucro.

A existência do crédito também tem um impacto sobre o *capital social total*. O movimento de capital entre setores, por meio do qual ocorre a equalização das taxas de lucro (ver seção 7.2), consiste essencialmente em uma variação no fluxo de crédito: um setor acumula muito e outro pouco. Sem crédito, a realocação do capital já investido seria consideravelmente mais difícil e, acima de tudo, mais demorada. Isso significa que um sistema de crédito desenvolvido possibilita, em um curto espaço de tempo, a concentração e o redirecionamento de grandes quantidades de capital. E essa é em geral uma condição necessária para o desenvolvimento acelerado de novas forças produtivas, já que a introdução de novas tecnologias costuma exigir um investimento inicial considerável.

Note-se ainda que o sistema de crédito permite que não apenas o capital individual, mas também o capital social total acumule mais do que apenas os lucros do período anterior, desde que as condições materiais para a acumulação estejam presentes. Uma concessão expansiva de crédito pode, portanto, levar a um aumento considerável na acumulação (assim como uma concessão restritiva pode sufocar o processo de acumulação). Nesse sentido, o sistema de crédito representa uma *instância de controle estrutural* da economia capitalista. Os capitalistas se esforçam para investir seu capital nas esferas nas quais são esperados os maiores lucros. No entanto, uma vez que esses investimentos são financiados, pelo menos em parte, por empréstimos e ações, tanto a facilidade para movimentar o capital quanto a maior ou menor rapidez da acumulação, dependem consideravelmente do sistema de crédito – ou seja, dos bancos e dos mercados de capitais.

O sistema de crédito garante, de um lado, a flexibilidade da acumulação, já que "acelera o desenvolvimento material das forças produtivas e a instauração do mercado mundial"[16]; de outro, ele aparece como a "alavanca principal da superprodução e do excesso de especulação no comércio"[17]. O controle da acumulação pelo sistema de crédito é um processo completamente propício a crises. Os empréstimos e, acima de tudo, a negociação de títulos e ações "vivem" de expectativas e incertezas. Nesse cenário, é imperativo "especular", e a especulação, caso falhe, pode levar à destruição do capital investido. Além disso, podem ocorrer "bolhas" especulativas (cotações completamente infladas) e "estouro" subsequente dessas bolhas (o colapso repentino das cotações) no mercado de ações. No entanto, antes que a bolha estoure, nunca sabemos ao certo se estamos realmente diante de uma bolha ou se a cotação elevada constitui uma antecipação do aumento da rentabilidade dos capitais.

Essa é a razão pela qual é equivocado contrapor os mercados financeiros "especulativos" a uma eventual produção capitalista "sólida". Toda produção capitalista contém um elemento especulativo. Nenhum capitalista pode ter certeza absoluta de que venderá seus produtos nem de qual preço obterá por eles. A especulação nos mercados financeiros pode até ser evidente e de curto prazo, mas não é de forma alguma qualitativamente diferente da produção capitalista. Ambas se baseiam em expectativas necessariamente incertas e procuram maximizar o lucro negociando seus produtos.

No entanto, a relação entre mercados financeiros e produção industrial não é sempre a mesma, nem quantitativa nem qualitativamente. Pode ser diferente em diversos países e também pode mudar no curso do desenvolvimento do capitalismo: por exemplo, as discussões sobre as mudanças nos mercados financeiros (especialmente sua desregulamentação e internacionalização) têm sido uma das vertentes centrais do debate sobre a globalização nos últimos anos[18].

---

[16] MEW, 25, p. 457 [ed. bras.: *O capital*, Livro III, cit., p. 499].
[17] Idem.
[18] Ver Elmar Altvater e Birgit Mahnkopf, *Grenzen der Globalisierung: Ökonomie, Ökologie und Politik in der Weltgesellschaft* (Munique, Westfälisches Dampfboot, 1999), cap. 5; Jörg Huffschmid, *Politische Ökonomie der Finanzmärkte* (Hamburgo, VSA, 2002).

9
Crise

9.1. Ciclo e crise

A crise *econômica* é uma séria interrupção da reprodução econômica de uma sociedade. Isso significa que uma grande proporção das mercadorias produzidas não pode mais ser vendida: não porque não haja simplesmente demanda pelos produtos correspondentes, mas porque não há demanda *efetiva**. Desse modo, o capital-mercadoria encontra cada vez mais dificuldade para se transformar em capital monetário, o que acarreta não apenas valorização insatisfatória do capital, mas também diminuição da acumulação. Em virtude disso, ocorre redução da demanda das empresas capitalistas pelos elementos do capital produtivo, ou seja, meios de produção e força de trabalho. O resultado é o desemprego em massa e o declínio do consumo da classe trabalhadora, o que intensifica ainda mais a crise.

O capitalismo não é o único modo de produção caracterizado pela presença simultânea de enorme pobreza e imensa riqueza. No entanto, ele é o único no qual a abundância de bens é um problema, no qual a impossibilidade de vendê-los leva seus proprietários à ruína e, ao mesmo tempo, pessoas que carecem do mais básico não conseguem vender a única coisa que possuem – sua força de trabalho, que não desperta mais o interesse do capital porque não pode ser usada para obter lucro.

Desde que o capitalismo industrial se estabeleceu no início do século XIX – primeiro na Inglaterra, depois na França, Alemanha e Estados Unidos –, ocorreram crises nos países capitalistas desenvolvidos em intervalos de aproximadamente dez anos. Ou seja: após uma acumulação acelerada, com altas taxas de lucro e aumento

---

* O termo alemão *zahlungsfähiges Bedürfnis* também pode ser traduzido como "demanda solvente", referente à demanda real, no sentido de pressupor uma capacidade concreta de comprar mercadorias (capacidade monetária). (N. T.)

de salários, seguiram-se períodos de estagnação e crise. E isso levou a períodos de acumulação inicialmente lenta para em seguida desencadear uma rápida retomada.

Embora essa dinâmica tenha continuado no século XX, os ciclos foram em geral menos pronunciados do que antes. A importância dos desenvolvimentos supercíclicos aumentou: a crise econômica global de 1929, por exemplo, desencadeou uma longa fase de depressão econômica que só foi superada no início da década de 1950. Na Europa Ocidental e na América do Norte, ela deu lugar ao longo *boom* das décadas de 1950 e 1960, impulsionado principalmente pelo "fordismo" (ver seção 5.5). Esse "capitalismo do milagre econômico" trouxe não só altas taxas de lucro, mas também pleno emprego, aumento dos salários reais e expansão do Estado de bem-estar social. É certo que, durante esse período, houve ciclos melhores e piores, mas sem crises acentuadas. O capitalismo que Marx havia previsto, caracterizado por crises, desemprego e processos de pauperização, parecia ter sido superado, pelo menos nas metrópoles capitalistas. No entanto, isso mudou drasticamente com a crise econômica global de 1974 e 1975: o modelo de acumulação fordista, com seus métodos "baratos" de aumentar o poder produtivo (taylorismo e produção em massa), atingiu seu limite, as taxas de lucro caíram e os movimentos cíclicos ganharam força. Mesmo nos melhores momentos, as taxas de crescimento econômico permaneceram baixas, com altos índices de desemprego. Ainda assim, as taxas de lucro se recuperaram nas décadas de 1980 e 1990, sobretudo graças à estagnação e ao declínio dos salários reais, bem como aos amplos cortes de impostos para empresas e pessoas com renda elevada, financiados pela redução das prestações do Estado de bem-estar social.

Não há dúvida de que, nos últimos 180 anos, o desenvolvimento do capitalismo tem sido, de fato, repleto de crises. Mas as causas desses processos são controversas. A maioria dos representantes da economia política clássica, assim como os economistas neoclássicos de hoje, negam que as crises sejam resultado do próprio modo de funcionamento do capitalismo. Para eles, as crises são causadas por influências "externas" (por exemplo, a política econômica do Estado), de tal modo que a economia de mercado capitalista, "em si", seria isenta de crises. Somente John Maynard Keynes (1883-1946) atribuiu o recorrente desemprego em massa a causas intrínsecas ao capitalismo[1] e, assim, lançou a pedra fundamental do "keynesianismo".

---

[1] John Maynard Keynes, *Allgemeine Theorie der Beschäftigung, des Zinses und des Geldes* (Berlim, Duncker & Humblot, 1983 [1936]) [ed. bras.: *A teoria geral do emprego, do juro e da moeda*, trad. Mário R. da Cruz, São Paulo, Atlas, 2007].

Em contraste, Marx tentou provar que as crises fazem parte do funcionamento do modo de produção capitalista e que um capitalismo sem crises não pode existir. No entanto, não há uma teoria coerente a esse respeito em sua obra, apenas observações dispersas, mais ou menos detalhadas, que depois foram transformadas pela tradição marxista em teorias com conteúdos completamente diferentes[2].

Ao analisar o dinheiro como meio de circulação, Marx já havia identificado a *possibilidade* geral das crises, notadamente na mediação da troca pelo dinheiro: pode-se vender a própria mercadoria sem comprar novas mercadorias com o dinheiro recebido e, desse modo, o dinheiro retido interrompe o processo de reprodução[3] (ver seção 3.7). A chamada *lei de Say*, que afirma que deve haver um equilíbrio necessário entre compras e vendas, isto é, que toda oferta exige uma demanda, só se aplica se a circulação (mediada pelo dinheiro) de mercadorias for equiparada à troca direta de produtos. Somente nesse caso, toda "venda" coincide com uma "compra" simultânea. Portanto, quando os economistas clássicos e neoclássicos usam a lei de Say para justificar que uma economia de mercado, por princípio, estaria livre de crises, eles estão pressupondo, basicamente, um capitalismo sem dinheiro.

No entanto, é necessário explicar a passagem da possibilidade para a efetividade da crise, isto é, demonstrar os motivos reais que interrompem o processo de reprodução do capital. Dos vários apontamentos de Marx para responder a essa pergunta[4], a "lei da queda tendencial da taxa de lucro" (ver seção 8.3) desempenhou um papel importante no marxismo tradicional: em razão da diminuição das taxas de lucro, a massa de lucro também cairia em algum momento, de modo que a acumulação continuaria a se desacelerar e, por fim, isso levaria a uma crise. Esse vínculo aparentemente estreito entre a teoria da crise e a "lei da queda tendencial da taxa de lucro" era, na maior parte das vezes, o que sustentava a defesa veemente dessa "lei". Mas os argumentos marxianos decisivos sobre a teoria da crise são completamente independentes dessa suposta ligação.

No Livro I de *O capital*, Marx já havia apontado a produção de mais-valor relativo como uma tendência fundamental do desenvolvimento capitalista:

---

[2] Uma visão geral dessas teorias das crises pode ser encontrada em Thomas Sablowski, "Krisentendenzen der Kapitalakkumulation", *Das Argument*, n. 251, 2003, p. 438-52.
[3] MEW, 23, p. 127 e seg. [ed. bras.: *O capital*, Livro I, trad. Rubens Enderle, São Paulo, Boitempo, 2011, p. 187].
[4] Ver Michael Heinrich, *Die Wissenschaft vom Wert* (Munique, Westfälisches Dampfboot, 1999), p. 341-70.

redução do valor da força de trabalho pelo aumento da força produtiva do trabalho. E o método mais importante para aumentar a força produtiva é a introdução de uma maquinaria cada vez melhor (ver seções 5.2 e 5.3). Ainda assim, esse processo pressupõe a expansão do volume da produção. O aumento da força produtiva, portanto, anda de mãos dadas com a ampliação da quantidade de bens produzidos, que é continuamente intensificada pela coerção exercida pela concorrência (a necessidade de ser o primeiro a inundar o mercado com mercadorias; o imperativo de antecipar a desvalorização dos meios de produção tentando esgotar sua capacidade produtiva o mais rápido possível etc.). No entanto, como Marx deixa claro no Livro III de *O capital*, essa tendência à expansão ilimitada da *produção* é confrontada pela *capacidade de consumo* da sociedade, cujo alcance é restringido sucessivas vezes[5].

Nesse sentido, é importante notar que o *consumo social* não se limita ao consumo individual dos consumidores finais. Ele é composto pelo consumo da classe trabalhadora, pelo consumo de luxo dos capitalistas e pelos investimentos – mais precisamente, aqueles investimentos necessários à reposição, que substituem o maquinário usado, e à expansão, quando meios de produção adicionais são adquiridos e, portanto, capital é acumulado.

O consumo da classe trabalhadora é limitado pela própria lógica de valorização do capital: os capitalistas tentam manter os salários e o número de trabalhadores empregados o mais baixos possível, uma vez que, para o capitalista individual, eles representam apenas um fator de custo. A explicação da crise pela "teoria do subconsumo" refere-se, acima de tudo, a esse poder de consumo limitado da classe trabalhadora. Mas o argumento dos salários muito baixos e da "falta de demanda" é insuficiente para explicar a existência das crises: os salários (v) são sempre menores do que o valor total do produto (c + v + m); sejam altos ou baixos, eles estão sempre abaixo do necessário para satisfazer a demanda pelo produto total.

Além da demanda da classe trabalhadora, há sempre a demanda de luxo por parte dos capitalistas – que, no entanto, é relativamente pequena em termos macroeconômicos, de modo que podemos ignorá-la aqui – e a demanda de investimento. Esta última é a variável decisiva: a demanda do capital por meios de produção adicionais depende diretamente dela e, indiretamente, do

---

[5] MEW, 25, p. 253 e seg. [ed. bras.: *O capital*, Livro III, trad. Rubens Enderle, São Paulo, Boitempo, 2017, p. 283-4].

desenvolvimento do consumo da classe trabalhadora, na medida em que a força de trabalho é contratada ou não. No entanto, o fato de o investimento em capital produtivo (meios de produção e força de trabalho) ser alto ou baixo depende, por um lado, das *expectativas de lucro* (se a expectativa é de lucro baixo, o investimento é retido) e, por outro, da comparação entre a taxa de lucro (esperada) e a taxa de juros: embora não represente a classe capitalista como um todo, o capitalista individual sempre tem a opção de investir em capital produtivo ou então se valer do capital portador de juros. Quanto maior a taxa de juros ou a expectativa de alta na bolsa, mais dinheiro será investido em capital fictício, em vez de capital produtivo.

Produção capitalista e consumo capitalista são, portanto, não apenas determinados de formas bastante diferentes, mas seus fatores determinantes são quase antagônicos: a produção tendencialmente ilimitada contrapõe-se ao consumo limitado (não tanto pelas necessidades sociais, mas pela própria lógica da valorização). A consequência é, assim, a tendência à *superprodução de mercadorias* (em relação à demanda efetiva) e à *superacumulação de capital* (cuja valorização não ocorre ou ocorre apenas parcialmente). Essa dinâmica, em última instância, leva à crise: a reprodução é paralisada; o capital investido é desvalorizado ou, até mesmo, completamente destruído; as instalações de produção menos lucrativas são fechadas; as empresas menos lucrativas vão à falência; os trabalhadores são demitidos e, com o aumento do desemprego, os salários caem. As crises são, portanto, processos extremamente destrutivos. A riqueza social é devastada e as condições de vida de um grande número de pessoas se deterioram consideravelmente.

Ainda assim, são precisamente esses momentos de destruição que eliminam violentamente o desequilíbrio entre produção e consumo social. Isso significa que as crises não são apenas destrutivas, elas também são "produtivas" para o sistema capitalista como um todo: a eliminação do capital não rentável reduz a produção e, consequentemente, a desvalorização do capital em funcionamento e os baixos salários aumentam a taxa de lucro do capital restante. Por fim, as taxas de juros voltam a cair à medida que a demanda por capital emprestado diminui. Tudo isso em conjunto abre caminho para uma nova alta, cuja expansão é geralmente acompanhada da introdução de inovações técnicas. Há então um aumento na demanda por novas máquinas, o que impulsiona o investimento no Setor I (meios de produção) e, como resultado do aumento do emprego, a acumulação no Setor II (meios de consumo) também se acelera – uma nova recuperação tem início, o que levará à próxima crise.

As crises, portanto, não são apenas destrutivas. Elas reestabelecem de maneira violenta a unidade entre momentos relacionados (produção e consumo) que, por diferentes determinações, são independentes uns dos outros. Por isso, Marx aponta repetidas vezes que as crises trazem esses resultados positivos para o sistema capitalista precisamente pela destruição que provocam[6].

Mesmo que seja possível descobrir os mecanismos da crise em geral, as crises em si não podem ser simplesmente evitadas. De um lado, a pressão da concorrência *força* os capitalistas individuais a se comportarem de determinada maneira, independentemente do conhecimento que possam ter a respeito da destrutividade potencial de suas ações; ou seja, nenhum indivíduo pode simplesmente optar por não participar desse processo – a única esperança é sair relativamente ileso[7]. Por outro lado, não é possível saber, ao certo, em qual ponto do ciclo econômico se está: a economia ainda está crescendo e há perspectiva de manutenção desse cenário, de modo que ainda vale a pena expandir a produção, ou o estágio de superprodução foi alcançado e, em breve, haverá uma queda nas vendas?

Ora, é exatamente o desenvolvimento constante das forças produtivas por meio da introdução de novos métodos de produção – algo imposto a toda empresa que deseja manter sua presença no mercado – que leva a mudanças nos fluxos de demanda: ao mesmo tempo que surgem novos ramos, antigos desaparecem ou perdem importância; máquinas e matérias-primas que antes pareciam indispensáveis deixam de sê-lo; empresas tradicionais são desvalorizadas, ao passo que novas surgem sem a certeza de que produzirão lucro no nível esperado. A única coisa certa nessas tempestades econômicas é a incerteza. Em tais circunstâncias, a única chance de sobreviver como capitalista é usar todas as possibilidades para aumentar o lucro, independentemente das consequências. No capitalismo, a crise não pode ser evitada, mesmo que seja possível prever mais ou menos os acontecimentos que a originarão.

---

[6] Ver MEW, 42, p. 360 [ed. bras.: *Grundrisse*, trad. Mario Duayer e Nélio Schneider, São Paulo/Rio de Janeiro, Boitempo/Ed. UFRJ, 2011, p. 366-7], MEW, 26.3, p. 501 [ed. bras.: *Teorias da mais-valia: história crítica do pensamento econômico*, v. III, trad. Reginaldo Sant'Anna, 2. ed., São Paulo, Difel, 1987, p. 936], e MEW, 25, p. 259 e 316 [ed. bras.: *O capital*, Livro III, cit., p. 288 e 347].

[7] Anos atrás, ainda que em meio a uma crise no mercado de automóveis, a BMW decidiu aumentar sua linha de produção. Questionado pelos jornalistas, o então CEO da empresa explicou que sabia que havia uma quantidade elevada de carros no mercado, mas poucos eram da BMW.

Diante do nível geral de descrição apresentado por Marx em *O capital*, nada mais pode ser dito acerca do curso concreto das crises. Isso significa que elas dependem de circunstâncias específicas, tais como desenvolvimentos técnicos e organizacionais, estrutura do sistema de crédito, posição de um país no mercado mundial (algo relevante para o capital, especialmente em tempos de crise), organização da classe trabalhadora e suas lutas, além da maneira pela qual o Estado intervém no ciclo econômico. E isso se aplica não apenas ao ciclo econômico usual de aproximadamente dez anos, mas ainda mais aos desenvolvimentos supercíclicos de longo prazo. Como se vê, aqui chegamos ao limite da apresentação marxiana do modo de produção capitalista "em sua média ideal".

9.2. Há uma teoria do colapso em Marx?

Na história do movimento dos trabalhadores, as crises econômicas sempre foram vistas como uma ameaça à existência do capitalismo, notadamente em virtude de seus aspectos destrutivos. Isso se manifestava na expectativa de que graves crises econômicas pudessem se transformar em crises políticas: diante das dificuldades de reprodução econômica, as relações de poder político perderiam a sua legitimidade e as pessoas começariam a revoltar-se. Não por acaso, no início da década de 1850, Marx viu os movimentos revolucionários que abalaram a Europa em 1848-1849 como uma consequência da grave crise econômica de 1847-1848. Ele generalizou esse resultado de forma um tanto prematura e esperou que a próxima crise levasse, finalmente, à revolução[8]. No entanto, as crises econômicas subsequentes deixaram claro que uma conexão direta entre crise e movimento revolucionário não é, de forma alguma, evidente. Além disso, desde o século XX sabemos que as inseguranças decorrentes das crises econômicas podem ser canalizadas para outro lugar, constituindo terreno fértil para movimentos nacionalistas e fascistas.

---

[8] MEW, 7, p. 441. [Heinrich se refere a um texto publicado por Marx e Engels na *Neue Rheinische Zeitung* (*Nova Gazeta Renana*), em novembro de 1850, intitulado "Revue – Mai bis Oktober 1850", que totaliza 42 páginas na edição da *Werke*. Em 1895, Engels reuniu uma série de artigos desse período sob o título *As lutas de classes na França de 1848 a 1850* (trad. Nélio Schneider, São Paulo, Boitempo, 2012) e acrescentou-lhe um capítulo – "A revogação do sufrágio universal em 1850", de cerca de quinze páginas – que contém trechos do "Revue – Mai bis Oktober 1850". Heinrich tem em mente uma passagem emblemática: "*Uma nova revolução só será possível na esteira de uma nova crise. Contudo, aquela é tão certa quanto esta*" (Karl Marx, *As lutas de classes na França*, cit., p. 149, destaque no original).]

De todo modo, na história do movimento dos trabalhadores difundiu-se amplamente a ideia de que as crises econômicas levariam ao colapso do capitalismo, uma espécie de "crise final". Nesse sentido, uma "teoria marxiana do colapso" foi extraída de *O capital*. Na década de 1990, essa velha ideia foi revitalizada por Robert Kurz e, em particular, pelo grupo Krisis*. No Livro III de *O capital*, Marx realmente fala dos "limites" do modo de produção capitalista, mas não no sentido temporal. Tal limitação deve ser entendida nos termos de uma restrição: o que é limitado é o fato de que, embora o capital desenvolva as forças produtivas em uma extensão que nenhum modo de produção anterior fez, esse desenvolvimento serve apenas para a valorização do capital.

> O *verdadeiro obstáculo* à produção capitalista é *o próprio capital*, isto é, o fato de que o capital e sua autovalorização aparecem como ponto de partida e ponto de chegada, como mola propulsora e escopo da produção; o fato de que a produção é produção apenas para o *capital*, em vez de, ao contrário, os meios de produção serem simples meios para um desenvolvimento cada vez mais amplo do processo vital, em benefício da *sociedade* dos produtores.[9]

Na sequência, Marx passa a falar de um "conflito constante" entre o desenvolvimento ilimitado das forças produtivas e o objetivo capitalista limitado – mas não há menção a qualquer tipo de "colapso".

Em apenas uma passagem – não em *O capital*, mas nos *Grundrisse*, escritos anos antes – há uma observação que pode ser entendida como uma teoria do colapso. Em conexão com a crescente importância da aplicação da ciência, Marx diz que o mais importante para a produção da riqueza já não seria o trabalho realizado no processo de produção, mas a aplicação da ciência como uma "força produtiva geral". A partir dessas transformações, Marx deduz diretamente o "colapso" de todo o modo de produção capitalista:

> Tão logo o trabalho na sua forma imediata deixa de ser a grande fonte da riqueza, o tempo de trabalho deixa, e tem de deixar, de ser a sua medida e, em consequência, o valor de troca deixa de ser [a medida] do valor de uso. O *trabalho excedente*

---

* O grupo Krisis foi fundado em 1986 com o mote principal de reinterpretar a obra de Marx a partir de uma nova "crítica do valor" (*Wertkritik*). Em 2004, com uma cisão no grupo, Robert Kurz, Roswitha Scholz, Hans von Bosse, Petra Haarmann, Brigitte Hausinger e Claus Peter Ortlieb, dentre outros, criam o grupo Exit!. (N. T.)

[9] MEW, 25, p. 260, destaques no original [ed. bras.: *O capital*, Livro III, cit., p. 289].

da massa deixa de ser condição para o desenvolvimento da riqueza geral, assim como o não *trabalho dos poucos* deixa de ser condição do desenvolvimento das forças gerais do cérebro humano. Com isso, desmorona a produção baseada no valor de troca [...].[10]

No entanto, em suas obras posteriores Marx não retorna a essa ideia dos *Grundrisse*. Embora o significado da ciência para o processo de produção capitalista também seja tratado em vários lugares no Livro I de *O capital*, "a cisão entre as potências intelectuais do processo de produção e o trabalho manual"[11] não é considerada um enfraquecimento do modo de produção capitalista, mas uma forma de aumentar o poder do capital sobre o trabalho (ver seção 5.3)[12].

O fato de que, durante esse processo, seja gasto cada vez menos trabalho no processo de produção de mercadorias não é analisado em *O capital* como uma tendência ao colapso, mas como a base da produção de mais-valor relativo. A aparente contradição que tanto surpreendeu Marx nos *Grundrisse* – de que o capital "procura reduzir o tempo de trabalho a um mínimo, ao mesmo tempo que, por outro lado, põe o tempo de trabalho como única medida e fonte da riqueza"[13] –, é transformada por Kurz, Trenkle e outros representantes do grupo Krisis na "autocontradição lógica do capital", o que inevitavelmente levaria à queda do capitalismo. No entanto, no Livro I de *O capital* Marx equipara essa contradição a um velho enigma da economia política, com o qual o economista francês Quesnay havia atormentado seus oponentes no século XVIII. De acordo com Marx, esse enigma é fácil de entender se considerarmos que os capitalistas não estão preocupados com o valor absoluto da mercadoria, mas com o mais-valor (ou, mais precisamente, com o lucro) que essa mercadoria lhes traz. O tempo de trabalho necessário para produzir a mercadoria individual pode certamente diminuir, o que também pode acontecer com o valor da mercadoria, desde que apenas o mais-valor ou o lucro produzido por seu capital aumente. Nesse sentido, é irrelevante se o mais-valor/lucro é distribuído em um pequeno número de produtos de elevado valor ou em um número maior de produtos de valor reduzido[14].

---

[10] MEW, 42, p. 601 [ed. bras.: *Grundrisse*, cit., p. 588].
[11] MEW, 23, p. 446. [ed. bras.: *O capital*, Livro I, cit., p. 495].
[12] Idem.
[13] MEW, 42, p. 601 [ed. bras.: *Grundrisse*, cit., p. 588-9].
[14] MEW, 23, p. 338 e seg. [ed. bras.: *O capital*, Livro I, cit., p. 394-5].

Prescindindo de todas as objeções pontuais, as teorias do colapso ainda assim enfrentam o problema fundamental de apontar uma tendência inevitável de desenvolvimento com a qual o capitalismo é tão incapaz de lidar que sua existência continuada se torna impossível – não importa o que aconteça no processo histórico. Na história do marxismo, essa tendência ao colapso foi justificada por vários fatores. Para Kurz, esse papel é desempenhado pela "revolução microeletrônica", ou seja, uma determinada fase do desenvolvimento tecnológico que torna o trabalho amplamente supérfluo e leva à "dissolução da substância do valor"[15].

Para a esquerda, a teoria do colapso sempre teve, historicamente, uma função escusatória: não importa quão ruins sejam as derrotas atuais, o fim do oponente é, em última análise, certo. Criticar a teoria do colapso é tudo menos uma "capitulação perante o capitalismo" – título de um ensaio de Norbert Trenkle contra essa crítica –, pois a ausência dessa certeza profética não nos leva de modo algum a um capitalismo melhor.

---

[15] Para uma crítica mais detalhada da teoria do colapso de Kurz, ver Michael Heinrich, "Untergang des Kapitalismus? Die 'Krisis' und die Krisis", *Streifzüge*, n. 1, 1999, p. 1-5. Uma ironia, diga-se de passagem: o determinismo tecnológico com o qual o colapso do capitalismo é justificado aqui encaixa-se perfeitamente no "marxismo do movimento trabalhista", que curiosamente é criticado de maneira muito dura por Kurz, e explica o curso da história mundial com uma esquemática "dialética das forças produtivas e das relações de produção".

10
O FETICHISMO DAS RELAÇÕES BURGUESAS

10.1. A "fórmula trinitária"

Com a imposição do modo de produção capitalista, as propriedades e relações feudais se dissolvem, assim como suas roupagens políticas e religiosas. Os estamentos, os privilégios e os direitos de nascimento desaparecem sob a igualdade dos proprietários de mercadorias, que só reconhecem a desigualdade de propriedade. O desenvolvimento sistemático da ciência e da tecnologia exigido e impulsionado pelo capitalismo mina as representações tradicionais e as concepções religiosas do mundo. Sobre essa base, a autocompreensão da sociedade capitalista-burguesa aparece como um paraíso de esclarecimento, civilização e cultura no qual o Ocidente finalmente atingiu seu apogeu. Desse ponto de vista, todas as outras formações sociais aparecem como precursoras da sociedade burguesa ou então são consideradas "primitivas", o que se manifestava de modo evidente em seu "fetichismo": a um pedaço de madeira ou tecido eram atribuídos poderes mágicos. Esse sentimento de superioridade forneceu a justificativa ideológica para o colonialismo dos séculos XIX e XX – era necessário levar cultura e civilização às populações colonizadas.

A autocompreensão racionalista da época burguesa-capitalista também se refletiu na reflexão sociológica. Max Weber (1864-1920), um dos mais importantes fundadores da sociologia moderna, considerava que o "desencantamento do mundo" e a "racionalização" que permeiam todas as condições de vida eram aspectos decisivos das sociedades moldadas pelo capitalismo. Na verdade, Marx e Engels também tinham esse "desencantamento do mundo" em mente quando em 1848, no *Manifesto Comunista*, caracterizaram as consequências da ascensão da burguesia da seguinte forma:

> Onde quer que tenha conquistado o poder, a burguesia destruiu as relações feudais, patriarcais e idílicas. [...] Em uma palavra, em lugar da exploração dissimulada por

ilusões religiosas e políticas, a burguesia colocou uma exploração aberta, direta, despudorada e brutal. [...] Tudo o que era sólido e estável se desmancha no ar, tudo o que era sagrado é profanado e as pessoas são finalmente obrigadas a encarar sua condição de vida e suas relações mútuas com olhos sóbrios.[1]

Marx e Engels mantêm, aqui, a concepção de que, com o avanço do capitalismo, as relações sociais se tornariam transparentes: a dominação e a exploração não seriam mais mistificadas e disfarçadas, mas claramente visíveis. Isso estava ligado à esperança de que os oprimidos e explorados, ao olhar para sua situação "com olhos sóbrios", se defenderiam cada vez mais contra as relações de exploração.

O marxismo tradicional também difundiu esse entendimento: a exploração da classe trabalhadora no capitalismo era, na verdade, evidente, um fato inequívoco cujo disfarce se dava pelas manipulações da classe dominante, notadamente com a ajuda da imprensa, da Igreja, das escolas etc. Por isso a crítica da ideologia foi compreendida usualmente como desmascaramento: os "interesses reais" por trás de uma ideia deveriam ser revelados[2].

No entanto, Marx não permaneceu no nível do *Manifesto Comunista*. Em *O capital* não há menção à visibilidade manifesta das relações sociais capitalistas. Pelo contrário, passagens centrais da obra são dedicadas à análise da "mistificação" dessas relações. O que Marx chama, nesse momento, de fetichismo e mistificação, diz respeito a inversões decorrentes não da manipulação por parte daqueles que detêm o poder, mas da estrutura da sociedade burguesa e das ações que a reproduzem. O fato de Marx falar de fetichismo constitui um claro ataque à autoconfiança iluminista-racionalista e à autocompreensão empírica da economia política, que se baseia precisamente nesse fetichismo (ver seção 3.8).

---

[1] MEW, 4, p. 464 e seg. [ed. bras.: *Manifesto Comunista*, trad. Álvaro Pina e Ivana Jinkings, São Paulo, Boitempo, 2016, p. 42-3. Na edição citada, o trecho *und die Menschen sind endlich gezwungen, ihre Lebensstellung, ihre gegenseitigen Beziehungen mit nüchternen Augen anzusehen* aparece como "e os homens são finalmente obrigados a encarar sem ilusões a sua posição social e as suas relações com os outros homens"].

[2] A esse respeito, era frequente utilizar como argumento de autoridade a concepção de mundo bastante simplificada de *A ideologia alemã*, redigida em 1845-1846, na qual Marx e Engels escrevem: "As ideias da classe dominante são, em cada época, as ideias dominantes, isto é, a classe que é a força *material* dominante da sociedade é, ao mesmo tempo, sua força *espiritual* dominante" (MEW 3, p. 46, destaques no original) [ed. bras.: *A ideologia alemã*, trad. Rubens Enderle, Nélio Schneider e Luciano Cavini Martorano, São Paulo, Boitempo, 2007, p. 47].

Nesse sentido, as distintas formas fetichistas e mistificações mencionadas nos capítulos anteriores não estão desconectadas. Elas constituem uma totalidade, apresentada por Marx no fim do Livro III sob o título de "A fórmula trinitária"[3].

O processo de produção capitalista é uma forma histórica específica do processo de produção social. Ele se baseia na separação entre os produtores diretos e os meios de produção, razão pela qual os trabalhadores e as trabalhadoras, embora formalmente livres, são materialmente forçados a vender sua força de trabalho aos capitalistas, que detêm os meios de produção. Os capitalistas pagam com salários o valor da força de trabalho (seus custos de reprodução), mas fazem essa força de trabalho trabalhar mais do que o necessário para reproduzir o seu valor: como já visto, os capitalistas extraem mais-trabalho dos empregados, representado como mais-valor na venda da mercadoria. Entretanto, essa quantia não fica inteiramente com o capitalista: em primeiro lugar, ele precisa pagar a *renda da terra* ao proprietário (ou comprar a terra para se tornar proprietário). Os capitalistas devem pagar a renda da terra, já que esta, além de limitada, é propriedade privada de seus proprietários. Esse pagamento só poder ser deduzido do mais-valor, mesmo que a renda seja considerada um fator de custo usual. Isso significa que a classe dos capitalistas, que é a primeira a se apropriar do mais-valor, deve compartilhá-lo com a classe dos proprietários de terra[4].

Contudo, como sabemos, os produtos não são vendidos pelo seu valor, de modo que o capitalista individual não se apropria exatamente do mais-valor criado pela força de trabalho que ele emprega. Prescindindo das flutuações aleatórias, o capitalista obtém um lucro médio, ou seja, um lucro proporcional à magnitude do capital adiantado. E esse lucro médio é então dividido em juros e lucro empresarial[5].

---

[3] MEW, 25, p. 822 e seg. [ed. bras.: *O capital*, Livro III, trad. Rubens Enderle, São Paulo, Boitempo, 2017, p. 877 e seg.].

[4] Aqui não é possível discutir mais detalhadamente de que depende o valor da renda da terra. Ainda assim, pode-se dizer o seguinte: no caso da terra não trabalhada, o "valor da terra" é uma expressão tão "imaginária" quanto o "valor do trabalho" (ver seção 4.5). Esse "valor" depende do montante que se espera pela renda da terra. O preço da terra é aproximadamente tão alto quanto um capital que rende juros igual a essa renda, tendo como parâmetro uma taxa de juros usual. O "valor da terra" é, portanto, calculado de maneira semelhante ao "valor" do capital fictício.

[5] A soma dos pagamentos da renda da terra constitui uma dedução do mais-valor social total. Por conta disso, a massa do lucro social total é menor do que seria sem essa dedução. O lucro médio se refere sempre a essa massa do lucro social total menor: portanto, ele é dividido apenas em juros e lucro empresarial.

O produto total anual da economia é, desse modo, repartido materialmente em termos de valor entre: uma parte que repõe os meios de produção usados; uma parte que os trabalhadores e as trabalhadoras recebem como salário, necessária à sua reprodução; e um mais-produto além do que é necessário para a reprodução dos meios de produção e da força de trabalho. Esta última parcela é, por sua vez, decomposta em renda da terra, juros e lucro empresarial.

Capital, propriedade fundiária e força de trabalho, por mais fundamentalmente diferentes que sejam, têm como característica comum o fato de serem *fontes de renda*[6] para seus proprietários: o capital permite a obtenção de lucros ou juros; a propriedade fundiária garante a renda da terra; e a força de trabalho recebe salários (isto é, o "trabalho" rende salários, conforme a representação cotidiana que aparece tanto para os trabalhadores e trabalhadoras quanto para os capitalistas – ver seção 4.5). Essas rendas podem ser completamente consumidas sem que suas respectivas fontes se esgotem.

O capital é uma fonte de renda porque permite que o capitalista extraia o mais-trabalho da força de trabalho empregada; a propriedade fundiária é uma fonte de renda porque permite que seus proprietários se apropriem de parte do mais-valor extraído pelos capitalistas; o trabalho é uma fonte de renda porque os trabalhadores e as trabalhadoras recebem uma parte do valor que eles mesmos criam. Isso significa que capital, propriedade fundiária e trabalho apenas são *fontes de renda* porque são meios de apropriação. Dito de outro modo: sob condições capitalistas, é possível *se apropriar de uma parte do produto anual* como renda por meio do capital, da propriedade fundiária e do trabalho.

No entanto, para os agentes da produção (capitalistas, proprietários de terras e trabalhadores), bem como para a maioria das teorias econômicas, a questão se apresenta de forma invertida. Para eles, capital, propriedade fundiária e trabalho parecem ser três fontes distintas e independentes *do valor produzido anualmente* e só porque são *fontes de valor* podem – como concluem o senso comum e os economistas – atuar como *meios de apropriação* de partes desse valor. Para os agentes de produção, é como se os proprietários do capital, da propriedade fundiária e do trabalho recebessem como renda exatamente aquela parte do valor que seu "fator de produção" agregou ao produto.

---

[6] Marx costuma utilizar a expressão francesa "*revenue*" para designar a renda e fala de "fontes de renda".

Como surge essa aparência? Na análise sobre o fetiche da mercadoria (ver seção 3.8), já ficou claro que o caráter de valor das mercadorias na sociedade burguesa aparece como "propriedades sociais que são naturais"[7]: embora esteja claro que o valor não tem nenhuma propriedade natural (como peso ou cor), parece que os produtos possuem automaticamente valor, não importando o contexto social. De um ponto de vista puramente material, o produto individual é resultado de um processo de produção no qual trabalho é despendido, meios de produção são empregados e terra é utilizada, seja na agricultura, seja na obtenção de matérias-primas. Não por acaso, o processo de formação de valor é compreendido do mesmo modo: enquanto adição de cotas de valor provenientes dos fatores de produção.

O fundamento dessa inversão reside no fato de que parece não haver nenhuma diferença essencial entre trabalho e trabalho assalariado. A separação entre o trabalho e suas condições materiais é considerada natural[8]. Mas se não existe diferença essencial entre trabalho e trabalho assalariado, então também não há diferença entre meios de produção e capital, em oposição ao trabalho, tampouco entre terra e propriedade fundiária. Marx resume isso da seguinte forma:

> Se, pois, o trabalho coincide com trabalho assalariado, também a forma socialmente determinada em que as condições de trabalho agora se defrontam com o trabalho coincidirá com sua existência material. Os meios de trabalho como tais são, então, capital, e a terra é, como tal, propriedade fundiária. A autonomização formal dessas condições de trabalho em relação ao trabalho, a forma específica da autonomização que tais condições apresentam diante do trabalho assalariado é, pois, um atributo inseparável delas como coisas, como condições de produção materiais, um caráter imanente e intrínseco que lhes corresponde necessariamente como elementos de produção. Seu caráter social no processo de produção capitalista, definido por uma época histórica determinada, é um caráter material, congênito, que lhes é natural e, por assim dizer, eterno, como elementos do processo de produção.[9]

As *determinações formais sociais* do trabalho assalariado, do capital e da propriedade fundiária aparentemente coincidem com as *condições materiais de*

---

[7] MEW, 23, p. 86 [ed. bras.: *O capital*, Livro I, trad. Rubens Enderle, São Paulo, Boitempo, 2011, p. 147].

[8] No caso do artesão independente, essa separação é, de fato, abolida, apesar de aparecer como mera coincidência.

[9] MEW, 25, p. 833 [ed. bras.: *O capital*, Livro III, cit., p. 888].

produção do trabalho, dos meios de produção e da terra, de modo que todo processo de trabalho já é, na verdade, um processo de produção capitalista. Por isso Marx fala da "reificação das relações de produção"[10]: elas não são mais percebidas como relações históricas determinadas entre as pessoas. Em vez disso, elas parecem ter como fundamento algo puramente objetivo – o fato de que a produção deve ocorrer.

Salário, lucro e renda parecem ser nada mais do que as partes do valor do produto decorrentes do trabalho assalariado, do capital e da propriedade da terra. Aqui resulta fundamental a transformação do valor da força de trabalho em "valor do trabalho" (ver seção 4.5): precisamente porque o "valor do trabalho" é pago, aparentemente, em salários, os componentes de valor restantes – lucro e renda – devem provir dos demais "fatores de produção": capital e propriedade fundiária. E como as mercadorias não são trocadas por valores, mas por preços de produção, essa aparência não pode ser eliminada, pelo menos não no que diz respeito à mercadoria individual. Assim, parece não haver conexão alguma entre o trabalho despendido, por um lado, e o lucro médio e a renda, por outro: o lucro depende (em condições normais) da magnitude do capital, independentemente da quantidade de trabalhadores empregados; a renda, por sua vez, depende de qual terra e de quanto dela é utilizada.

Capital e lucro/juros, terra e renda fundiária, trabalho e salário: enquanto expressão da conexão aparente entre o valor e suas fontes, essa "trindade" é chamada por Marx de *fórmula trinitária*. Nela, está

> consumada a mistificação do modo de produção capitalista, a reificação das relações sociais, o amálgama imediato das relações materiais de produção com sua determinação histórico-social: o mundo encantado, distorcido e de ponta-cabeça, em que *monsieur* Le Capital e *madame* La Terre vagueiam suas fantasmagorias como caracteres sociais e, ao mesmo tempo, como meras coisas.[11]

Na sociedade capitalista, o "capital" e a "terra" adquirem poderes mágicos semelhantes aos dos fetiches de madeira ou tecido nas sociedades supostamente primitivas. Portanto, as pessoas na sociedade burguesa também vivem em um mundo "encantado", no qual as coisas são "personificadas" [*Personifizierung*]: o sujeito do processo social não são as pessoas, mas as mercadorias, o dinheiro e

---

[10] MEW, 25, p. 838 [ed. bras.: *O capital*, Livro III, cit., p. 892].
[11] Idem.

o capital. Isso não é de forma alguma apenas uma questão de "falsa consciência". É a práxis social da sociedade capitalista que produz constantemente a independência dos "fatores de produção" e a coesão social enquanto coação objetiva, da qual os indivíduos só podem escapar sob pena de ruína econômica. Nesse sentido, as coisas personificadas [*personifizierten*] possuem plena força material.

Todos os membros da sociedade burguesa estão sujeitos ao fetichismo das relações sociais. Esse fetichismo se plasma em "formas objetivas de pensamento" que estruturam a percepção de qualquer um (ver seção 3.8). Isso significa que nem os capitalistas nem os trabalhadores têm uma posição privilegiada que lhes permita escapar ao fetichismo. Este, no entanto, não pode ser compreendido como um estado de coisas universal, inescapável. Trata-se, na verdade, de um pano de fundo estrutural que, apesar de sempre presente, atua sobre os indivíduos com diferentes intensidades e pode ser rompido a partir da experiência e da reflexão.

10.2. Excurso sobre o antissemitismo

No prefácio de *O capital*, Marx escreve que não retrata as "figuras do capitalista e do proprietário fundiário" com "cores róseas" e que se trata de pessoas apenas na medida em que constituem "a personificação [*Personifikation*] de categorias econômicas". Portanto, não seria possível "responsabilizar o indivíduo por relações das quais ele continua a ser socialmente uma criatura, por mais que, subjetivamente, ela possa se colocar acima delas"[12]. Como demonstrado anteriormente (ver seção 4.2 e 5.2), os atores econômicos seguem uma racionalidade que lhes é imposta pelas próprias condições sociais. Assim, a tentativa constante dos capitalistas de aumentar a valorização do capital não é (normalmente) o resultado de um "desejo excessivo de lucro". Ao contrário, é a concorrência que força esse comportamento dos capitalistas individuais. Isso significa que todos – inclusive aqueles que lucram com o funcionamento do capitalismo – fazem parte de uma grande engrenagem. O modo de produção capitalista acaba sendo uma máquina anônima, sem nenhum supervisor que a dirija ou que possa ser responsabilizado pela destruição causada por ela. Se quisermos pôr um fim a essa situação, não basta criticar os capitalistas – as estruturas capitalistas como um todo devem ser abolidas.

Com a "personificação [*Personifizierung*] das coisas e essa reificação das relações de produção"[13], o capitalismo parece ser amplamente imune a críticas. Uma

---

[12] MEW, 23, p. 16 [ed. bras.: *O capital*, Livro I, cit., p. 80].
[13] MEW, 25, p. 838 [ed. bras.: *O capital*, Livro III, cit., p. 892].

vez que a máquina capitalista aparentemente não é outra coisa senão a manifestação mais avançada do processo social de vida (o fato de que as determinações da forma social não podem mais ser distinguidas de seu conteúdo material constitui, precisamente, aquilo que é expresso pela *fórmula trinitária*), a sociedade não pode simplesmente se desvencilhar desse aparato. A submissão à "coação objetiva" parece, então, inevitável, não existindo alternativa senão a resignação.

Tendo em vista as imposições do capitalismo – caracterizado, como vimos, não apenas pelo desenvolvimento propenso à crise, catastrófico para as perspectivas de vida dos indivíduos, mas também pela ameaça permanente às condições de vida –, é comum aparecerem formas tacanhas de negação do fetichismo: por trás da maquinaria capitalista anônima, procuram-se "culpados" que possam ser responsabilizados pela miséria. Suas ações devem ser influenciadas e, em casos extremos, eles devem pagar pelos crimes cometidos. Nas várias sociedades capitalistas, a *personalização das relações fetichistas* pode ser observada repetidas vezes. Isso também inclui o *antissemitismo*, embora este não se reduza a tal personalização[14].

Em *O capital*, Marx não tratou dessas personalizações ou do antissemitismo. Consequentemente, nesta seção abordaremos esses fenômenos a partir da análise do fetichismo de Marx. Ao fazer isso, no entanto, nós nos deparamos com os limites da apresentação do modo de produção capitalista "em sua média ideal": tanto a personalização como o antissemitismo não podem, em hipótese alguma, ser "derivados" das categorias da crítica da economia política. A personalização das relações capitalistas pode assumir formas muito diferentes, dependendo do contexto histórico e das respectivas estruturas sociais, e várias dessas formas podem existir simultaneamente.

É raro que os "capitalistas" como um todo sejam responsabilizados pela miséria existente. Também é evidente que os capitalistas se veem frequentemente impelidos a obedecer às "exigências do mercado" se não quiserem ir à falência.

---

[14] Os conceitos de *Personifikation*, *Personifizierung* e *Personalisierung* devem ser rigorosamente diferenciados: *Personifikation* significa que uma pessoa obedece unicamente à lógica de uma coisa (o capitalista enquanto personificação do capital); *Personifizierung* significa que as propriedades de uma pessoa são atribuídas à coisa (o capital aparece como um sujeito independente); por fim, *Personalisierung* significa que as estruturas sociais são reduzidas à ação consciente das pessoas. [O termo alemão *Personifizierung* não tem tradução para o português, razão pela qual será traduzido, assim como *Personifikation*, por personificação, com o original em alemão ao lado entre colchetes].

Isso parece se aplicar, sobretudo, aos capitalistas de pequeno e médio porte, enquanto as grandes corporações e os "monopólios" são reconhecidos como capazes de burlar essas exigências, ou até mesmo de criá-las. Como resultado, é feita uma distinção entre o capitalismo bom dos pequenos capitalistas e o capitalismo mau, inescrupuloso e explorador, característico dos grandes capitalistas. Estes são considerados os verdadeiros conspiradores que atuam – e permanecem – nas sombras.

Outra variante da personalização é a referência aos "bancos" (incluindo, possivelmente, "os especuladores"), que controlam um grande número de empresas por meio de empréstimos e participações acionárias. Nesse caso, esses agentes são vistos como controladores secretos da economia. Aqui, o capital bom é o capital industrial-produtivo, em contraste com o mau e insaciável capital financeiro.

Essas personalizações encontram seu fundamento em diferenças muito reais: as chances de competição e a margem de manobra de uma pequena empresa são geralmente muito diferentes daquelas de uma grande empresa. Também existem diferenças consideráveis de interesses entre bancos e empresas industriais. Além disso, são inúmeros os exemplos de chefes de grandes empresas e bancos que se aproveitam de sua posição de poder. Entretanto, nem mesmo esses agentes podem escapar permanentemente das leis coercitivas do contexto econômico mediado pelo valor. As grandes corporações, os bancos e os especuladores são frequentemente acusados de pensar apenas no lucro. Ora, é exatamente isso que o capitalismo pressupõe para qualquer capitalista, grande ou pequeno.

Uma forma particular de personalização [*Personalisierung*] ocorre no *antissemitismo*: atribuem-se aos "judeus" uma orientação econômica voltada para o dinheiro e o lucro que estaria enraizada em sua natureza – ou, desde o surgimento das "teorias raciais" no século XIX, em sua "raça" – e uma ambição insaciável pelo poder que incluiria até mesmo a dominação mundial, algo que, supostamente, já teria sido alcançado em grande medida.

O ódio e a perseguição aos judeus já existiam nas sociedades pré-burguesas, especialmente na Idade Média europeia. Entretanto, há diferenças claras entre o ódio aos judeus daquele período e o antissemitismo dos séculos XIX e XX. Desde as Cruzadas (a primeira ocorreu em 1096), havia um forte componente religioso nesse ódio. Embora os judeus já tivessem sido rotulados como "assassinos de Deus" por causa da crucificação de Jesus, essa acusação adquiriu uma nova dimensão com as Cruzadas: espalhou-se a opinião de que esse grupo deveria ser, de fato, morto, tal como os "muçulmanos" que ocupavam a "Terra Santa". Na mesma época, foi reforçada a proibição de que os cristãos praticassem a usura (III Concílio de Latrão, 1179) e, adicionalmente, os judeus foram excluídos de toda uma gama de ocupações (IV Concílio de Latrão, 1215). Se os judeus não aceitavam se batizar como cristãos, praticamente suas únicas fontes de renda disponíveis eram o comércio e o empréstimo de dinheiro.

Embora a troca e o dinheiro também existissem nas sociedades pré-burguesas, ambos desempenhavam apenas um papel subordinado. A exploração e a dominação baseavam-se em relações diretas e pessoais de violência e dependência (dependência dos escravos em relação aos seus proprietários, dos servos ou camponeses obrigados a trabalhar para o proprietário etc.). Mas a disseminação da troca e do dinheiro minou as condições pré-burguesas e, desse modo, agravou a miséria das classes mais baixas, sendo o empobrecimento frequentemente iniciado pelo endividamento com um pequeno prestamista.

Já a nobreza e os príncipes utilizavam os serviços dos grandes banqueiros judeus. Embora estes, em troca, gozassem de uma posição privilegiada na corte, rapidamente se tornaram objeto de inveja e foram responsabilizados pelas dificuldades políticas e financeiras.

É importante notar que os judeus não eram os únicos envolvidos no comércio e no empréstimo de dinheiro na Idade Média e no início dos tempos modernos. No entanto, ao longo dos séculos, eles foram claramente apontados como um grupo "estranho", sobretudo em razão dos seus códigos de vestimenta, dos guetos onde moravam e da não participação nas festas cristãs. Portanto, era fácil identificá-los com o poder destrutivo do dinheiro e dos juros, independentemente de alguém ser afetado ou não por esse poder ou ter contato com os judeus. Eles se tornaram objeto de um ódio generalizado, que ainda foi atiçado pelos rumores mais descabidos, como o suposto assassinato ritual de crianças cristãs. Desde a Alta Idade Média, esse ódio aos judeus irrompeu cada vez mais na forma de *pogroms* e expulsões, muitas vezes com a aprovação da Igreja, dos príncipes ou da classe alta urbana. No fim das contas, tanto a classe baixa quanto a alta se beneficiaram dos bens dos judeus.

No antissemitismo moderno, o elemento religioso não desempenha nenhum papel significativo. Em um mundo cada vez mais secularizado, uma religião "errada" não pode mais servir de critério decisivo. No entanto, o comportamento econômico atribuído aos judeus, a saber, estar interessado apenas em dinheiro e lucro, adquire uma dimensão totalmente nova em razão do poder do dinheiro, de não ter de trabalhar, mas viver do trabalho dos outros. No modo de produção capitalista, o dinheiro, a utilização do capital, a maximização do lucro e os juros não são aspectos secundários da sociedade: eles são estruturantes. Por isso o antissemitismo moderno difere fundamentalmente de todas as outras formas de discriminação, preconceito e imputação.

Nas sociedades burguesas, bem como nas pré-burguesas, outros grupos estavam e estão sujeitos à discriminação e à atribuição de modos de comportamento ou habilidades particulares (uma astúcia particular, potência sexual agressiva etc.). Mas somente no antissemitismo moderno *os princípios constitutivos centrais da sociedade são projetados "para fora", em um grupo "estrangeiro"*[15]. Essa projeção não se limita à esfera econômica: características culturais da sociedade burguesa moderna (intelectualismo, mobilidade etc.) são atribuídas predominantemente aos "judeus" e, ao mesmo tempo, desvalorizadas como decadentes.

Por fim, a condição de estrangeiro do judeu é considerada um aspecto fundamental no pensamento antissemita, algo que o opõe a qualquer comunidade. Um turco na Alemanha, por exemplo, também é considerado um estrangeiro, mas apenas porque (supostamente) pertence a *outra* comunidade. No antissemitismo, entretanto, os judeus não são vistos simplesmente como membros de uma comunidade diferente, mas como pessoas que desintegram e destroem todas as comunidades.

Se nos limitarmos à economia, os estereótipos antissemitas podem ser categorizados em diferentes níveis a partir da teoria do valor: as representações sobre a "alma mercenária do judeu" – que persegue até a mais ínfima vantagem no comércio – e o comportamento "usurário" – que mergulha impiedosamente o devedor no infortúnio –, transmitidas desde as condições pré-capitalistas, permanecem fundamentalmente (mesmo quando se trata de juros) no nível da circulação simples das mercadorias e do dinheiro. A força do do valor tornado independente pelo dinheiro, que se opõe ao trabalho concreto e ao valor de uso, é projetada sobre "os judeus" como uma força que emana deles. É o incompreensível fetiche do dinheiro que é personalizado aqui.

---

[15] A fundamentação "teórica" do antissemitismo nas "teorias raciais" (desenvolvidas no fim do século XIX) possui, a meu ver, pouca importância como característica do antissemitismo. Mais relevante parece ser, naquele período, a crença na ciência: o antissemitismo devia receber uma roupagem científica. De qualquer forma, o antissemitismo moderno foi eficaz tanto antes do surgimento das "teorias raciais" quanto depois de seu descrédito.

Com a oposição, defendida em especial pelos nazistas, entre capital "produtivo" (não judeu) e capital "parasitário" (judeu), pela qual o segundo mantém o primeiro sob controle por meio dos bancos e da bolsa de valores, a oposição entre dinheiro (valor autonomizado) e trabalho concreto é deslocada para o nível do processo global de reprodução capitalista. É o *fetiche do capital* em sua forma mais desenvolvida – isto é, enquanto capital portador de juros – que passa a ser personalizado. A seção 8.1 mostrou como os juros, um rendimento que parece decorrer apenas do capital, transforma o lucro empresarial em resultado do trabalho do empresário e, assim, faz dos capitalistas em atividade uma categoria especial de trabalhadores. A personalização aqui envolvida se baseia nessa aparência. Não se questiona a separação entre juros e lucro empresarial, mas sim o misterioso poder do capital de produzir juros: agora são "os judeus" que mantêm os verdadeiros trabalhadores, sejam eles empresários ou não, na "escravidão dos juros" e, como não trabalhadores, não passam de "parasitas"[16].

Na medida em que "os judeus" são apresentados pelo pensamento antissemita como os verdadeiros capitalistas, eles podem ser responsabilizados por todos os males e revoltas que o capitalismo provoca. Ao mesmo tempo, no entanto, eles também parecem ser todo-poderosos: controlam as grandes empresas por meio dos bancos e da bolsa de valores, podem comprar a imprensa (o que supostamente é comprovado por cada artigo de jornal direcionado contra o pensamento antissemita) e, por fim, também influenciam partidos e governos. Isso significa que "os judeus" são vistos simultaneamente como pessoas que não possuem raízes em lugar algum, mas têm conexões mundiais. Esses dois estereótipos – a onipotência e o desenraizamento dos judeus – levam a um terceiro: a "conspiração mundial judaica" (à qual também se adicionava frequentemente o "comunismo judaico"). Supõe-se que os judeus ambicionam dominar o mundo e que já tenham chegado bem perto de seu objetivo. Todas as ameaças que emanam de poderes anônimos e incompreensíveis – do dinheiro, do capital, do mercado mundial – agora possuem um rosto: a ameaça do "judaísmo mundial".

Contudo, essa definição geral de antissemitismo não diz nada sobre se e em que medida o antissemitismo é realmente difundido. O fato de a personalização

---

[16] Essa representação do antissemitismo tem como fundamento uma crítica truncada e distorcida do capitalismo. Mas isso não significa que toda crítica desse tipo – como aquelas que apresentam os mercados financeiros como responsáveis por todo o mal capitalista – seja, por si só, antissemita. Entretanto, essas críticas oferecem pontos de conexão especialmente suscetíveis a estereótipos antissemitas.

das relações capitalistas proporcionar um alívio para os indivíduos que sofrem com essas relações não significa necessariamente que eles recorram sempre a ela e, se o fazem, que a personalização tem sempre um caráter antissemita[17]. No nível geral da argumentação de *O capital*, do qual partiram também as considerações anteriores, não é possível fazer nenhuma afirmação mais concreta a respeito da maneira pela qual o antissemitismo afeta a sociedade, tampouco acerca da extensão de seus danos[18].

10.3. Classes, luta de classes e determinismo histórico

Muitas correntes do marxismo tradicional entendiam a análise de Marx sobre o capital principalmente como uma análise de classe, isto é, um exame da luta entre a burguesia e o proletariado. A maioria dos conservadores e liberais atuais considera que os conceitos de "classe" e, em particular, de "luta de classes" são "ideológicos", o que significa algo como "não científico". Em geral, são principalmente pessoas de esquerda que usam esses conceitos. Entretanto, falar de classe não é algo específico de Marx. Antes dele, os historiadores burgueses já abordavam o tema e David Ricardo, o mais importante representante da economia política clássica, apontou os interesses fundamentalmente opostos das três grandes classes da sociedade moderna: capitalistas, proprietários de terras e trabalhadores.

As classes e a luta de classes constituem o ponto de referência central para a argumentação de Marx, principalmente no *Manifesto Comunista* (1848). Logo no início dessa obra, encontra-se a célebre frase: "A história de todas as sociedades até hoje existentes é a história das lutas de classes"[19]. Marx resumiu em uma carta ao seu amigo Weydemeyer, em 1852, aquilo que considerava sua contribuição à teoria das classes. Após enfatizar que não descobriu nem a existência das classes nem de seu conflito, Marx elenca suas contribuições: "1. a *existência das classes* está ligada a *determinadas fases do desenvolvimento*

---

[17] É bastante plausível que o estudo das estruturas psíquicas criadas pela sociedade burguesa seja importante para compreendermos melhor a disseminação do antissemitismo. Entretanto, esse debate, que foi iniciado por Max Horkheimer, Theodor Adorno e Wilhelm Reich já na década de 1930, não pode ser discutido aqui.

[18] Moishe Postone se deixa levar por um paralelismo precipitado em seu ensaio "Nationalsozialismus und Antisemitismus" [Nacional-Socialismo e Antissemitismo], no qual sugere um caminho direto e inevitável do fetiche da mercadoria até Auschwitz.

[19] MEW, 4, p. 462 [ed. bras.: *Manifesto Comunista*, cit., p. 40].

histórico da produção; 2. a luta de classes leva necessariamente à *ditadura do proletariado*; 3. essa ditadura em si não constitui mais do que uma transição para a *abolição de todas as classes* e, por fim, para uma *sociedade sem classes*"[20]. A palavra "ditadura", como usada aqui, não significa uma forma autoritária de governo, mas simplesmente o governo de uma classe, independentemente de sua forma política. Ainda assim, os pontos 2 e 3 soam muito *deterministas*: a história – impulsionada pela luta de classes – parece se dirigir a uma meta específica, uma visão que se encontra igualmente no *Manifesto Comunista*.

Em *O capital*, Marx escreve repetidamente sobre classes, mas não há nenhuma tentativa de abordagem meticulosa ou mesmo de definição. Somente no fim do Livro III é que Marx inicia uma seção sobre as classes e é justamente ali, após algumas frases, que o manuscrito é interrompido. A partir desse arranjo, pode-se ver que um tratamento sistemático das classes não constitui um pressuposto da apresentação marxiana, mas seu resultado.

Nas próximas páginas, não especularemos sobre o que Marx pretendia abordar nessa seção não escrita sobre as classes. Em vez disso, tentaremos resumir o que se pode dizer sobre o assunto com base no que foi dito nos capítulos anteriores. Esta seção depende fortemente, portanto, da concepção da crítica da economia política delineada neste livro[21].

As classes sociais podem ser abordadas em dois sentidos distintos. Em sentido *estrutural*, elas são determinadas por sua posição no processo social de produção. Sob essa perspectiva, alguém pode pertencer a certa classe social sem necessariamente estar ciente disso. Outra coisa são as classes em sentido *histórico*. Aqui se trata de grupos sociais que, em uma situação histórica específica, entendem que são classes distintas de outras classes: seus membros se distinguem por uma "consciência de classe" comum.

Em *O capital*, Marx usa o conceito de classe predominantemente em sentido estrutural, por exemplo, quando estabelece que uma determinada relação de classe está na base da relação de capital: os proprietários do dinheiro e dos meios de produção, por um lado, e os trabalhadores duplamente "livres", por

---

[20] MEW, 28, p. 508.
[21] Para uma introdução à teoria das classes de Marx, ver Reinhart Kößler e Hanns Wienold, *Gesellschaft bei Marx* (Munique, Westfälisches Dampfboot, 2001), p. 199 e seg. Sobre as distintas versões das teorias das classes, ver as contribuições em *Fantômas*, n. 4, 2003; além da minha controvérsia com Karl Ritter, em Michael Heinrich, "Welche Klassen, welche Kämpfe?", *Grundrisse*, n. 11, 2004, p. 35-42.

outro (ver seção 4.3). Os grupos que não são nem burgueses nem proletários – principalmente os pequenos trabalhadores autônomos, bem como artesãos, pequenos comerciantes ou pequenos agricultores – são chamados por Marx de classe média ou pequeno-burgueses.

As classes, em um sentido estrutural, não podem ser identificadas por suas respectivas manifestações históricas. Nem todo capitalista tem necessariamente motorista, e os proletários não podem ser reduzidos a trabalhadores da indústria que moram em conjuntos habitacionais sociais. É importante notar, no entanto, que a dissolução de tais estereótipos não evidencia o fim das classes: trata-se apenas de uma mudança em sua forma histórica.

Quem pertence a qual classe em sentido estrutural também não pode ser determinado por propriedades formais – por exemplo, a existência de relações de trabalho assalariado –, mas apenas pela posição que o indivíduo ocupa dentro do processo de produção. Mais precisamente: isso só pode ser determinado no nível do "processo global de produção capitalista", tal como formulado por Marx no Livro III, no qual está pressuposta a unidade dos processos de produção e circulação (ver o início do capítulo 7). Nesse nível, fica claro que não é a propriedade ou não propriedade dos meios de produção que determina o pertencimento a uma classe social. O presidente do conselho de administração de uma sociedade anônima pode ser, formalmente, um trabalhador assalariado, mas, na verdade, atua como um "capitalista funcionante": ele dispõe de capital (mesmo que não seja sua propriedade pessoal), organiza a exploração, e sua "remuneração" não se baseia no valor de sua força de trabalho, mas no lucro produzido. Em contraste, muitos trabalhadores autônomos (que podem até possuir alguns pequenos meios de produção) ainda são proletários, pois vivem efetivamente da venda de sua força de trabalho, muitas vezes em situações piores do que aquelas encontradas em uma relação formal de trabalho assalariado.

As circunstâncias de vida (renda, educação e até mesmo expectativa de vida) das classes estruturalmente determinadas que são a "burguesia" e o "proletariado" são consideravelmente diferentes hoje em dia, mas até mesmo no "proletariado" há uma grande distância conforme as condições de vida (com relação a trabalho, renda e educação, bem como tempo de lazer e padrões de consumo). Portanto, não existe nenhuma garantia de que uma posição de classe comum gere necessariamente consciência e práticas comuns, de modo que a classe estruturalmente determinada se transforme em uma classe histórico-social: isso pode acontecer ou não.

Mesmo que o proletariado (estruturalmente determinado) ou uma parte dele se torne uma classe histórica e, assim, desenvolva uma consciência de classe, isso não leva automaticamente a uma ideia de superação emancipatória da relação de capital. Ou seja, mesmo um proletariado com consciência de classe não é automaticamente "revolucionário".

No processo de produção capitalista, a burguesia e o proletariado se confrontam diretamente: é a exploração do proletariado que possibilita a existência do capital como valor que se valoriza. As condições concretas sob as quais a valorização do capital se realiza são sempre conflituosas: ainda que o valor da força de trabalho deva ser suficiente para a reprodução normal, o que conta como "normal" depende das reivindicações que a classe trabalhadora é capaz de impor (ver seção 4.4). O mesmo ocorre com a duração da jornada de trabalho (ver seção 5.1) e as condições sob as quais o processo de produção ocorre (ver seção 5.4). Isso significa que sempre existe *luta de classes* na relação de capital, seja ela mencionada ou não como tal. Nesse contexto, pode até mesmo haver consciência de classe, mas com manifestações completamente diferentes a depender das condições históricas.

As lutas de classe não assumem apenas a forma de um confronto direto entre burguesia e proletariado: elas também podem envolver o Estado, que, por meio de suas leis, deve aceitar ou não certas reivindicações (limitação da jornada de trabalho, proteção contra demissão, seguro social etc.). Entretanto, o conflito de classes não é a única clivagem social importante na sociedade capitalista. Os conflitos relativos aos papéis de gênero, à opressão racial e ao tratamento da imigração também são de grande importância para o desenvolvimento social.

O marxismo tradicional considerava em geral que os conflitos de classe eram a única luta social verdadeiramente importante. O "operaísmo" italiano, uma corrente de esquerda radical que surgiu na década de 1960, chegou a considerar a luta de classes o fator decisivo para as crises capitalistas. É indiscutível que a imposição bem-sucedida de demandas da classe trabalhadora pode intensificar ou desencadear crises. Até mesmo os economistas burgueses, como os adeptos da escola neoclássica contemporânea, costumam associar a crise e o desemprego à existência de salários supostamente altos, sindicatos excessivamente fortes e regulamentação demasiadamente favorável aos trabalhadores. Para a análise do desenvolvimento do capitalismo em determinado país, em um período histórico específico, a extensão e as formas da luta de classes são, sem dúvida, fatores importantes. Mas se na apresentação do modo de produção capitalista em sua "média ideal" (ou seja, no nível da exposição de *O capital* – ver seção 2.1) as crises são reduzidas a lutas de classes, o ponto crucial da teoria marxiana da crise se perde. Marx queria mostrar, precisamente, a existência de tendências de crise inerentes ao capital, que levam a crises independentemente do estado das lutas de classe. Mesmo que a luta de classes chegasse a uma paralisação completa, as crises ainda ocorreriam.

As lutas de classe são, antes de tudo, lutas *dentro* do capitalismo: os trabalhadores lutam por suas condições de existência *como proletariado*, por salários mais altos, melhores condições de trabalho, direitos legais etc. Isso significa que as lutas de classe não são sinal de uma fraqueza específica do capital ou de uma revolução iminente – trata-se, na verdade, do padrão normal de desenvolvimento dos conflitos entre burguesia e proletariado. Do mesmo modo, as motivações das reivindicações tendem a permanecer no interior do marco definido pela fórmula trinitária: se um salário "justo" é exigido, então a base dessa demanda é precisamente a irracionalidade da forma-salário (o salário como pagamento pelo valor do trabalho e não como pagamento pelo valor da força de trabalho – ver seção 4.5), que, segundo Marx, é a base de todas as concepções de justiça dos trabalhadores assalariados e dos capitalistas[22]. No capitalismo, quando as pessoas – trabalhadores ou capitalistas – tentam esclarecer seus interesses, elas o fazem inicialmente dentro das formas fetichistas de pensamento e percepção que dominam a consciência cotidiana espontânea.

Entretanto, as lutas de classe também possuem uma dinâmica independente, que pode levar a processos de aprendizagem e radicalização nos quais o sistema capitalista como um todo é questionado, precisamente porque o fetichismo não é impenetrável. No estágio inicial do capitalismo industrial moderno, as lutas lideradas pelo proletariado muitas vezes enfrentaram uma repressão estatal brutal (por exemplo, proibição de sindicatos e greves, perseguição de ativistas) que intensificou ainda mais os processos de radicalização. Em comparação com o século XIX e o início do século XX, essa repressão direta diminuiu em muitos países, embora ainda desempenhe um papel importante em alguns. Hoje, nos principais países capitalistas, há uma regulamentação jurídica mais ou menos forte das formas em que ocorre o confronto direto entre burguesia e proletariado: pode haver luta de classes, mas ela não pode se tornar um risco para o

---

[22] MEW, 23, p. 562 [ed. bras.: *O capital*, Livro I, cit., p. 610. Heinrich se refere aqui à passagem na qual Marx diz o seguinte sobre a forma-salário: "Sobre essa forma de manifestação, que torna invisível a relação efetiva e mostra precisamente o oposto dessa relação, repousam todas as noções jurídicas, tanto do trabalhador como do capitalista, todas as mistificações do modo de produção capitalista, todas as suas ilusões de liberdade, todas as tolices apologéticas da economia vulgar"].

sistema (na Alemanha, por exemplo, o direito de greve e o direito de associação são legalmente garantidos, mas também o direito das empresas de realizar *lockout**; os acordos coletivos também são assegurados, mas as greves políticas são proibidas). Ou seja, determinadas formas de luta estão livres da repressão direta do Estado, enquanto outras são perseguidas com severidade.

Na história do marxismo, são comuns duas conclusões equivocadas sobre as classes e a luta de classes. Primeiro, afirmava-se que a consciência de classe surge mais cedo ou mais tarde como resultado direto da situação da classe trabalhadora. Segundo, supunha-se que essa consciência de classe deve ter um conteúdo mais ou menos "revolucionário". Consequentemente, não era incomum que toda luta de classes fosse interpretada como prenúncio de um iminente conflito final revolucionário. Acreditava-se que, no curso do desenvolvimento do capitalismo, o proletariado se transformaria em uma classe consciente e revolucionária. É verdade que, em alguns momentos da história, segmentos da classe trabalhadora efetivamente agiram de forma revolucionária. No entanto, essas situações não ocorrem como resultado de uma tendência geral do proletariado de se tornar uma classe revolucionária, mas sim como expressão de condições históricas concretas (por exemplo, na Alemanha de 1918, foram resultado da derrota na guerra e da perda de legitimidade dos círculos aristocrático-militares até então dominantes). A orientação revolucionária de partes do proletariado, portanto, sempre foi um fenômeno temporário.

Muitas "análises de classe" marxistas – preocupadas com a questão de "quem pertence ao proletariado" – não foram além da assunção de que o proletariado necessariamente se tornaria uma classe revolucionária. Além disso, acreditava-se que seria possível descobrir o "sujeito revolucionário" por meio de uma determinação analítica do proletariado. Se os verdadeiros proletários não tinham clareza do seu papel, eles deveriam ser ajudados a dar esse salto, principalmente pelo "partido da classe trabalhadora", num processo que envolvia um amargo combate entre diversos candidatos a esse título.

É possível encontrar no próprio Marx essas duas conclusões equivocadas, além de uma concepção determinista da história, sobretudo no *Manifesto Comunista* – precisamente o texto que sempre desempenhou um papel importante no

---

* O *lockout* é a paralisação das atividades, por iniciativa do empregador (daí a noção de "greve patronal"), com o objetivo de frustrar negociações ou dificultar o atendimento de reivindicações dos trabalhadores. Trata-se de prática proibida no ordenamento jurídico brasileiro. (N. T.)

marxismo tradicional e nos vários partidos dos trabalhadores. Em *O capital*, Marx é mais cauteloso, embora seja possível identificar ecos do determinismo histórico anterior. No fim do Livro I, Marx esboça em apenas três páginas a "tendência histórica da acumulação capitalista". Em primeiro lugar, ele resume o surgimento do modo de produção capitalista a partir da expropriação dos pequenos produtores individuais (pequenos camponeses e artesãos). No curso da "acumulação originária", essas pessoas perdem a propriedade dos meios de produção, de modo que são obrigadas a vender sua força de trabalho aos capitalistas. Uma transformação fundamental do processo de produção ocorre sobre a base capitalista: a grande indústria se desenvolve, há concentração e centralização do capital, a ciência e a tecnologia são aplicadas sistematicamente, os meios de produção são economizados e as economias nacionais são integradas ao mercado mundial. Marx continua:

> Com a diminuição constante do número de magnatas do capital, que se apropriam e monopolizam todas as vantagens desse processo de transformação, aumenta a massa da miséria, da opressão, da servidão, da degeneração, da exploração, mas também a revolta da classe trabalhadora, que, cada vez mais numerosa, é instruída, unida e organizada pelo próprio mecanismo do processo de produção capitalista. O monopólio do capital se converte num entrave para o modo de produção que floresceu com ele e sob ele. A centralização dos meios de produção e a socialização do trabalho atingem um grau em que se tornam incompatíveis com seu invólucro capitalista. O entrave é arrebentado. Soa a hora derradeira da propriedade privada capitalista, e os expropriadores serão expropriados.[23]

Nesse esboço, o desenvolvimento do proletariado em uma classe revolucionária e a derrubada do domínio do capital parecem ser um processo inevitável. E, em uma nota de rodapé, Marx cita o *Manifesto Comunista*, que diz o seguinte sobre a burguesia: "Seu declínio e a vitória do proletariado são igualmente inevitáveis"[24].

No antigo movimento dos trabalhadores, essas declarações eram aceitas de bom grado, ainda que a sociedade burguesa continuasse a se impor sobre os trabalhadores, excluindo-os e humilhando-os. Na imprensa social-democrata anterior à Primeira Guerra Mundial e, mais tarde, na imprensa comunista, esse

---

[23] MEW, 23, p. 790-1 [ed. bras.: *O capital*, Livro I, cit., p. 832].
[24] MEW, 23, p. 791 [ed. bras.: *O capital*, Livro I, cit., n. 252, p. 833].

trecho de três páginas do Livro I foi impresso e citado com frequência, influenciando consideravelmente a percepção do conteúdo da análise desenvolvida por Marx em *O capital*.

No entanto, essas previsões não encontram respaldo na investigação marxiana. Não está claro até que ponto "o monopólio do capital se converte num entrave para o modo de produção que floresceu com ele e sob ele". O fato de os frutos e os custos sociais do desenvolvimento capitalista serem distribuídos de forma extremamente desigual não é um impedimento ao desenvolvimento capitalista, mas sim – como a própria análise de Marx torna claro – sua forma intrínseca de movimento. E não deixa de ser verdade que, com a imposição do modo de produção capitalista, o proletariado aumenta em número e, em certo sentido, é "unificado" e "organizado" pela grande indústria (por exemplo, na medida em que o proletariado tem de se organizar em termos políticos e sindicais para continuar existindo). Mas a ideia de que isso leva, inevitavelmente, à constituição de uma classe revolucionária não é de forma alguma decorrente da análise de Marx. Pelo contrário, *O capital* oferece elementos para compreendermos as razões pelas quais os processos revolucionários são raros, ou seja, por que a "revolta" na passagem citada acima não desencadeia uma luta contra o capitalismo: com a análise do fetichismo, a irracionalidade da forma-salário e a fórmula trinitária, Marx demonstrou que o modo de produção capitalista gera uma imagem específica de si mesmo, na qual as relações sociais encontram-se reificadas, de tal modo que as relações capitalistas de produção parecem surgir das condições gerais de toda e qualquer produção – o que alimenta a representação de que só são possíveis mudanças dentro das relações capitalistas. Um desenvolvimento revolucionário pode ocorrer, ele não é impossível, mas é tudo menos inevitável.

Na passagem citada acima, Marx tira conclusões equivalentes a uma espécie de determinismo histórico que não são justificadas por sua apresentação categorial. Nesse sentido, a passagem é mais a expressão de uma esperança do que de uma análise: o entusiasmo revolucionário triunfou sobre a serenidade do cientista. Mesmo assim, *O capital* ainda oferece a melhor contribuição para a compreensão do modo de produção capitalista, embora não seja possível determinar *antecipadamente* como e se esse modo de produção chegará ao seu fim. Não há certezas aqui, apenas uma luta com um desfecho em aberto.

11
ESTADO E CAPITAL

Quando Marx começou a fazer uma crítica abrangente da economia política, no fim da década de 1850, ele também pretendia escrever um livro sobre o Estado. Planejava um total de seis livros: sobre o capital, a propriedade fundiária, o trabalho assalariado, o Estado, o comércio exterior e o mercado mundial. Em termos de abrangência de conteúdo, os três livros de *O capital* compreendem aproximadamente os três primeiros livros planejados. Já o material sobre o Estado nunca foi escrito. Em *O capital*, há apenas referências isoladas a esse respeito. Alguns elementos gerais de uma teoria do Estado podem ser encontrados nas obras posteriores de Engels, *Anti-Dühring* (1878) e, acima de tudo, *A origem da família, da propriedade privada e do Estado* (1884). No século XX, houve um amplo debate entre os marxistas sobre a teoria do Estado, mas não se chegou a um entendimento comum sobre o tema[1]. Neste capítulo, não tentaremos oferecer uma "teoria marxista do Estado" compacta. Em vez disso, enfatizaremos, com base em alguns preceitos fundamentais, que, no contexto da crítica da economia política, o foco central não é uma descrição alternativa às

---

[1] Aqui estão apenas algumas das muitas contribuições: Vladímir I. Lênin, "Staat und Revolution" [1917], em *Werke*, v. 25, p. 393-507 [ed. bras.: *O Estado e a revolução*, trad. Paula Vaz de Almeida, São Paulo, Boitempo, 2017]; Evguiéni B. Pachukanis, *Allgemeine Rechtslehre und Marxismus* [1924] (Freiburg, Ça Ira, 2003) [ed. bras.: *Teoria geral do direito e marxismo*, trad. Paula Vaz de Almeida, São Paulo, Boitempo, 2017]; Antonio Gramsci, *Gefängnishefte* [1929--1935] (Hamburgo, Argument, 1991) [ed. bras.: *Cadernos do cárcere*, trad. Carlos Nelson Coutinho, 15. ed., Rio de Janeiro, Civilização Brasileira, 2023]; Louis Althusser, *Ideologie und ideologische Staatsapparate* [1970] (Hamburgo, VSA, 1977) [ed. bras.: *Ideologia e aparelhos ideológicos do Estado*, 19 ed., São Paulo, Paz e Terra, 2022]; Johannes Agnoli, *Der Staat des Kapitals* [1975] (Freiburg, Ça Ira, 1995); Nicos Poulantzas, *Staatstheorie* [1977] (Hamburgo, VSA, 2002); Heide Gerstenberger, *Die subjektlose Gewalt: Theorie der Entstehung bürgerlicher Staatsgewalt* (Munique, Westphälische Dampfboot, 1990). Para uma breve introdução ao debate, ver Ingo Stützle, "Staatstheorien oder 'BeckenrandschwimmerInnen der Welt, vereinigt Euch!'", *Grundrisse*, n. 6, 2003.

teorias burguesas do Estado, mas sim indicar as possibilidades de uma crítica da política. Com isso não queremos dizer uma crítica de determinadas políticas, mas sim uma crítica do Estado e da política como formas sociais, ou seja, como modos específicos de mediar a coesão social.

11.1. O Estado: um instrumento da classe dominante?

Dois pontos abordados por Marx e Engels moldaram consideravelmente as discussões teóricas subsequentes sobre o Estado: primeiro, a distinção entre "base" e "superestrutura" e, segundo, a concepção do Estado como um instrumento da classe dominante. No prefácio a *Para a crítica da economia política* (1859), Marx resumiu muito brevemente sua visão geral da sociedade em cerca de uma página e meia. Ele descreveu a estrutura econômica da sociedade como "a base real sobre a qual se eleva uma superestrutura jurídica e política" e enfatizou que "não há como compreender as relações jurídicas e as formas de Estado nem a partir de si mesmas nem a partir do assim chamado desenvolvimento geral do espírito humano; elas estão bem mais radicadas nas relações materiais da vida"[2].

Com isso elas introduziram no debate os termos "base" e "superestrutura", usados com frequência pelos marxistas, embora raramente por Marx. No marxismo tradicional e no marxismo-leninismo, as declarações concisas desse prefácio são consideradas um dos documentos fundamentais do "materialismo histórico". A conclusão a que se chegava com frequência era que a "base" econômica determinava essencialmente a "superestrutura" política (Estado, direito, ideologia) e que todo fenômeno da "superestrutura" possuía uma causa na "base" econômica. Essa redução simplista é chamada de *economicismo*.

Muitas discussões entre os marxistas se concentravam na questão: até que ponto a "base" determina efetivamente a "superestrutura"? Na tentativa de extrair resultados científicos definitivos desse prefácio, no entanto, muitas vezes não se percebeu que a intenção inicial de Marx era se diferenciar da discussão sobre o Estado predominante na época, que o via independentemente de todas as relações econômicas. Contra essa perspectiva, Marx enfatizou que o Estado e o direito não podiam ser compreendidos isoladamente, mas sempre deveriam ser vistos no contexto das relações econômicas. No entanto, essas breves delimitações nem sequer sugerem como se deve analisar o Estado.

---

[2] MEW, 13, p. 8 [ed. bras.: *Para a crítica da economia política*, trad. Nélio Schneider, São Paulo, Boitempo, 202, p. 24-5].

A interpretação economicista da relação entre "base" e "superestrutura" encaixou-se muito bem na caracterização do Estado encontrada em Engels. No fim de *A origem da família, da propriedade privada e do Estado* (1884), Engels faz algumas observações muito gerais sobre o Estado. Enfatiza que nem toda sociedade humana teve Estado. Somente quando classes com interesses opostos se formam em uma sociedade e esses antagonismos ameaçam destruir a ordem social é que se faz necessário um "poder que aparentemente está acima da sociedade". Esse poder, que emerge da sociedade, mas depois se torna cada vez mais independente, é o Estado[3]. No entanto, o Estado está apenas aparentemente acima das classes. Na verdade, ele é o "Estado da classe mais poderosa, economicamente dominante, que se torna também, por intermédio dele, a classe politicamente dominante"[4].

Engels, inicialmente, conceitua o Estado como um poder *em oposição* à sociedade. Isso está de acordo com o entendimento geral do Estado enquanto instituição que detém o monopólio do exercício legítimo da força em uma determinada sociedade (em suma: o *monopólio da violência*): exceto em caso de legítima defesa, ninguém pode empregar violência, a não ser os órgãos estatais designados, como a polícia ou o exército. Mas Engels destaca que essa instituição também é um instrumento da classe dominante – mesmo em uma república democrática com sufrágio universal, o que, segundo Engels, se deve a distintos mecanismos indiretos de governo: por um lado, "corrupção direta dos funcionários" e, por outro, "aliança entre governo e bolsa de valores" (em razão da dívida nacional, o Estado depende cada vez mais da bolsa de valores). Mesmo o sufrágio universal não impede a instrumentalização do Estado, principalmente enquanto o proletariado "não estiver maduro para sua autolibertação" e considerar a ordem social vigente a única possível[5].

Mas quando o proletariado finalmente se libertar e estabelecer uma sociedade socialista/comunista, então, continua Engels, as classes também desaparecerão – não de uma só vez, mas gradualmente. E uma vez que o Estado, como

---

[3] MEW, 21, p. 165 [ed. bras.: *A origem da família, da propriedade privada e do Estado*, trad. Nélio Schneider, São Paulo, Boitempo, 2019, p. 157].
[4] MEW, 21, p. 166 e seg. [ed. bras.: *A origem da família, da propriedade privada e do Estado*, cit., p. 158].
[5] MEW, 21, p. 167 e seg. [ed. bras.: *A origem da família, da propriedade privada e do Estado*, cit., p. 159].

poder que se opõe à sociedade, surgiu da divisão de classes, ele também desaparecerá: "definha e morre" – essa é a famosa formulação do *Anti-Dühring*[6].

Não só a concepção de que o Estado é primordialmente um *instrumento* nas mãos da classe economicamente dominante estava presente em muitos debates marxistas, como os críticos burgueses democráticos radicais consideravam que o Estado existente era um instrumento de domínio direto da classe. No entanto, os Estados modernos se apresentam como *neutros* em relação às classes, notadamente em virtude da igualdade dos cidadãos perante a lei e da obrigação estatal para com o bem comum. Aqueles que veem o Estado primordialmente como um instrumento de governo de classe estão, portanto, tentando provar que as ações reais do governo e o funcionamento dos órgãos estatais são contrários a essa alegação de neutralidade.

Mas há certa plausibilidade empírica nessa concepção: existem exemplos de leis que favorecem os ricos, ou formas legais (ou mesmo ilegais) com as quais o lobby capitalista influencia a legislação e as ações políticas do governo. É, portanto, indiscutível que facções capitalistas individuais tentam usar o Estado como um instrumento e, às vezes, são bem-sucedidas. A questão principal é saber se esse fato capta o caráter essencial do Estado moderno burguês.

Entre as medidas estatais, há também aquelas que beneficiam os setores mais pobres da população. Os representantes da concepção instrumentalista do Estado interpretam essas medidas como meras concessões, um método para pacificar os oprimidos e explorados. Desse modo, a *crítica do Estado* é entendida pelos defensores dessa visão como um *desmascaramento*: a neutralidade do Estado deve ser demonstrada como sendo apenas aparente. A crítica do Estado, então, refere-se acima de tudo à *utilização* do Estado, mas não ao Estado e à política como formas sociais[7].

Na práxis política, essa concepção instrumental leva geralmente a demandas por um uso *diferente* do Estado: a concretização do bem comum deve

---

[6] MEW, 20, p. 262 [ed. bras.: *Anti-Dühring: a revolução da ciência segundo o senhor Eugen Dühring*, trad. Nélio Schneider, São Paulo, Boitempo, 2015, p. 316].

[7] Nos primeiros escritos de Marx do início da década de 1840, também se pode encontrar uma crítica do Estado fundamentada na contraposição entre norma e realidade. Em virtude da insuficiência dessa abordagem, Marx voltou-se, então, para a economia política (ver Michael Heinrich, *Die Wissenschaft vom Wert*, Munique, Westfälisches Dampfboot, 1999, p. 88 e seg.). Para uma crítica do Estado à luz da crítica da economia política, esses primeiros trabalhos, portanto, são de pouca utilidade.

finalmente ser levada a sério; os interesses das classes mais baixas devem ser efetivamente considerados etc. Nesse contexto, a principal divergência diz respeito a quando tais reivindicações podem ser alcançadas. As correntes "revolucionárias" enfatizam que uma política estatal que atenda aos interesses "reais" da maioria só é possível após uma revolução. Entretanto, o que não fica claro é como deve ser a política revolucionária em situações não revolucionárias. As correntes "reformistas", por outro lado, acreditam que uma política diferente, um compromisso de classe, é possível sob condições capitalistas. Dessa forma, espera-se uma política "melhor", notadamente com a participação de partidos de esquerda no governo. As frequentes decepções que se seguem são justificadas pelos reformistas como um custo infelizmente necessário para a manutenção das alianças; uma parte um pouco mais radical critica as políticas decepcionantes e as atribui à acomodação ou "traição" dos líderes dos partidos de esquerda. Não é incomum – muito pelo contrário – que um novo partido seja criado para "realmente" fazer as coisas de maneira diferente. O fato de que também possam existir razões estruturais para a falência desse projeto é amplamente ignorado (ver parte final da seção 11.2).

11.2. Determinações formais do Estado burguês: Estado de direito, Estado social, democracia

Há um problema fundamental associado à concepção "instrumental" do Estado: ela ignora a diferença qualitativa entre as relações sociais burguesas e pré-burguesas e enfatiza apenas a divisão da sociedade em diferentes classes. O que é importante para uma análise do Estado, no entanto, é a *forma específica* pela qual essas classes se relacionam entre si e reproduzem suas respectivas relações[8].

Nas sociedades pré-burguesas, a dominação econômica e a dominação política ainda não estavam separadas: naquele momento, a dominação dos proprietários de escravos ou de terras feudais estava sedimentada em uma relação pessoal sobre "seus" escravos ou servos, o que – da perspectiva atual –

---

[8] Marx enfatiza esse aspecto no Livro III de *O capital*: "A forma econômica específica em que o mais-trabalho não pago é extraído dos produtores diretos determina a relação de dominação e servidão, tal como esta advém diretamente da própria produção e, por sua vez, retroage sobre ela de modo determinante. Nisso se funda, porém, toda a estrutura da entidade comunitária econômica, nascida das próprias relações de produção; simultaneamente com isso, sua estrutura política peculiar" (MEW, 25, p. 799 [ed. bras.: *O capital*, Livro III, trad. Rubens Enderle, São Paulo, Boitempo, 2017, p. 852]).

representava simultaneamente uma relação política de poder e uma relação econômica de exploração.

Já nas sociedades burguesas capitalistas, a exploração econômica e a dominação política se separam. O proprietário da terra ou dos meios de produção não possui função judicial, policial ou militar ligada a essa propriedade, o que lhe confere poder político. A dominação econômica, portanto, não tem mais um caráter pessoal, ou seja, o trabalhador assalariado individual não é pessoalmente dependente de um determinado capitalista. No mercado, os membros da sociedade burguesa se enfrentam como proprietários privados legalmente "iguais" e "livres", mesmo que alguns possuam apenas sua força de trabalho e outros os meios de produção. Marx fez uma observação sarcástica sobre isso no Livro I de *O capital*:

> A esfera da circulação ou da troca de mercadorias, em cujos limites se move a compra e a venda da força de trabalho, é, de fato, um verdadeiro Éden dos direitos inatos do homem. Ela é o reino exclusivo da liberdade, da igualdade, da propriedade e de Bentham [Jeremy Bentham (1748-1832), filósofo inglês que defendia uma ética fundada no princípio da utilidade (M. H.)]. Liberdade!, pois os compradores e vendedores de uma mercadoria, por exemplo, da força de trabalho, são movidos apenas por seu livre-arbítrio. Eles contratam como pessoas livres, dotadas dos mesmos direitos. O contrato é o resultado, em que suas vontades recebem uma expressão legal comum a ambas as partes. Igualdade!, pois eles se relacionam um com o outro apenas como possuidores de mercadorias e trocam equivalente por equivalente. Propriedade!, pois cada um dispõe apenas do que é seu. Bentham!, pois cada um olha somente para si mesmo.[9]

A relação econômica de exploração e dominação é constituída por um acordo entre partes contratualmente livres e iguais e pode ser dissolvida a qualquer momento. Se os explorados aceitam sua exploração, é porque, em uma sociedade de proprietários privados, eles não têm outra maneira de garantir sua subsistência. Embora o trabalhador assalariado não seja pessoalmente dependente de um capitalista específico, ele precisa vender sua força de trabalho a algum capitalista para sobreviver.

---

[9] MEW, 23, p. 189-90 [ed. bras.: *O capital*, Livro I, trad. Rubens Enderle, São Paulo, Boitempo, 2011, p. 250-1. Mantive os pontos de exclamação, presentes tanto na MEW como na MEGA, já que constituem marcas propositais de intensidade. (N. T.)].

A relação de dominação entre as classes que se desenvolve a partir da produção é, portanto, bastante diferente na sociedade burguesa quando comparada às sociedades pré-burguesas. Por essa razão, a figura política da sociedade burguesa, o *Estado burguês*, também tem características próprias.

Nas sociedades pré-burguesas, as pessoas se deparavam umas com as outras, desde o início, como juridicamente desiguais. Direitos e obrigações eram definidos pela classe ou status social, e as relações de dominação econômica e política estavam diretamente interligadas. Sob condições capitalistas, o poder político *direto* não é necessário para manter a exploração econômica. É suficiente que o Estado, cuja força se coloca como algo acima da sociedade, garanta que os membros da sociedade se comportem como *proprietários privados*. Para tanto, ele deve ser um poder autônomo, *independente*, pois deve obrigar *todos* a se reconhecerem mutuamente como proprietários privados.

Como *Estado de direito*, o Estado burguês trata seus cidadãos como proprietários privados livres e iguais: todos os cidadãos estão sujeitos às mesmas leis e têm os mesmos direitos e obrigações[10]. O Estado protege a propriedade privada de cada um, independentemente de sua condição. Essa proteção consiste, acima de tudo, no fato de que os cidadãos são obrigados a reconhecer uns aos outros como proprietários privados: a apropriação da propriedade alheia só é permitida por acordo mútuo – como regra, só se adquire propriedade por doação, herança, troca ou compra.

O Estado se comporta efetivamente, em relação aos cidadãos individuais, como uma instância neutra. Isso significa que essa neutralidade não é de modo algum mera aparência. Pelo contrário, é precisamente por meio dela que o Estado assegura os fundamentos das relações capitalistas de dominação e exploração. A proteção da propriedade implica que aqueles indivíduos que, além de sua força de trabalho, não têm nenhuma propriedade (relevante), *devem* vender sua força de trabalho. Para adquirir seus meios de subsistência, eles

---

[10] Seguindo a conhecida formulação de Marx, pode-se dizer que essa afirmação e as seguintes aplicam-se apenas ao Estado burguês "em sua média ideal". Assim como a descrição do modo de produção capitalista "em sua média ideal" não fornece uma análise completa da sociedade capitalista, esse também é o caso do Estado. Por exemplo, o estabelecimento da plena igualdade jurídica e política dos cidadãos (e especialmente das mulheres) foi um processo que, em muitos Estados, durou até a segunda metade do século XX e ainda continua. Além disso, em razão dos processos de imigração global, a maioria dos Estados, hoje, não só tem cidadãos legalmente iguais, mas também um número crescente de cidadãos de outros Estados que desfrutam de direitos consideravelmente menores ou, como no caso dos imigrantes ilegais, de praticamente nenhum direito.

precisam se submeter ao capital. Isso torna possível o processo de produção capitalista, que então reproduz permanentemente as relações de classe que constituem seu próprio pressuposto. O trabalhador individual sai do processo de produção da mesma forma que entrou: seu salário é essencialmente suficiente para sua reprodução (própria ou familiar), o que o força a vender novamente sua força de trabalho para se reproduzir socialmente. O capitalista também sai do processo como capitalista: o capital que ele adiantou volta para ele com lucro, de modo que ele pode até mesmo adiantar uma quantidade maior. O processo de produção capitalista, portanto, não apenas produz mercadorias, mas também reproduz a própria relação de capital[11].

No entanto, é um resultado histórico tardio o fato de a reprodução da relação de capital, pelo menos nos países capitalistas desenvolvidos, ocorrer em grande parte sem a coerção *direta* do Estado (mas indiretamente, como uma ameaça, o poder do Estado está sempre presente). Durante a "acumulação originária", quando o "trabalhador duplamente livre" (ver seção 4.3) ainda tinha de ser "produzido", a situação era bem diferente. Como Marx demonstrou detalhadamente usando o exemplo da Inglaterra, o Estado teve de intervir permanente e diretamente para tornar possível a produção capitalista e promovê-la: primeiro, ajudando os proprietários de terras a expulsar os camponeses das terras que estes cultivavam há muito tempo (a criação de ovelhas era mais lucrativa); e, depois, forçando os desenraizados e "vagabundos" a entrar nas fábricas capitalistas, submetendo-os à sua disciplina. Isso não quer dizer que os vários governos envolvidos nesse processo seguiram um plano geral para introduzir o capitalismo – suas medidas tinham motivos muito diferentes. Entretanto, o capitalismo moderno só foi capaz de se estabelecer em consequência dessas medidas violentas. Apenas posteriormente foi possível desenvolver uma classe trabalhadora "que, por educação, tradição e hábito, reconhece as exigências desse modo de produção como leis naturais e evidentes por si mesmas"[12]. Só então a "coerção muda exercida

---

[11] MEW, 23, cap. 21 [ed. bras.: *O capital*, Livro I, cit., cap. 21].

[12] MEW, 23, p. 765 [ed. bras.: *O capital*, Livro I, cit., p. 808]. Esse estado de coisas, mencionado apenas brevemente por Marx, constitui um dos temas centrais de Michel Foucault (*Überwachen und Strafen*, Frankfurt, Suhrkamp, 1976 [ed. bras.: *Vigiar e punir*, trad. Raquel Ramalhete, 42. ed., Petrópolis, Vozes, 2014]). Nesse contexto, Foucault critica o conceito tradicional de poder, que reduzia este último a uma capacidade da qual um lado ou outro (classe) poderia simplesmente se apropriar. A isso ele contrapôs uma "microfísica do poder", que atravessa todas as opiniões e comportamentos interiorizados dos indivíduos.

pelas relações econômicas" é suficiente para selar o domínio do capitalista sobre o trabalhador", momento no qual o poder coercitivo do Estado só é necessário em casos excepcionais[13]. Em condições capitalistas desenvolvidas, a manutenção das relações de classe é assegurada precisamente pelo fato de que o Estado, como um Estado de direito, trata seus cidadãos como proprietários privados livres e iguais, independentemente de sua classe, e protege sua propriedade e seus negócios como proprietários[14].

No entanto, o Estado burguês não é apenas um Estado de direito que simplesmente estabelece um marco formal e, desse modo, garante a observância desse marco por meio do monopólio do uso da violência. Ele garante também as condições *materiais* gerais da acumulação de capital, na medida em que essas condições não podem ser produzidas pelos capitais individuais, pois estes não geram lucros suficientes. Essas condições – que mudam historicamente e têm significados distintos em períodos diferentes – incluem o fornecimento de uma infraestrutura adequada (sobretudo redes de transporte e comunicação), capacidade de pesquisa e capacitação, além da garantia de uma moeda estável por um banco central[15]. Nesse sentido, o Estado atua, tal como descrito por Engels, como um "capitalista global ideal"[16], que persegue o *interesse capitalista global* de alcançar a acumulação mais lucrativa possível. Esse interesse *global* nem sempre é idêntico aos interesses particulares das distintas frações capitalistas, e é por isso que as ações estatais podem ir de encontro a interesses particulares – essa é a razão pela qual é necessária uma autoridade separada e independente. Embora existam exemplos de governos que favorecem diretamente capitalistas individuais, esse não é um aspecto essencial do Estado burguês, algo que esteja necessariamente associado a ele. É por isso que esse favorecimento, quando ocorre, é denunciado como um "escândalo", especialmente nos círculos burgueses que não são de forma alguma críticos do Estado e do capital.

---

[13] MEW, 23, p. 765 [ed. bras.: *O capital*, Livro I, cit., p. 808].

[14] Uma vez que a valorização do capital conquista continuamente novos espaços, as relações de propriedade privada devem ser estabelecidas repetidamente sob novas condições, por exemplo, na internet (ver Sabine Nuss, "Download ist Diebstahl? Eigentum in einer digitalen Welt", *Prokla*, n. 126, 2002, p. 11-35).

[15] A *existência* do dinheiro não repousa sobre os atos do Estado. Ao contrário, é a mercadoria que torna o dinheiro necessário (ver capítulo 3). Entretanto, sob condições capitalistas normais, é o Estado que garante, por meio de suas instituições, o valor da *figura concreta do dinheiro*. Em um capitalismo desenvolvido, o banco central assume essa responsabilidade (ver capítulo 8).

[16] MEW, 20, p. 260 [ed. bras.: *Anti-Dühring*, cit., p. 314].

O pressuposto essencial da acumulação capitalista é a existência de trabalhadores assalariados. Sua reprodução é possível graças aos salários pagos pelo capital. Para o capitalista individual, o salário (assim como as medidas de proteção e prevenção de acidentes etc.) é meramente um fator de custo que, como tal, deve ser minimizado para que se obtenha o maior lucro possível sob a pressão da concorrência. Se o capital não encontra nenhuma resistência na forma de sindicatos fortes ou associações semelhantes, são impostas jornadas de trabalho excessivas, condições de trabalho insalubres e salários miseráveis, fazendo com que os trabalhadores não consigam mais se reproduzir socialmente: o capital, com seu ímpeto (imposto pela concorrência) por uma valorização cada vez maior, tem, portanto, uma tendência inerente de destruir a força de trabalho. O capitalista individual pode reconhecer e lamentar esse fato, mas não há muito que ele possa fazer, se não quiser ir à falência. Assim, para evitar que o capital destrua o objeto de sua exploração, esse objeto deve ser protegido pela coerção jurídica estatal: jornada de trabalho legalmente regulamentada[17], legislação de proteção contra acidentes e de saúde no local de trabalho e salário-mínimo (ou subsídio mínimo do Estado, como a seguridade social na Alemanha, que funciona como um piso salarial) – conquistas muitas vezes alcançadas por meio das lutas dos trabalhadores e trabalhadoras que tanto restringem as possibilidades de valorização do capital como as asseguram no longo prazo.

O Estado não apenas impede a destruição da força de trabalho, mas também, como *Estado social*, garante sua reprodução, na medida em que geralmente isso não é possível apenas com o salário. Aqui entram em cena os seguros sociais, por meio dos quais o Estado protege a força de trabalho dos riscos fundamentais inerentes à economia capitalista: impossibilidade permanente de venda da força de trabalho em razão de acidentes ou idade avançada (seguro contra acidentes ou aposentadoria); impossibilidade temporária de venda da força de trabalho em consequência de doença ou desemprego (seguro de saúde ou desemprego e previdência social).

Os fundos para as prestações sociais do Estado provêm do processo de acumulação, independentemente de serem financiados por contribuições para a seguridade social ou por impostos. Parte do valor social produzido é utilizada para esse fim, o que reduz a massa de mais-valor. Para os capitalistas individuais, essa dedução constitui uma restrição tão grande quanto as provisões de

---

[17] MEW, 23, cap. 8 [ed. bras.: *O capital*, Livro I, cit., cap. 8].

proteção mencionadas acima. Nesse sentido, o Estado, enquanto Estado social, atua contra o interesse direto de cada capitalista em maximizar a exploração e, por isso, enfrenta resistência. Em muitos casos, os benefícios sociais só surgiram por causa da luta do movimento trabalhista. Daí a noção de "conquista" associada ao Estado social, isto é, de concessão à classe trabalhadora (para mantê-la calada). De fato, a vida dos trabalhadores e das trabalhadoras é, em geral, muito mais fácil e segura com as garantias do Estado social do que sem elas.

Esses benefícios, no entanto, não são unilaterais para a força de trabalho, o que – como às vezes se afirma – já representaria um primeiro passo para a superação do capitalismo. Trata-se, ao contrário, de assegurar a existência de *trabalhadores assalariados* em conformidade com o capitalismo. Por um lado, é do interesse do capital que os trabalhadores e as trabalhadoras cuja força de trabalho não pode ser utilizada temporariamente – por motivo de doença, acidente ou falta de demanda – permaneçam em "bom estado". Por outro, as prestações do Estado social são geralmente condicionadas à venda da força de trabalho (ou à disposição de vendê-la): benefícios como seguro-desemprego ou aposentadoria dependem de salários anteriores. Trata-se de uma vinculação que, por si só, possui um efeito disciplinador sobre muitos trabalhadores. Para as pessoas que podem trabalhar, o seguro-desemprego ou a assistência social estão vinculados ao fato de elas buscarem ativamente vender sua força de trabalho. Quando isso não ocorre, as autoridades estatais usam a redução ou a recusa total de pagamentos do benefício como forma de disciplina. As prestações do Estado social, portanto, não dispensam de modo algum a coação para vender a força de trabalho.

Uma falha decisiva da concepção de que o Estado burguês é apenas um instrumento nas mãos da classe capitalista é pressupor uma classe "dominante" politicamente unificada e capaz de agir, bem como um interesse de classe claramente definido que simplesmente precisa de um instrumento para sua implementação. Nem uma coisa nem outra são evidentes. No capitalismo, a "classe econômica dominante" consiste em capitalistas concorrentes com interesses muito diferentes e, às vezes, conflitantes. É verdade que existe um interesse comum de manter o modo de produção capitalista. Entretanto, se isso não estiver sendo ameaçado por movimentos revolucionários, esse interesse é geral demais para servir de diretriz para a ação "normal" do Estado. Os interesses que determinam a ação estatal não estão simplesmente à espera de serem realizados, como supõe a visão instrumental – primeiro eles precisam ser *constituídos*.

Isso significa que todas as medidas do Estado são contestáveis, independentemente de dizerem respeito à organização concreta do sistema jurídico, à proteção das condições materiais de acumulação ou ao tipo e escopo dos benefícios do Estado social. Como regra, toda medida acarreta desvantagens para alguns capitalistas (às vezes para todos) e vantagens para outros (ou menos desvantagens do que para os demais). As vantagens esperadas a longo prazo – mas incertas – são compensadas por desvantagens imediatas, e assim por diante. Qual o interesse capitalista global, a quais desafios o Estado deve responder e de que modo – tudo isso precisa ser determinado a cada vez. A política do Estado pressupõe uma *indagação constante desse interesse global* e das *medidas* para sua realização.

Muitas vezes, há diferentes maneiras de perseguir o interesse capitalista global. *Estratégias alternativas* são possíveis, de modo que a política estatal não pode ser reduzida à simples realização das necessidades da economia capitalista. Assim, o argumento – tão popular em círculos marxistas – de que determinada ação do Estado possui um lastro econômico é insuficiente como explicação. As relações de força entre frações individuais do capital, alianças, influência dentro do aparato estatal e na mídia pública, dentre outros fatores semelhantes, são de importância decisiva para a implementação ou prevenção de medidas individuais, ou até mesmo de estratégias inteiras; e, não poucas vezes, isso pode produzir resultados que são prejudiciais aos próprios interesses globais do capitalismo. Nesse sentido, o lobby, a luta por influência etc. não podem ser compreendidos como uma violação das regras, mas exatamente como a maneira pela qual a busca por consenso normalmente ocorre.

Entretanto, a política estatal não pressupõe apenas consenso entre as frações mais importantes do capital. Ela também deve ser *legitimada* junto às classes mais baixas, que devem apoiar as medidas em maior ou menor grau. Somente assim é possível garantir que sua práxis social não perturbe a reprodução das relações capitalistas (e que tais perturbações não surjam primeiro pela resistência politicamente motivada). Em particular, as classes mais baixas devem consentir com os sacrifícios exigidos delas ou, pelo menos, aceitá-los passivamente. Mas para estabelecer essa legitimidade e manter um comportamento "disciplinado" dos trabalhadores e cidadãos, não basta simplesmente uma "boa propaganda" da política. Os interesses das classes mais baixas – seus interesses *dentro* do capitalismo, ou seja, aqueles orientados para uma vida melhor enquanto trabalhadores assalariados – devem ser levados em consideração, ao menos na medida em que não prejudiquem "demasiadamente" o interesse capitalista global na acumulação crescente. Aqui também são importantes a firmeza e a habilidade com que esses interesses são defendidos, assim como a influência de seus defensores nos partidos políticos, nos aparatos do Estado e na mídia.

A discussão sobre as várias medidas políticas e as diferentes estratégias, a formação do consenso e da legitimidade, a integração dos interesses alinhados com o capitalismo – tudo isso envolve não apenas as classes "dominantes", mas também as "dominadas". Isso ocorre dentro e fora das instituições do Estado: tanto na *esfera pública burguesa* (televisão, imprensa) quanto nas *instituições de tomada de decisões democráticas* (partidos, parlamentos, comitês). É verdade que a política também pode ser imposta ditatorialmente contra uma maioria da população, usando-se os meios de poder do Estado, no entanto, a eliminação prolongada das instituições democráticas e a restrição da liberdade de imprensa e de opinião acarretam custos materiais consideráveis (quanto menor a legitimação, mais abrangente deve ser o aparato repressivo), além de perturbarem significativamente a determinação do interesse capitalista global. Nesse sentido, as ditaduras militares tendem a ser uma exceção nos países capitalistas desenvolvidos.

Eleições gerais, secretas e livres constituem um procedimento essencial para obter a legitimação e o consenso adequados ao capitalismo. Isso permite que a maioria da população vote contra políticos ou partidos impopulares e os substitua por outros. O novo governo, independentemente de suas políticas serem ou não diferentes das do governo anterior, pode alegar aos críticos que foi "eleito" e, portanto, "desejado" pela maioria da população. Essa "legitimação pelo procedimento" está na vanguarda do tratamento da *democracia* pela ciência política, embora ignore amplamente o contexto capitalista. A possibilidade de eleições regulares não apenas proporciona uma válvula de escape para o descontentamento da população em face das exigências pouco razoáveis da política, mas também o canaliza, direcionando-o contra políticos e partidos específicos, e não contra o sistema político e econômico por trás de suas políticas. Desse modo, um sistema político é considerado *democrático* pela opinião pública burguesa se oferecer a possibilidade efetiva de eleger um governo.

A idealização da democracia que se encontra em alguns setores da esquerda – que contrapõe as instituições democráticas realmente existentes ao ideal de um cidadão que pode decidir pelo voto entre o maior número possível de alternativas – ignora o contexto social e econômico da democracia, tanto quanto a corrente principal da ciência política mencionada acima. Além das variações encontradas nos sistemas democráticos (um Executivo forte, um parlamento forte etc.), não existe algo como uma democracia "real", que precise ser efetivamente implementada. Nas condições capitalistas, os sistemas democráticos existentes já são a democracia "real" (quem associa a democracia "real" a múltiplos plebiscitos facilmente realizáveis deveria dar uma olhada, por exemplo, na Suíça e se questionar se isso leva a grandes mudanças).

Como é frequentemente enfatizado, o Estado e a esfera pública representam um campo de batalha para diferentes interesses e, no sistema democrático, isso pode ser visto com especial clareza. Esse campo de batalha, no entanto, não é um campo neutro. Pelo contrário, ele afeta estruturalmente os debates e a prática política resultante deles. A política do Estado não é de forma alguma totalmetne determinada pela situação econômica, mas tampouco pode ser compreendida como um processo aberto no qual tudo é possível. Por um lado, as disputas dentro e entre as classes – bem como a força e a capacidade relativas de grupos individuais etc. – desempenham um papel importante, de modo que desenvolvimentos diferentes são sempre possíveis. Por outro, a política deve sempre levar em conta o interesse capitalista global na acumulação crescente de capital. No mais, partidos e políticos podem ser bastante diferentes em termos de origens e sistemas de valores. Ainda assim, suas políticas, especialmente quando estão no governo, geralmente se orientam para esse interesse global. Isso não se deve ao fato de serem "subornados" ou dependentes do capital (embora isso também possa acontecer), mas à maneira como os partidos se consolidam e às condições de trabalho do governo – condições às quais nem mesmo os partidos de esquerda podem escapar.

Para ser eleito presidente ou obter maioria como partido, é preciso lidar com diferentes interesses e valores. De modo semelhante, para ser levado a sério na mídia (um pré-requisito essencial para se tornar conhecido), é preciso fazer propostas "realistas" e, acima de tudo, "realizáveis". Antes que um partido possa cogitar participar do governo, ele passa em geral por um longo processo de disciplinamento, no qual se adapta às "necessidades", ou seja, à busca do interesse capitalista global, simplesmente para obter sucesso eleitoral. Quando um partido finalmente está no governo, precisa garantir que manterá o apoio que conquistou. O que é particularmente importante aqui é que sua "margem de manobra política" depende, crucialmente, de suas possibilidades financeiras: estas são determinadas, por um lado, pelo valor da receita tributária e, por outro, pelo montante das despesas, dentre as quais as prestações sociais ocupam lugar de destaque. Quando a acumulação de capital é bem-sucedida, a receita tributária é alta e os gastos sociais com os desempregados e os economicamente vulneráveis são relativamente baixos. Em tempos de crise, no entanto, as receitas fiscais caem e os gastos sociais aumentam. A base material do Estado está, portanto, diretamente ligada à acumulação de capital: nenhum governo pode evitar essa dependência. Embora um governo possa aumentar um pouco sua margem de manobra financeira contraindo dívidas, isso aumenta os encargos financeiros futuros. Além disso, um Estado só obtém crédito sem maiores problemas se as receitas fiscais futuras, com as quais ele deve pagar a dívida, estiverem garantidas, o que, por sua vez, pressupõe uma acumulação crescente de capital.

Dito isso, promover a acumulação não constitui o objetivo evidente apenas dos políticos. É também um truísmo entre amplos setores da população: a "nossa" economia deve ir bem para que "nós" também possamos ir bem. Isso significa que os "sacrifícios" que inicialmente beneficiam apenas as empresas capitalistas são aceitos de bom grado na expectativa de tempos melhores para todos. Na década de 1970, o ex-chanceler social-democrata Helmut Schmidt expressou essa convicção de forma sucinta: "Os lucros de hoje são os investimentos de amanhã e os empregos de depois de amanhã". A maioria da população normalmente não critica as exigências pouco razoáveis da política e a promoção do lucro, mas sim o fato de que, com isso, ela não se beneficia dos resultados esperados.

Isso mostra a relevância política do fetichismo, que estrutura a percepção espontânea dos atores da produção capitalista. Na fórmula trinitária, o modo de produção capitalista aparecia como a "forma natural" do processo de produção social (ver capítulo 10). O capitalismo aparece, assim, como um sistema sem alternativa, no qual o capital e o trabalho desempenham papéis "naturais". As experiências de desigualdade, exploração e opressão, portanto, não levam necessariamente à crítica do capitalismo, mas à crítica das condições *dentro* do capitalismo: demandas "excessivas" ou uma distribuição "injusta" são criticadas, mas não sua base capitalista. O trabalho e o capital parecem ser igualmente necessários e, portanto, pressuposições indiscutíveis para a produção da riqueza social. Ora, é precisamente pelas lentes da fórmula trinitária que se torna compreensível por que a concepção do Estado como um terceiro neutro que deve cuidar do "todo" e ao qual se apela para estabelecer a "justiça social" é tão plausível e tão difundida.

Esse "todo" constituído por capital e trabalho e protegido pelo Estado é designado – em graus variados nos mais distintos países – como *nação*, como uma comunidade presumida de destino de um "povo", construída por meio de uma história e uma cultura supostamente "comuns". No entanto, geralmente essa comunidade nacional só se concretiza por meio da demarcação de inimigos "internos" e "externos". O Estado aparece, assim, como a figura política da nação: ele precisa realizar seu "bem comum", tanto por meio de suas políticas internas quanto representando os "interesses nacionais" no exterior. E é exatamente isso que o Estado faz quando busca o interesse capitalista global, já que, sob *relações capitalistas*, não há outro bem comum possível.

11.3. Mercado mundial e imperialismo

Na tentativa de alcançar a maior valorização possível, o capital tende a transcender todas as fronteiras nacionais, tanto para comprar os elementos do capital constante (principalmente as matérias-primas) quanto para vender seus produtos. Por isso Marx sustenta que o mercado mundial constitui "a base e a atmosfera vital do modo de produção capitalista"[18]. O interesse capitalista global perseguido pelo Estado burguês, portanto, está relacionado não apenas ao nível nacional, mas também ao internacional. Até hoje, muitas correntes marxistas analisam a política internacional a partir da teoria do imperialismo de Lênin, razão pela devemos discuti-la brevemente.

Por *imperialismo* entende-se a tendência dos Estados de ampliar sua dominação para além de suas fronteiras, seja diretamente, ampliando seu território, seja indiretamente, dominando econômica, política ou militarmente outros Estados. No último quarto do século XIX, os países capitalistas desenvolvidos da Europa ocidental, bem como os Estados Unidos e o Japão, empreenderam enormes esforços para submeter territórios (especialmente na África, Ásia e América Latina) à sua esfera de controle e, assim, utilizá-los em seu proveito. Desse processo resultou a criação de enormes impérios coloniais em um período de tempo relativamente curto, alguns dos quais existiram até depois da Segunda Guerra Mundial.

No início do século XX, vários autores marxistas investigaram até que ponto essa conduta imperialista estava relacionada às mudanças estruturais no capitalismo desses países[19]. A contribuição mais influente foi a de Lênin, que adotou

---

[18] MEW, 25, p. 120 [ed. bras.: *O capital*, Livro III, cit., p. 140].
[19] Rudolf Hilferding, *Das Finanzkapital* (Frankfurt, Europäische Verlagsanst, 1968); Rosa Luxemburgo, "Die Akkumulation des Kapitals: Ein Beitrag zur ökonomischen Erklärung des

em grande parte a análise do liberal de esquerda John Hobson[20], apresentando-a com uma roupagem marxista. Naquele contexto, a transição do "capitalismo concorrencial" para o "capitalismo monopolista" foi vista como uma importante mudança estrutural no capitalismo contemporâneo. Resumidamente, Lênin argumentava o seguinte: cada vez mais setores são dominados por apenas algumas empresas industriais e as grandes empresas industriais se fundem aos grandes bancos para formar o "capital financeiro". Como resultado, a economia é dominada por um punhado de monopolistas e magnatas financeiros que também exercem influência decisiva sobre o Estado. Uma vez que os monopólios não conseguem mais encontrar oportunidades de valorização suficientes dentro de um país, eles são obrigados a exportar não apenas mercadorias, mas também capital. E é justamente a política imperialista que possibilita e garante essa exportação de capital, graças à qual a burguesia dos países imperialistas se apropria de grande parte do mais-valor de outros países, dando ao capitalismo imperialista um caráter "parasitário". E como o capitalismo monopolista perde dinamismo (e também interrompe artificialmente o progresso técnico), tendendo "à estagnação e à decomposição", o capitalismo imperialista é um capitalismo "apodrecido" e "moribundo".

Uma vez que a expansão imperialista é impulsionada por todos os países capitalistas desenvolvidos, é previsível uma luta pela repartição do mundo. A Primeira Guerra Mundial foi vista por Lênin como o resultado inevitável desse processo. Ele explicou que a ampla aceitação das políticas imperialistas – e, por fim, da própria guerra – pela classe trabalhadora estava relacionada à "corrupção" de sua camada superior (a "aristocracia trabalhista"), que foi subornada pela participação nos frutos do imperialismo.

Desse ponto de vista, o imperialismo não é meramente uma política que, em princípio, poderia ser diferente, mas uma necessidade econômica resultante da transição do capitalismo concorrencial para o monopolista. Isso significa que Lênin considerava o imperialismo um estágio necessário no desenvolvimento do capitalismo, um último estágio do capitalismo monopolista. Uma vez que

---

Imperialismus" [1913], em *Gesammelte Werke*, v. 5 (Berlim, Dietz, 1975) [ed. bras.: *A acumulação do capital*, trad. Luiz Alberto Moniz Bandeira, Rio de Janeiro, Civilização Brasileira, 2021]; Karl Kautsky, "Der Imperialismus" [1914], *Die Neue Zeit*, n. 32, p. 908-22; Vladímir I. Lênin, "Der Imperialismus als höchstes Stadium des Kapitalismus", em *Werke*, v. 22 (Berlim, Dietz, 1971) [ed. bras.: *Imperialismo, estágio superior do capitalismo*, trad. Avante!, São Paulo, Boitempo, 2021].

[20] John Hobson, *Der Imperialismus* [1902] (Colônia, Kiepenheuer u. Witsch, 1968).

não poderia haver outra fase de desenvolvimento após esse estágio, para Lênin o imperialismo era a manifestação da etapa mais elevada – e final – do capitalismo, que só poderia terminar em guerra ou revolução[21].

Existe uma série de pontos extremamente problemáticos na teoria do imperialismo de Lênin. Isso já se manifesta na alegada transição do capitalismo concorrencial para o monopolista. Da magnitude crescente dos capitais individuais e de um número cada vez menor de capitalistas dominando um setor (tendências que, incidentalmente, não prevalecem em toda a parte e, às vezes, são até mesmo invertidas) infere-se uma mudança na própria forma da socialização capitalista: não é mais o valor, mas a vontade dos monopolistas que dominam a economia. Tentativas de planejamento mais ou menos bem-sucedidas por parte de capitalistas individuais – ou acordos entre cartéis – são confundidas com uma mudança fundamental na socialização mediada pelo valor. Desse modo, o Estado é reduzido a um mero instrumento dos monopolistas e o imperialismo é compreendido como uma realização direta dos interesses desses agentes. A caracterização do imperialismo como "parasitário" é problemática, em última análise, não apenas pelo tom moralizante, mas também porque é difícil compreender por que a exploração de uma classe trabalhadora estrangeira deveria ser pior do que a da classe trabalhadora nacional. Consequentemente, o que Lênin pretendia oferecer como uma continuação da análise de Marx não tem muita relação com a crítica marxiana da economia política.

Além dos problemas teóricos, a abordagem de Lênin não se sustenta empiricamente: a exportação de capital – que supostamente torna necessária a política imperialista – efetivamente ocorreu, mas grande parte dessa exportação de capital não foi para colônias e territórios dependentes, mas para outros países capitalistas desenvolvidos, que também adotaram uma política imperialista. Isso significa que a causa da exportação de capital não poderia ser apenas a falta de lucratividade nos centros capitalistas, porque, nesse caso, não deveria haver exportação de capital para esses lugares. Além disso, essa exportação não era garantida pelas políticas imperialistas do país de origem, uma vez que elas visavam ao domínio de territórios estrangeiros fora dos centros capitalistas. E,

---

[21] Já que o capitalismo "moribundo" obviamente sobreviveu à Primeira (e também à Segunda) Guerra Mundial, desenvolveu-se no âmbito do "marxismo-leninismo" a teoria do "capitalismo monopolista de Estado" como a última de todas as fases do imperialismo: assim, a fusão dos aparatos do Estado com os monopólios manteria o capitalismo "moribundo" vivo por mais algum tempo.

por fim, aqueles que ainda hoje querem aderir à teoria de Lênin se deparam com o problema de que, para os Estados Unidos – considerados a potência imperialista mais importante –, o fator decisivo não é a exportação de capital, mas sua importação[22].

Ainda assim, houve tentativas de levar a teoria do imperialismo para além da abordagem de Lênin, nas quais o conceito é definido de forma muito mais ampla. Se designamos como *imperialismo* o Estado buscar o interesse capitalista global em nível internacional, notadamente por meio de pressão econômica, política ou militar contra outros países, então o imperialismo já não significa um estágio específico no desenvolvimento do capitalismo: ao contrário, todo Estado burguês, de certo modo, seria imperialista. Nesse caso, no entanto, o conceito de "imperialismo" realmente não diz muita coisa. Se, por um lado, isso significa que os objetivos perseguidos pela política imperialista e os fatores que a movem não podem ser determinados em um nível tão geral, por outro lado, não é possível reduzir esse fenômeno a um simples mecanismo de exportação de capital.

No plano internacional, diversos Estados se confrontam – com distintas forças econômicas, políticas, militares e interesses variados – e constroem não apenas alianças e relações de dependência, mas também oposições. Desse modo, as possibilidades de ação de cada Estado individual são limitadas pelas ações de todos os outros: nessa competição, cada um deles tenta ganhar e manter as oportunidades para si mesmo. Isso constitui um terreno independente de conflitos por poder e influência, que não se limita à realização direta dos interesses econômicos de frações individuais do capital (embora isso também ocorra). A preocupação principal que impera nesse espaço é moldar a "ordem" internacional nas áreas de política comercial, monetária, jurídica e militar.

Além dos interesses específicos resultantes de sua situação particular, os Estados também têm um interesse comum na existência de um mínimo de ordem internacional, já que uma acumulação de capital bem-sucedida só pode ocorrer em condições econômicas e políticas relativamente estáveis e calculáveis. A organização concreta dessa ordem (quanto existe de livre comércio ou proteção? Qual moeda assume o papel de moeda mundial? Como se dá a

---

[22] Para uma crítica detalhada da teoria do imperialismo de Lênin, ver Christel Neusüss, *Imperialismus und Weltmarktbewegung des Kapitals* (Erlangen, Politladen, 1972); para uma introdução ao desenvolvimento das teorias do imperialismo, ver Michael Heinrich, "Imperialismustheorie", em Siegfried Schindler e Manuela Spindler (orgs.), *Theorien der Internationalen Beziehungen* (Opladen, VS, 2003), p. 279-308.

limitação de armamentos?) traz vantagens e desvantagens para cada Estado, o que leva a diferentes constelações de alianças que não estão de forma alguma livres de contradição e têm duração limitada[23].

Por fim, para os países capitalistas desenvolvidos, cuja maioria é pobre em recursos naturais, um ponto especialmente decisivo está relacionado ao abastecimento de matérias-primas e fontes de energia. No entanto, isso tem menos a ver com a conquista dos territórios correspondentes do que com a "ordem" do comércio e suas condições: extração calculável e transporte seguro, estabelecimento de preços e da moeda de troca.

O fato de haver um interesse comum nessa ordem internacional não diz nada sobre como ela será alcançada nem sobre as dimensões que ela adquirirá. Nesse contexto, a disposição para adotar uma abordagem cooperativa é bastante desigual: para os Estados fortes, uma abordagem "unilateral" (ou seja, a afirmação de seus interesses sem considerar os interesses das outras partes envolvidas) pode ser uma perspectiva realista; já os Estados mais fracos são mais inclinados a adotar um enfoque "multilateral" (ou seja, um comportamento mais ou menos cooperativo) e podem até mesmo exigir uma ordem jurídica internacional vinculativa. Via de regra, ambas as possibilidades são adotadas e usadas pelos Estados para promover interesses próprios.

É importante considerar, portanto, que as relações entre os Estados não são estáticas: elas existem em um cenário de capitalismo em desenvolvimento, que está constantemente reestruturando as condições técnicas dos processos de produção, a organização das empresas e suas interdependências internacionais. O mercado mundial não é apenas o pressuposto, mas também o resultado criado novamente pelo modo de produção capitalista – assim, as possibilidades da atuação estatal também são sucessivamente redefinidas.

Na história do capitalismo, é possível distinguir períodos estruturalmente diferentes, tanto nos países individuais quanto no sistema capitalista mundial como um todo. Marx tentou analisar as semelhanças fundamentais entre esses períodos, de tal modo que fosse possível falar de algo como "o" capitalismo

---

[23] A ideia formulada por Hardt e Negri de que o imperialismo dos Estados nacionais (que eles concebem de forma bastante acrítica no sentido da teoria do imperialismo de Lênin) foi substituído por um "império" sem centro de poder territorial nada mais é do que uma idealização grandiosa dessa ordem internacional. Ver Michael Hardt e Antonio Negri, *Empire: Die neue Weltordnung* (Frankfurt, Campus, 2002) [ed. bras.: *Império*, trad. Berilo Vargas, 7. ed., Rio de Janeiro, Record, 2005].

(ver seção 2.1). A periodização começa, portanto, em um nível de análise mais concreto do que na exposição de *O capital*. Entretanto, essa periodização não deve ser confundida – como tem acontecido com frequência na história do movimento trabalhista – com um desenvolvimento inevitável em direção a um objetivo, seja um "estágio superior" do capitalismo que é alcançado em algum momento, seja uma transição "necessária" para o socialismo ou o comunismo.

Por outro lado, é necessário ter cautela quando se afirma que "agora" estamos lidando com uma forma completamente nova e diferente de capitalismo. Os fenômenos que têm sido discutidos nos últimos anos sob o rótulo de "globalização" não representam uma ruptura completa no desenvolvimento do capitalismo. Ao contrário, são apenas a fase mais recente da implementação – propensa a crises – da relação de capital no mercado mundial e as profundas transformações associadas a ela nas relações sociais e políticas de cada país[24].

---

[24] Para uma introdução ao debate da globalização, ver Initiativgruppe Regulationstheorie, "Globalisierung und Krise des Fordismus. Eine Einführung", em Steffen Beckerm (org.), *Jenseits der Nationalökonomie?* (Hamburgo, Argument, 1997), p. 7-27; Thomas Sablowski, "Globalisierung", em Wolfgang Fritz Haug (org.), *Historisch-kritisches Wörterbuch des Marxismus*, v. 5: *Gegenöffentlichkeit bis Hegemonialapparat* (Hamburgo, Argumento, 2001), p. 869-81. Uma análise mais detalhada pode ser encontrada em Joachim Hirsch, *Der nationale Wettbewerbsstaat: Staat, Demokratie und Politik im globalen Kapitalismus* (Berlim, ID-Arch, 1995); Elmar Altvater e Birgit Mahnkopf, *Grenzen der Globalisierung: Ökonomie, Ökologie und Politik in der Weltgesellschaft* (Munique, Westfälisches Dampfboo, 1999).

12
COMUNISMO: UMA SOCIEDADE PARA ALÉM DA MERCADORIA, DO DINHEIRO E DO ESTADO

O objetivo político de Marx era a superação do capitalismo. Seu lugar deveria ser ocupado por uma sociedade socialista ou comunista (Marx e Engels usaram esses termos como sinônimos a partir da década de 1860), na qual a propriedade privada dos meios de produção seria abolida, de tal modo que a produção não tivesse como objetivo maximizar o lucro. No entanto, Marx não elaborou uma concepção detalhada dessa sociedade. Por isso alguns leitores de *O capital* até hoje se surpreendem ao saber que nele não há sequer um pequeno capítulo sobre o comunismo. No entanto, em diversos lugares (tanto em *O capital* quanto em escritos anteriores), Marx tentou formular as determinações gerais do comunismo a partir de sua análise do capitalismo. Uma vez que essas considerações dependem do estado da análise marxiana, não é possível chegar a uma concepção uniforme.

Há dois grupos de ideias amplamente difundidas sobre o que é o comunismo em Marx. No entanto, nenhuma delas tem muito a ver com a crítica da economia política delineada nos capítulos anteriores:

1) *O comunismo como ideal*. Aqui, presume-se que o comunismo faz referência a como uma sociedade *deve* ser por motivos éticos: as pessoas não devem explorar e oprimir uns aos outros, não devem perseguir vantagens materiais, mas demonstrar solidariedade, disposição a ajudar etc. Os primeiros escritos de Marx, em particular, contêm várias declarações que podem ser interpretadas nesse sentido. Essa visão é frequentemente rebatida com o argumento de que as "pessoas" não são naturalmente boas – como exige o comunismo –, razão pela qual elas sempre buscam vantagens próprias. Por outro lado, as pessoas com motivações éticas e religiosas encontram aqui um ponto de referência, pois a suposta ética marxiana parece coincidir com a ética cristã. No entanto, ambos os lados deixam de levar em conta que Marx – em *O capital* – não critica o capitalismo por motivos morais (ver seção 2.2), mas demonstra, no decorrer de sua

análise, que as representações morais são socialmente produzidas[1]. Isso significa que só existe a moral da sociedade em questão, mas não uma moral universal com a qual se possa comparar as sociedades individuais.

2) *Comunismo como nacionalização dos meios de produção*. Nesse caso, a abolição da propriedade privada dos meios de produção é equiparada à nacionalização e ao planejamento estatal da economia. Esse entendimento é combatido com o argumento de que o planejamento estatal é muito complicado e lento, o que favorece o surgimento de um governo autoritário. Não por acaso, o "socialismo real" da União Soviética é frequentemente visto como uma realização mais ou menos direta dessa ideia de comunismo, e seu colapso é considerado uma prova óbvia de seu inevitável fracasso. A exigência de nacionalização dos meios de produção pode ser encontrada tanto no *Manifesto Comunista*[2] quanto no *Anti-Dühring*, de Engels[3], mas sempre como uma primeira medida, isto é, de forma alguma como uma caracterização do comunismo. Ao contrário, os meios de produção deveriam passar para as mãos da sociedade e o Estado deveria, por fim, "morrer"[4].

Nas poucas observações significativas acerca do comunismo feitas por Marx a partir da crítica da economia política[5], pelo menos duas coisas ficam claras:

1) *em primeiro lugar*, a sociedade comunista não se fundamenta mais na troca. Tanto o dispêndio de força de trabalho na produção quanto a distribuição dos produtos (primeiro em função de seu uso como meio de produção e subsistência, depois como distribuição de bens de consumo entre os membros individuais da sociedade) ocorrem de maneira consciente e sistematicamente regulada pela sociedade – ou seja, nem pelo mercado nem pelo Estado. Nesse cenário, não apenas o capital (o valor que se valoriza), mas também as mercadorias e o dinheiro não existem mais;

---

[1] Por exemplo, MEW, 23, n. 38, p. 99-100 e p. 189-90 [ed. bras.: *O capital*, Livro I, trad. Rubens Enderle, São Paulo, Boitempo, 2011, n. 38, p. 159; p. 250]; MEW, 25, p. 351 [ed. bras.: *O capital*, Livro III, trad. Rubens Enderle, São Paulo, Boitempo, 2017, p. 386].

[2] MEW, 4, p. 481 e seg. [ed. bras.: *Manifesto Comunista*, trad. Álvaro Pina e Ivana Jinkings, São Paulo, Boitempo, 2016, p. 58-9].

[3] MEW, 20, p. 261 [ed. bras.: *Anti-Dühring: a revolução da ciência segundo o senhor Eugen Dühring*, trad. Nélio Schneider, São Paulo, Boitempo, 2015, p. 315].

[4] MEW, 20, p. 262 [ed. bras.: *Anti-Dühring*, cit., p. 316].

[5] Ver MEW, 23, p. 92 [ed. bras.: *O capital*, Livro I, cit., p. 153]; MEW, 25, p. 828 [ed. bras.: *O capital*, Livro III, cit., p. 882-3]; MEW, 19, p. 19 e seg. [ed. bras.: *Crítica do Programa de Gotha*, trad. Rubens Enderle, São Paulo, Boitempo, p. 29-30].

2) *em segundo lugar*, Marx não está preocupado apenas com uma distribuição quantitativamente distinta daquela que se desenvolve sob condições capitalistas (embora essa questão tenha sido enfatizada principalmente no marxismo tradicional), mas, acima de tudo, com a *emancipação* de um contexto social que se autonomiza e se impõe ao indivíduo enquanto coação anônima. A superação do modo de produção capitalista, portanto, engloba tanto a relação de exploração, que produz condições de trabalho e de vida precárias e inseguras para a maioria da população, quanto o fetichismo que "se cola" aos produtos do trabalho tão logo eles são produzidos como mercadorias[6]. A emancipação social, a liberação das coações autoproduzidas e, portanto, supérfluas, só é possível quando as condições sociais que produzem as várias formas de fetichismo tiverem desaparecido. Somente então os membros da sociedade poderão efetivamente organizar e regular *eles mesmos* seus assuntos sociais, tal qual uma "associação de homens livres"[7]. O fundamental, para Marx, é alcançar uma emancipação plena, e não uma mera distribuição alternativa.

Já para o marxismo enquanto visão de mundo tradicional, bem como para o marxismo-leninismo, era fundamental que o socialismo ou o comunismo conduzisse a uma distribuição distinta, com base na qual os indivíduos teriam melhores possibilidades de desenvolvimento. De acordo com essa visão centrada na distribuição, até mesmo um Estado social autoritário – que mantenha inclusive certas estruturas de economia de mercado – pode ser considerado socialismo ou comunismo. Foi exatamente nessa direção que o "socialismo real" se desenvolveu na Rússia, na Europa oriental e na China: uma elite partidária conquistou o poder estatal e dirigiu a economia no sentido do maior aumento possível da produção material, com uma distribuição de renda mais ou menos igualitária e a maior segurança social possível[8]. No Estado social do "socialismo real", as políticas do partido dirigente não eram aplicadas de forma autoritária apenas contra uma oposição política que quisesse restaurar as condições capitalistas, a maioria da população também não tinha nenhuma influência real: era mais ou menos cuidada, mas era um *objeto* passivo da política do partido.

---

[6] MEW, 23, p. 87 [ed. bras.: *O capital*, Livro I, cit., p. 148].
[7] MEW, 23, p. 92 [ed. bras.: *O capital*, Livro I, cit., p. 153].
[8] Corrupção e enriquecimento pessoal de altos funcionários não eram raros, mas isso diz muito pouco sobre o funcionamento do Estado no "socialismo real", tanto quanto fenômenos similares entre políticos burgueses dizem sobre o funcionamento do Estado burguês.

Discussões públicas, quando ocorriam, eram muito limitadas. Os partidos "comunistas" que governavam os "países socialistas" não permitiam que seu monopólio do poder fosse desafiado, nem mesmo por forças comunistas afins. Não era a sociedade que regulava os processos sociais, mas o partido. Rosa Luxemburgo criticou com grande lucidez essas tendências ainda incipientes. Em seu ensaio inacabado "A revolução russa", ela escreveu:

> Sem eleições gerais, sem liberdade ilimitada de imprensa e de reunião, sem livre debate de opiniões, a vida se estiola em qualquer instituição pública, torna-se uma vida aparente em que só a burocracia subsiste como o único elemento ativo. A vida pública adormece progressivamente, algumas dúzias de chefes partidários, de uma energia inesgotável e de um idealismo sem limites, dirigem e governam; entre eles, na realidade, uma dúzia de cabeças eminentes dirige, e a elite do operariado é convocada de tempos em tempos para reuniões, a fim de aplaudir os discursos dos chefes e votar de maneira unânime as resoluções propostas; portanto, no fundo, é um grupo que governa.[9]

O Estado no socialismo real era, acima de tudo, um instrumento para garantir o domínio do partido sobre a sociedade. O "definhamento do Estado" foi adiado para um futuro distante. Entretanto, para a concepção de comunismo de Marx, este ponto é de importância decisiva: o Estado, seja burguês ou "socialista", representa uma força autônoma da sociedade que organiza (até certo ponto) uma determinada forma de reprodução e a impõe (pela força, se necessário). Todavia, a "associação de homens livres"[10], como Marx caracteriza o comunismo, regula seus assuntos sem recorrer a um poder independente – enquanto esse pode existir, o objetivo marxiano será inexistente.

O fato de só se poder falar em comunismo quando foram abolidos não apenas a mercadoria, o dinheiro e o capital, mas também o Estado, não significa que essa sociedade não tem regras. Seus membros devem regular a vida social, organizar a produção em distintos setores e coordená-los, harmonizar os diferentes interesses de produtores e consumidores, encontrar maneiras de lidar com posições minoritárias, além de provavelmente lidar com várias formas de

---

[9] Rosa Luxemburgo, "Zur russischen Revolution" [1918], em *Gesammelte Werke*, v. 4 (Berlim, Dietz, 1974) [ed. bras.: *A revolução russa*, trad. Isabel Loureiro, São Paulo, Fundação Rosa Luxemburgo, 2017, p. 98].

[10] MEW, 23, p. 92 [ed. bras.: *O capital*, Livro I, cit., p. 153].

discriminação racial e de gênero por um bom tempo – essas opressões não desaparecerão automaticamente com o fim da exploração capitalista.

Em todo caso, o enorme trabalho de coordenação de que necessita uma sociedade comunista, e que hoje é realizado por meio do mercado, não deve ser subestimado – tampouco as diferenças de interesse e os conflitos, ou mesmo o perigo de uma nova autonomização das instâncias de coordenação e sua transformação em estrutura estatal. Engels estava certo quando escreveu, no *Anti-Dühring*, que "o governo sobre pessoas é substituído pela administração de coisas"[11]. Ainda assim, é necessário acrescentar que esse movimento comporta uma regressão potencial às relações de poder anteriores.

Apesar de todas essas dificuldades, não há nenhum argumento óbvio que justifique a impossibilidade *a priori* de uma sociedade comunista. No entanto, o comunismo – se não quiser ser um comunismo "bruto", que apenas administre a escassez – está vinculado a certos pressupostos econômicos e sociais. Marx enfatizou como pré-condições essenciais para a transição em direção à sociedade comunista[12] não apenas o enorme desenvolvimento da produtividade com base na ciência e na tecnologia – que já havia ocorrido sob o capitalismo –, mas também o amplo desenvolvimento das habilidades dos trabalhadores e das trabalhadoras – ainda que, sob condições capitalistas, ambos tenham ocorrido apenas sobre uma base estreita, limitada pelo objetivo de maximização do lucro.

A partir das considerações marxianas, duas coisas ficam claras. Em primeiro lugar, para a transição em direção a uma sociedade comunista não é suficiente conquistar e defender o poder do Estado em uma fase de debilidade da dominação burguesa, como foi o caso na Rússia em 1917. Sem as pré-condições sociais e econômicas adequadas, uma revolução socialista talvez seja bem-sucedida enquanto projeto de manutenção do poder de um partido, mas não como projeto de emancipação social. Em segundo lugar, a própria sociedade comunista ainda precisa de um certo desenvolvimento para transformar as condições criadas no interior do capitalismo. Somente em uma "fase superior da sociedade comunista", na qual, "com o desenvolvimento multifacetado dos indivíduos, suas forças produtivas também tiverem crescido e todas as fontes de riqueza coletiva

---

[11] MEW, 20, p. 262 [ed. bras.: *Anti-Dühring*, cit., p. 316].
[12] Ver MEW, 23, p. 510 e seg., p. 514, 526, 528 e seg., p. 618 [ed. bras.: *O capital*, Livro I, cit., p. 557, 560, 570, 573-4, 667]; MEW, 25, p. 827 [ed. bras.: *O capital*, Livro III, cit., p. 882].

jorrarem em abundância", será possível dizer: "de cada um segundo suas capacidades, a cada um segundo suas necessidades!"[13].

Mesmo que seja tarefa difícil alcançar uma sociedade comunista caracterizada dessa forma – dada a devastação social causada pelo capitalismo global, com crises e desemprego tanto nos países desenvolvidos quanto nos chamados países em desenvolvimento, ao mesmo tempo que convivem com um nível de riqueza material historicamente sem precedentes; dada a destruição dos pressupostos naturais da vida provocada pela produção capitalista, que há muito tempo deixou de ocorrer apenas localmente e já afeta o planeta como um todo (como é claramente visível na mudança climática); dada a existência de guerras sempre novas, que também se originam ou são promovidas por Estados burgueses "democráticos" –, precisamente em vista de tudo isso, há motivos suficientes para abolir o capitalismo e, pelo menos, tentar substituí-lo por uma "associação de pessoas livres".

---

[13] MEW, 19, p. 21 [ed. bras.: *Crítica do Programa de Gotha*, cit., p. 32].

Referências bibliográficas

Obras de Marx e Engels

MARX, Karl. Ökonomisch-philosophische Manuskripte [1844]. In: MEW, 40 [ed. bras.: *Manuscritos econômico-filosóficos*. Trad. Jesus Ranieri, São Paulo, Boitempo, 2015].

MARX, Karl. Thesen über Feuerbach [1845]. In: MEW, 3 [ed. bras.: Teses sobre Feuerbach. In: ENGELS, Friedrich. *Ludwig Feuerbach e o fim da filosofia clássica alemã*. Trad. Nélio Schneider, São Paulo, Boitempo, 2024].

MARX, Karl; ENGELS, Friedrich. Die Deutsche Ideologie [1845]. In: MEW, 3 [ed. bras.: *A ideologia alemã*. Trad. Rubens Enderle, Nélio Schneider e Luciano Cavini Martorano, São Paulo, Boitempo, 2007].

MARX, Karl; ENGELS, Friedrich. Manifest der Kommunistischen Partei [1845]. In: MEW, 4 [ed. bras.: *Manifesto Comunista*. Trad. Álvaro Pina e Ivana Jinkings, São Paulo, Boitempo, 2016].

MARX, Karl. Einleitung [1857]. In: MEW, 42; e também: MEW, 13. [ed. bras.: Introdução. In: *Grundrisse:* esboços da crítica da economia política. In: Introdução. Trad. Mario Duayer e Nélio Schneider, São Paulo/Rio de Janeiro, Boitempo/Editora UFRJ, 2011, p. 37-61].

MARX, Karl. Grundrisse der Kritik der politischen Ökonomie [1857-1858]. In: MEW, 42 [ed. bras.: *Grundrisse:* esboços da crítica da economia política. Trad. Mario Duayer e Nélio Schneider, São Paulo/Rio de Janeiro, Boitempo/Editora UFRJ, 2011].

MARX, Karl. Urtext von Zur Kritik der politischen Ökonomie [1858]. In: MEGA, II, v. 2.

MARX, Karl. Zur Kritik der politischen Ökonomie [1859]. In: MEW, 13 [ed. bras.: *Para a crítica da economia política*, trad. Nélio Schneider, São Paulo, Boitempo, 2024].

MARX, Karl. Theorien über den Mehrwert [1861-1863]. In: MEW, 26.1-26.3 [ed. bras.: *Teorias da mais-valia:* história crítica do pensamento econômico. Trad. Reginaldo Sant'Anna, 2. ed., São Paulo, Bertrand Brasil, 1987].

MARX, Karl. Inauguraladresse der Internationalen Arbeiter-Assoziation [1865]. In: MEW, 16 [ed. bras.: Mensagem inaugural da Associação Internacional dos Trabalhadores, Karl Marx. In: *Trabalhadores, Uni-vos!*: antologia política da I Internacional. Trad. Rubens Enderle, São Paulo, Boitempo, 2014, p. 93-9].

MARX, Karl. Das Kapital. Kritik der politischen Ökonomie, v. I [1867]. In: MEGA, II, v. 5 [ed. bras.: *O capital*, Livro I: O processo de produção do capital. Trad. Rubens Enderle, São Paulo, Boitempo, 2011].

MARX, Karl. Das Kapital. Kritik der politischen Ökonomie, v. 3 [1867-1894]. In: MEW, 23-5 [ed. bras: *O capital*, Livro III: O processo global da produção capitalista. Trad. Rubens Enderle, São Paulo, Boitempo, 2017].

MARX, Karl. Ergänzungen und Veränderungen zum ersten Band des "Kapital" [1871--1872]. In: MEGA, II, v. 6.

MARX, Karl. Kritik des Gothaer Programms [1875]. In: MEW, 19 [ed. bras.: *Crítica do Programa de Gotha*. Trad. Rubens Enderle, São Paulo, Boitempo, 2012].

ENGELS, Friedrich. MARX, Karl "Zur Kritik der politischen Ökonomie" [1859]. In: MEW, 13. [ed. bras.: *Para a crítica da economia política*, trad. Nélio Schneider, São Paulo, Boitempo, 2014].

ENGELS, Friedrich. Herrn Eugen Dührings Umwälzung der Wissenschaft (Anti-Dühring) [1878]. In: MEW, 20 [ed. bras.: *Anti-Dühring*: a revolução da ciência segundo o senhor Eugen Dühring. Trad. Nélio Schneider, São Paulo, Boitempo, 2015].

ENGELS, Friedrich. Die Entwicklung des Sozialismus von der Utopie zur Wissenschaft [1880]. In: MEW, 19 [ed. bras.: *Do socialismo utópico ao socialismo científico*. 2. ed., São Paulo, Edipro, 2020].

ENGELS, Friedrich. Der Ursprung der Familie, des Privateigentums und des Staates [1884]. In: MEW, 21 [ed. bras.: *A origem da família, da propriedade e do Estado*. Trad. Nélio Schneider, São Paulo, Boitempo, 2019].

Obras de outros autores

AGNOLI, Johannes. *Der Staat des Kapitals*, v. 2. Freiburg, Ça Ira, 1995.

ALTHUSSER, Louis. *Für Marx*. Frankfurt, Suhrkamp, 1965 [ed. bras.: *Por Marx*. Trad. Maria Leonor F. R. Loureiro, Campinas, Editora Unicamp, 2018].

_____. Ideologie und ideologische Staatsapparate [1970]. In: _____. *Ideologie und ideologische Staatsapparate*. Hamburgo, VSA, 1977, p. 108-68 [ed. bras.: *Ideologia e aparelhos ideológicos do Estado*. 19. ed., São Paulo, Paz e Terra, 2022].

_____; BALIBAR, Étienne. *Das Kapital lesen*. Reinbek, Rowohlt, 1965.

ALTVATER, Elmar. *Der Preis des Wohlstands*. Munique, Westfälisches Dampfboot, 1992.

_____; MAHNKOPF, Birgit. *Grenzen der Globalisierung. Ökonomie, Ökologie und Politik in der Weltgesellschaft*. 4. ed. rev., Munique, Westfälisches Dampfboot, 1999.

_____ et al. *Kapital.doc*. Munique, Westfälisches Dampfboot, 1999.

BACKHAUS, Hans-Georg. *Dialektik der Wertform*. Freiburg, Ça Ira, 1997.

_____. Über den Doppelsinn der Begriffe "Politische Ökonomie" und "Kritik" bei Marx und in der "Frankfurter Schule". In: DORNUF, Stefan; PITSCH, Reinhard (orgs.). *Wolfgang Harich zum Gedächtnis*, v. 2. Munique, Müller und Nerding, 2000, p. 10-213.

BECK, Ulrich. *Risikogesellschaft*. Frankfurt, Suhrkamp, 1986 [ed. bras.: *Sociedade de risco*: rumo a uma outra modernidade. Trad. Sebastião Nascimento, 2. ed., São Paulo, Editora 34, 2019].

BEHRENS, Diethard. Der kritische Gehalt der Marxschen Wertformanalyse. In: _____ (org.). *Gesellschaft und Erkenntnis*. Freiburg, Ça Ira, 1993, p. 165-89.

_____. Erkenntnis und Ökonomiekritik. In: _____ (org.). *Gesellschaft und Erkenntnis*. Freiburg, Ça Ira, 1993, p. 129-64.

_____. *Soziale Form und ökonomisches Objekt*. Opladen, Westdt, 1989.

_____. *Westlicher Marxismus*. Stuttgart, Schmetterling, 2003.

CASTELLS, Manuel. *Das Informationszeitalter*. 3 v., Opladen, Springer, 2001-2003.

CONERT, Hansgeorg. *Vom Handelskapital zur Globalisierung.* Entwicklung und Kritik der politischen Ökonomie. Munique, Westfälisches Dampfboot, 1998.

DIMOULIS, Dimitri; MILIOS, John. Werttheorie, Ideologie und Fetischismus. *Beiträge zur Marx-Engels-Forschung.* Hamburgo, Neue Folge, 1999, p. 12-56.

ELBE, Ingo. Zwischen Marx, Marxismus und Marxismen – Lesarten der Marxschen Theorie. *Rote-ruhr-uni*, 2003. Disponível em: <http://www.rote-ruhr-uni.org/texte/elbe_lesarten.pdf>. Acesso em: 4 fev. 2004.

FOUCAULT, Michel. *Überwachen und Strafen:* Die Geburt des Gefängnisses. Frankfurt, Suhrkamp, 1976 [ed. bras.: *Vigiar e punir.* Trad. Raquel Ramalhete, 42. ed., Petrópolis, Vozes, 2014].

GERSTENBERGER, Heide. *Subjektlose Gewalt:* Theorie der Entstehung bürgerlicher Staatsgewalt. Munique, Westphälische Dampfboot, 1990.

GLIßMANN, Wilfried; PETERS, Klaus. *Mehr Druck durch mehr Freizeit:* Die neue Anatomie in der Arbeit und ihren Folgen. Hamburgo, VSA, 2001.

GRAMSCI, Antonio. *Gefängnishefte.* Hamburgo, Argument, 1991. 10 v. [ed. bras.: *Cadernos do cárcere.* Trad. Carlos Nelson Coutinho, 15. ed., Rio de Janeiro, Civilização Brasileira, 2023].

HARDT, Michael; NEGRI, Antonio. *Empire:* Die neue Weltordnung. Frankfurt, Campus, 2002 [ed. bras.: *Império.* Trad. Berilo Vargas, 7. ed., Rio de Janeiro, Record, 2005].

HAUG, Wolfgang Fritz. Historisches/Logisches. *Das Argument*, n. 251, 2003, p. 378-96.

_____. Wachsende Zweifel an der monetären Werttheorie. *Das Argument*, n. 251, 2003, p. 424-37.

HEINRICH, Michael. *Die Wissenschaft vom Wert:* Die Marxsche Kritik der politischen Ökonomie zwischen wissenschaftlicher Revolution und klassischer Tradition. Munique, Westfälisches Dampfboot, 1999.

_____. Geld und Kredit in der Kritik der politischen Ökonomie. *Das Argument*, n. 251, 2003, p. 397-409.

_____. Imperialismustheorie. In: SCHINDLER, Siegfried; SPINDLER, Manuela (orgs.). *Theorien der Internationalen Beziehungen.* Opladen, VS, 2003, p. 279-308.

_____. Kommentierte Literaturliste. In: ALTVATER, Elmar et al. *Kapital.doc.* Munique, Westfälisches Dampfboot, 1999, p. 188-220.

_____. Über "Praxeologie", "Ableitungen aus dem Begriff" und die Lektüre von Texten. Zu Wolfgang Fritz Haugs Antwort auf meinen Beitrag in Argument 251. *Das Argument*, n. 254, 2004.

_____. Untergang des Kapitalismus? Die "Krisis" und die Krise. *Streifzüge*, n. 1, 1999, p. 1-5.

HILFERDING, Rudolf. *Das Finanzkapital* [1910]. Frankfurt, Europäische Verlagsanst, 1968.

HIRSCH, Joachim. *Der nationale Wettbewerbsstaat:* Staat, Demokratie und Politik im globalen Kapitalismus. Berlim, ID-Arch, 1995.

HOBSON, John A. *Der Imperialismus* [1905]. Colônia, Kiepenheuer u. Witsch, 1968.

HUFFSCHMID, Jörg. *Politische Ökonomie der Finanzmärkte:* Aktualisierte Neuauflage. Hamburgo, VSA, 2002.

INITIAITIVGRUPPE REGULATIONSTHEORIE. Globalisierung und Krise des Fordismus. Eine Einführung. In: BECKER, Steffen et al. *Jenseits der Nationalökonomie?.* Hamburgo, Argument, 1997, p. 7-27.

ITOH, Makoko; LAPAVITSAS, Costas. *Political Economy of Money and Finance*. Londres, Palgrave, 1999.
JACOBS, Kurt. Landwirtschaft und Ökologie im "Kapital". *Prokla*, n. 108, 1997, p. 433-50.
KAUTSKY, Karl. Der Imperialismus. *Die Neue Zeit*, n. 32, 1914, p. 908-22.
_____. *Karl Marx Oekonomische Lehren:* Gemeinverständlich dargestellt und erläutert. Stuttgart, J.H.W. Dietz Nachf. Bonn, 1887.
KEYNES, John Maynard. *Allgemeine Theorie der Beschäftigung, des Zinses und des Geldes* [1936]. Berlim, Duncker & Humblot, 1983 [ed. bras.: *A teoria geral do emprego, do juro e da moeda*. Trad. Mário R. da Cruz, São Paulo, Atlas, 2007].
KÖßLER, Reinhart; WIENOLD, Hanns. *Gesellschaft bei Marx*. Munique, Westfälisches Dampfboot, 2001.
KRÄTKE, Michael. Stichworte: "Bank", "Banknote", "Börse". In: HAUG, Wolfgang Fritz (coord.). *Historisch-kritisches Wörterbuch des Marxismus*. Hamburgo, Berliner Instituts für kritische Theorie, 1995, v. 2.
KURZ, Robert. *Der Kollaps der Modernisierung*. Frankfurt, Eichborn, 1991 [ed. bras.: *O colapso da modernização*. Trad. Karen Elsabe Barbosa, São Paulo, Paz e Terra, 2004].
_____. Die Himmelfahrt des Geldes. *Krisis*, n. 16/17, 1995, p. 21-76.
_____. *Schwarzbuch des Kapitalismus*. Frankfurt, Eichborn, 1999.
LÊNIN, Vladímir I. Der Imperialismus als höchstes Stadium des Kapitalismus [1917]. In: _____. *Werke*, v. 22, p. 189-309 [ed. Bras.: *Imperialismo, estágio superior do capitalismo*. Trad. Avante!, São Paulo, Boitempo, 2021].
_____. Drei Quellen und drei Bestandteile des Marxismus [1913]. In: _____. *Werke*, v. 19, p. 3-9.
_____. Staat und Revolution [1917]. In: _____. *Werke*, v. 25, p. 393-507 [ed. bras.: *O Estado e a revolução*. Trad. Paula Vaz de Almeida. São Paulo, Boitempo, 2017].
LUXEMBURGO, Rosa. Die Akkumulation des Kapitals: Ein Beitrag zur ökonomischen Erklärung des Imperialismus [1913]. In: _____. *Gesammelte Werke*. Berlim, Dietz, 1975, v. 5 [ed. bras.: *A acumulação do capital*. Trad. Luiz Alberto Moniz Bandeira, Rio de Janeiro, Civilização Brasileira, 2021].
_____. Zur russischen Revolution [1918]. In: _____. *Gesammelte Werke*. Berlim, 1975, v. 5 [ed. bras.: *A revolução russa*. Trad. Isabel Loureiro, São Paulo, Fundação Rosa Luxemburgo, 2017].
MANDEL, Ernest. *Einführung in den Marxismus*. Colônia, Neuer ISP, 1998.
_____. *Marxistische Wirtschaftstheorie*. Frankfurt, Suhrkamp, 1968, 2 v.
MILIOS, John; ECONOMAKIS, George. Zur Entwicklung der Krisentheorie aus dem Kontext der Reproduktionsschemata: von Tugan-Baranovskij zu Bucharin. *Beiträge zur Marx-Engels-Forschung*. Hamburgo, Neue Folge, 2003, p. 160-84.
MILIOS, John; DIMOULIS, Dimitri; ECONOMAKIS, George. *Karl Marx and the Classics:* An Essay on Value, Crises and Capitalist Mode of Production. Farnham, Ashgate, 2002.
NEUSÜSS, Christel. *Imperialismus und Weltmarktbewegung des Kapitals*. Erlangen, Politladen, 1972.
NUSS, Sabine. Download ist Diebstahl? Eigentum in einer digitalen Welt. *Prokla*, n. 126, 2002, p. 11-35.

PACHUKANIS, Evguiéni B. *Allgemeine Rechtslehre und Marxismus* [1924]. Freiburg, Ça Ira, 2003 [ed. bras.: *Teoria geral do direito e marxismo*. Trad. Paula Vaz de Almeida. São Paulo, Boitempo, 2017].

POSTONE, Moishe. Nationalsozialismus und Antisemitismus: Ein theoretischer Versuch [1988]. In: DINER, Dan (org.). *Zivilisationsbruch:* Denken nach Auschwitz. Frankfurt, Fischer-Taschenbuch, 1988.

_____. *Zeit, Arbeit und gesellschaftliche Herrschaft:* Eine neue Interpretation der kritischen Theorie von Marx. Freiburg, Ça Ira, 2003.

POULANTZAS, Nicos. *Staatstheorie* [1977]. Hamburgo, VSA, 2002.

RAKOWITZ, Nadja. *Einfache Warenproduktion*: Ideal und Ideologie. Freiburg, Ça Ira, 2000.

REICHELT, Helmut. Die Marxsche Kritik ökonomischer Kategorien. Überlegungen zum Problem der Geltung in der dialektischen Darstellungsmethode im 'Kapital'. In: FETSCHER, Iring; SCHMIDT, Alfred (orgs.). *Emanzipation als Versöhnung*. Frankfurt, Neue Kritic, 2002.

_____. *Zur logischen Struktur des Kapitalbegriffs bei Karl Marx* [1970]. Freiburg, Ça Ira, 2001.

REITTER, Karl. Der Begriff der abstrakten Arbeit. *Grundrisse. Zeitschrift Für Linke Theorie & Debatte*, n. 1, 2002, p. 5-18.

RICARDO, David. On the Principles of Political Economy and Taxation [1817]. In: SRAFFA, Pierro (org.). *The Works and Correspondence of David Ricardo*. Cambridge, Cambridge University Presse, 1951, v. 1.

ROSDOLSKY, Roman. Der Streit um die Marxschen Reproduktionsschemata. In: _____. *Zur Entstehungsgeschichte des Marxschen "Kapital":* Der Rohentwurf des Kapital 1857-1858. Frankfurt, Europäische Verlagsanst, 1968, v. 3, p. 524-96.

SABLOWSKI, Thomas. Krisentendenzen der Kapitalakkumulation. *Das Argument*, n. 251, p. 438-52.

_____. Stichwort: "Globalisierung". In: Haug, Wolfgang Fritz (org.). *Historisch-kritisches Wörterbuch des Marxismus*, v. 5: *Gegenöffentlichkeit bis Hegemonialapparat*. Hamburgo, Argument, 2001, p. 869-81.

SMITH, Adam. *An Inquiry into the Nature and Causes of the Wealth of Nations* [1776]. The Glasgow Edition of the Works and Correspondence of Adam Smith. Oxford, Oxford University Press, 1976, 2 v. [ed. bras.: *Uma investigação sobre a natureza e causas da riqueza das nações*. Trad. Norberto de Paula Lima, ed. rev., São Paulo, Hemus, 2008.]

STÜTZLE, Ingo. Staatstheorien oder "BeckenrandschwimmerInnen der Welt, vereinigt Euch!". *Grundrisse. Zeitschrift Für Linke Theorie & Debatte*, n. 6, 2003, p. 27-38.

TRENKLE, Norbert. Kapitulation vorm Kapitalismus. *Konkret*, n. 7, 2000.

_____. Was ist der Wert? Was soll die Krise?. *Streifzüge*, n. 3, 1998, p. 7-10.

WERLHOF Claudia. Frauenarbeit: der blinde Fleck in der Kritik der politischen Ökonomie. *Beiträge zur feministischen Theorie und Praxis*, n. 1, 1978, p. 18-32.

WOLF, Harald. *Arbeit und Autonomie:* Ein Versuch über Widersprüche und Metamorphosen kapitalistischer Produktion. Munique, Westfälisches Dampfboot, 1999.

Publicado em 2024, 130 anos após a primeira edição alemã do Livro III de *O capital*, este volume foi composto em Adobe Garamond Pro, corpo 11/14,3, e impresso em papel Pólen Natural 80 g/m² pela gráfica Rettec, para a Boitempo, com tiragem de 4 mil exemplares.